KB129117

장애아동관찰

이승희 지음

Observation of
Children with Disabilities

학지사

아래 시처럼
오감으로 하는 관찰뿐만 아니라
마음으로 하는 관찰도 기억하길 바라며
늘 공부의 원동력이 되어 준 제자들에게 이 책을 바칩니다.

딸을 위한 시

마종하

한 시인이 어린 딸에게 말했다.
착한 사람도, 공부 잘하는 사람도 다 말고
관찰을 잘하는 사람이 되라고.
겨울 창가의 양파는 어떻게 뿌리를 내리며
사람은 언제 웃고, 언제 우는지를.
오늘은 학교에 가서
도시락을 안 싸온 아이가 누구인가를 살펴서
함께 나누어 먹으라고.

- '활주로가 있는 밤' 중에서 -

머리말

    일반적으로 다섯 가지 신체적 감각(시각, 청각, 후각, 미각, 촉각)을 통하여 외부 세계의 현상을 인식하는 것이라고 할 수 있는 관찰(觀察)은 자연과학이나 사회과학에서 자료수집방법으로 사용되고 있다. 그 이유는 자연과학과 사회과학 모두 보고 듣고 냄새를 맡고 맛을 느끼고 또는 만질 수 있는 자료, 즉 경험적 자료(empirical data)의 수집을 필요로 하기 때문이다. 자료수집방법으로서의 관찰은 관찰관련서 대부분이 유아교육분야에서 출간될 만큼 유아교육분야에서 특히 강조되고 있다. 그러나 특수교육분야에서도 관찰은 큰 비중을 차지한다. 좀 더 구체적으로 말하자면, 장애아동들의 발달, 행동, 학습을 평가하는 특수교육평가와 장애로 인해 야기되는 발달문제, 행동문제, 학습문제의 중재전략을 연구하는 특수교육연구에서 자료수집방법으로 관찰이 폭넓게 사용되고 있다. 그러나 특수교육분야에서 출간된 관찰관련서는 찾아보기 어려워 특수교육의 평가와 연구에서 참고할 수 있는 관찰관련서의 출간이 필요한 실정이라고 할 수 있다. 따라서 「장애아동관찰(Observation of Children with Disabilities)」이라는 제목으로 이 책을 집필하게 되었다.

    이 책은 구성상 '개관', '관찰의 기록방법: 유형', '관찰의 적용'의 세 부분으로 나뉘어 있다. 제1부 '개관'에서는 먼저 관찰의 기초를 관찰의 개념, 기록방법, 분류, 타당도와 신뢰도, 오류, 절차로 나누어 살펴보았고, 그다음 관찰이 특수교육평가 및 특수교육연구와 어떻게 관련되어 있는지를 살펴보았다. 제2부 '관찰의 기록방법: 유형'에서는 관찰의 기록방법을 기본유형과 특수유형으로 나누어 각 기록방법의 개념을 설명하고 관찰지 양식과 작성된 예를 제시하였으며, 필요한 경우 관찰자간 신뢰도를 산출하는 예도 제공하였다. 제3부 '관찰의 적용'에서는 먼저 발달평가, 행동평가, 학습평가에서 관찰이 어떻게 실시되는지를 설명하고 그 예를 제시하였으며, 그다음 실험연구인 집단설계와 단일대상설계에서 관찰이 어떻게 실시되는지를 설명하고 그 예를 제시하였다. 이와 같은 이 책의 구성과 내용을 고려할 때, 대부분의 책이 앞부분에서 뒷부분으로의 논리적 흐름을 가지고 있지만, 이 책의 경우 특히 논리적 연계가 강하므로 제2부에 앞서 제1부를 그리고 제3부에 앞서 제1부와 제2부를 먼저 읽을 것을 권장한다.

'인생은 산 넘어 산'이라는 말이 있는데 나는 종종 '인생은 산 넘어 태산'이라고 말하곤 한다. 자신에게 주어진 몫을 슬기롭게 해내면 그다음 더 큰 몫이 기다리고 있는 것이 인생이고, 그렇게 자신에게 주어지는 몫을 지혜롭게 감당해 가는 것이 잘 사는 인생이 아닐까 한다. 공부도 마찬가지다. 즉, '공부는 산 넘어 태산'이라고 해도 과언이 아닌 듯 싶다. 공부를 하면 할수록 내가 모르는 부분이 더 크게 다가온다. 그래서 공부는 끝이 없다는 것이며 그 끝없는 길을 묵묵히 가는 것이 진정한 공부가 아닐까 한다. 그리고 그 길에서 작은 결실들을 맺는다면 그 끝없는 길이 멀게만 느껴지지 않을 것이다. 따라서 이 책도 그 작은 결실들 중 하나라고 조심스럽게나 자신을 다독여 보면서, 어머님의 그림 가운데 '결실에 감사'라는 제목의 그림으로 이 책의 표지를 꾸며 보았다.

네 번째 저서인 이 책의 출간을 앞두고 많은 분에게 감사를 전하지 않을 수 없다. 먼저 김진환 사장님, 정승철 상무님, 김순호 이사님, 백소현 차장님, 정은혜 과장님 등 학지사 분들에게 고마움을 표한다. 그리고 늘 또는 가끔, 가까이서 또는 멀리서, 말로 또는 마음으로 나를 기억해 주고 염려해 주고 응원해 주신 모든 분에게 감사를 드린다. 특히 끝없는 공부의 길을 가는 여정에서 원동력이 되어 준 제자들에게 감사를 표한다. 다른 저서의 개정판을 내면서 그들에게 고마운 마음을 보낸 바 있으나 이 책을 빌려 다시 한번 고마움을 전한다.

2021년 4월 3일
무등산 자락이 보내오는 바람의 향기를 맡으며
운림동 보금자리에서
양정(養正) 이승희

차례

관찰과 특수교육 ● 81

제2부 관찰의 기록방법: 유형

 관찰의 기록방법: 기본유형 ● 101

제4장 관찰의 기록방법: 특수유형 ● 167

제3부 관찰의 적용

표 차례

그림 차례

제4장

보충설명 차례

제1부
개 관

제1장

관찰의 기초

1. 관찰의 개념

1) 관찰의 관련용어

인간에게는 오관(五官)(다섯 가지 감각기관: 눈, 귀, 코, 혀, 피부)을 통해 바깥의 자극을 알아차리는 기능인 오감(五感)(다섯 가지 감각: 시각, 청각, 후각, 미각, 촉각)이 있다. 만약 보고, 듣고, 냄새를 맡고, 맛을 느끼고, 물체의 접촉을 느끼는 능력이 없다면 우리는 자신을 둘러싼 외부 세계에서 일어나는 일들을 인식하지 못함으로써 삶을 영위하는 데 어려움을 느낄 것이다. 즉, 인간이 삶을 영위하기 위해서는 다섯 가지 신체적 감각(시각, 청각, 후각, 미각, 촉각)을 통하여 외부 세계의 현상을 인식할 수 있어야 하는데, 이처럼 인간의 감각을 매개로 외계의 현상을 인식하는 것을 관찰(observation)이라고 한다.

이와 같은 관찰은 자연현상을 연구하는 자연과학이나 사회현상을 연구하는 사회과학에서도 절대적으로 필요한데, 그 이유는 자연과학과 사회과학 모두 보고 듣고 냄새를 맡고 맛을 느끼고 또는 만질 수 있는 자료, 즉 경험적 자료(empirical data)의 수집이 요구되기 때문이다. 따라서 관찰은 자연과학뿐만 아니라 사회과학의 다양한 분야에서 자료수집방법으로 사용되고 있는데, 특히 사회과학에서 자료수집방법으로 사용되는 관찰은 주로 관찰대상의 비언어적 행동과 언어적 행동을 지켜보고 들은 바를 자료로 기록한다. 이 책은 사회과학의 한 분야인 특수교육에서의 관찰에 초점을 두고 있는데, 내용에 들어가기에 앞서 「장애아동관찰(Observation of Children with Disabilities)」이라는 이 책의 제목과 관련하여 몇 가지 용어를 살펴보고자 한다.

첫째, 이 책에서 '아동(children)'이란 18세 미만의 유아, 아동, 및 청소년을 말한다(이 책에서 제시되는 연령은 만 연령임). 이는 아동을 18세 미만의 사람으로 정의하고 있는 우리나라의 「아동복지법」과 「유엔 아동권리협약(United Nations Convention on the Rights of the Child: UNCRC)」에 근거를 두었다.

둘째, '장애아동'이란 장애를 가지고 있는 장애아동(children with disabilities)뿐만 아니라 장애의 위험에 노출되어 있는 장애위험아동(children at risk for disabilities)까지 포함한다. 이는 특수교육분야에서 장애의 예방이 특히 강조되고 있는 경향을 반영한 것이다.

셋째, '아동관찰'이란 아동을 관찰한다는 것인데 이는 곧 아동의 행동을 관찰하는 것을 의미한다. 행동(behavior)이란 개인이 행한 어떤 것이든 다섯 가지 신체적 감각(시각, 청각, 후각, 미각, 촉각) 중 한 가지 이상에 의해 관찰될 수 있는 것을 말하며(Bentzen, 2009), 이러한 개인의 행동에는 비언어적 행동과 언어적 행동이 있다. 이와 같이 관찰에서는 다섯 가지 신체적 감각 중 한 가지 이상을 사용할 수 있지만 실지로 아동의 행동을 관찰할 때는 주로 시각과 청각이 사용되는데, 이는 대부분의 사람이 다른 감각들보다는 시각을 통해 많은 정보를 얻고 그다음은 일반적으로 청각을 통해 정보를 얻는 것과 유사하다(Bentzen, 2009). 따라서 관찰에서는 주로 보고 들은 아동의 비언어적 행동과 언어적 행동을 기록하게 된다.

넷째, 이 책에서의 관찰은 특수교육분야에서 사용되는 자료수집방법으로서의 관찰을 말한다. 특수교육분야에서 관찰은 평가(evaluation)나 연구(research)를 위해 실시되는데 이는 곧 관찰의 목적이라고 할 수 있다. 관찰의 목적에 대해서는 이 절의 '3) 관찰의 목적'에서 구체적으로 다루기로 한다.

다섯째, '아동관찰'이 아동을 관찰하는 것이고 이는 곧 아동의 행동을 관찰하는 것이라고 했을 때, 해당 아동과 행동을 지칭하는 용어가 관련문헌에서 다소 다양하게 나타나고 있다. 해당 아동의 경우 관찰대상아동, 관찰대상, 관찰아동, 피관찰자 등으로 지칭되고 있으며 해당 행동의 경우 관찰대상행동, 관찰행동, 표적행동 등으로 지칭되고 있다. 이 책에서는 해당 아동은 관찰대상 또는 피관찰자(observee)로 지칭하고 해당 행동은 관찰행동으로 지칭하기로 하는데, 연구를 위한 관찰의 경우 해당 아동을 연구대상으로 그리고 해당 행동을 표적행동(target behavior)으로 지칭하기도 한다.

2) 관찰의 정의

자료수집방법으로서의 관찰은 특히 유아교육분야에서 강조되고 있는데, 실제로 대부분의 유아평가는 관찰을 통해 이루어지고 있다(양명희, 임유경, 2014). 이와 같이 유아평가에서 관찰이 강조되는 이유는 유아의 경우 언어로 자신의 감정이나 생각을 전달하기 어렵다거나 주의를 집중하는 시간이 짧다는 등의 발달특성으로 인해 자신의 능력을 발휘하기 어려워 전통적인 사정방법을 사용하는 데 제한이 따르기 때문이다. 따라서 유아교육분야에서 유아관찰 관련서(예: 양명희, 임유경, 2014; 전남련, 김인자, 백향기, 황연옥, 2016; Bentzen, 2009; Boehm & Weinberg, 1997)가 많이 출간되어 관찰관련서의 대부분을 차지하고 있다.

자료수집방법으로서의 관찰은 특수교육분야에서도 큰 비중을 차지하고 있다. 장애아동평가 관련서(예: 이승희, 2019; Salvia & Ysseldyke, 2007)에서 관찰을 다루고 있을 뿐 아니라 장애아동의 문제행동에 대한 관심이 높아지면서 행동수정 관련서(예: Alberto & Troutman, 2013; Miltenberger, 2016) 및 행동지원 관련서(예: Bambara & Kern, 2005; Sugai & Tindal, 1993)에서도 행동의 기능사정을 위해 관찰을 다루고 있다.

또한 관찰은 평가뿐만 아니라 연구를 위해서도 실시되므로 사회과학의 다양한 분야에서 출간되는 연구방법 관련서에 포함되기도 한다. 예를 들어, 교육연구 관련서(예: 김아영, 2000; 성태제, 2016)나 사회복지연구 관련서(예: 김기원, 2016; 박용순 외, 2012)가 연구에 필요한 자료를 수집하는 방법 중 하나로 관찰을 다루고 있다.

이상과 같이 관찰은 사회과학의 다양한 분야에서 중요하게 다루고 있다. 그러나 관찰을 다루는 문헌들이 모두 관찰의 정의를 제시하지는 않을 뿐 아니라 제시하더라도 문헌들 간에 다소 차이를 보이는데, 〈표 1-1〉은 이러한 차이의 예를 보여 주고 있다. 〈표 1-1〉에 나타난 몇 가지 중요한 차이점을 살펴보면, 첫째, 관찰을 자료(data)를 수집하는 방법으로 보는 입장(김기원, 2016; 박용순 외, 2012; 이승희, 2019; 전남련 외, 2016)과 정보(information)를 수집하는 방법으로 보는 입장(양명희, 임유경, 2014; Salvia & Ysseldyke, 2007)이 있다. 이 두 가지 입장을 이해하기 위해서는 관찰에서의 자료와 정보의 의미를 파악해 볼 필요가 있을 것으로 보인다. 흔히 관찰이 진행되는 동안 기록되는 자료를 원자료(raw data)라고 하는데(Bentzen, 2009), 이 원자료는 후속적으로 관찰질문(즉, 목적)에 맞게 새로운 형태로 요약된다. 예를 들어, 수업시간에 과제를 시작하라는 교사의 지시가 주어진 후 아동이 과제를 시작하기까지의 지연시간을 알아보기 위하여 교사가 세 번의 지시를 하고 아동이 과제를 시작하기까지의 시간을 각각 10초, 7초, 4초로 기록하였을 때 지연시간은 평균 7초[(10초+7초+4초)/3]로 요약될 수 있다. 이 예에서 10초, 7초, 4초는 원자료이고 평균 7초는 요약된 자료인데, 이 요약된 자료는 정보에 해당된다고 할 수 있다. 왜냐하면 원자료(raw data)란 수집한 원래의 자료로서 새로운 형태로 전환되기 전의 최초의 형태를 지닌 자료를 말하며(한국교육평가학회, 2004), 정보(information)란 관찰이나 측정을 통하여 수집한 자료를 실제 문제에 도움이 될 수 있도록 정리한 자료를 말하기 때문이다(국립국어원, 1999). 이 장의 6절 '관찰의 절차'에서 구체적으로 살펴보겠지만, 관찰의 절차에는 원자료를 기록하는 단계와 이 원자료를 새로운 형태로 요약하는 단계가 모두 포함되어 있으므로 관찰에서의 자료에도 원자료와 요약된 자료(즉, 정보) 둘 다가 포함되는 것이 적절하다고 하겠다. 따라서 관찰을 정보를 수집하는 방법으로 보는 것보다는 자료를 수집하는 방법으로 보는 것이 바람직할 것으로 보인다.

둘째, 감각과 관련하여 시각을 언급하는 경우(양명희, 임유경, 2014)와 여러 가지 감각을 언급하는 경우(김기원, 2016; 박용순 외, 2012; Salvia & Ysseldyke, 2007), 그리고 감각을 언급하지 않는 경우(이승희, 2019; 전남련 외, 2016)가 있다. 앞서 기술하였듯이, 아동의 행동을 관찰할 때는 주로 시각과 청각이 사용되지만 관찰에서는 오감(시각, 청각, 후각, 미각, 촉각) 중 한 가지 이상을 사용할 수 있다. 우리나라의 경우 관찰(觀察)의 한자(漢字)가 볼 관(觀), 살필 찰(察)로 구성되어 '살펴보다'의 의미로 해석됨으로써 시각에 한정된 듯한 오해를 낳을 여지가 있을 뿐 아니라 관찰을 '사물이나 현상을 주의하여 자세히 살펴봄'으로 정의하는 국어사전(국립국어원, 1999)도 있다. 따라서 관찰을 정의할 때 오감이 모두 사용될 수 있다는 것을 전제로 감각을 언급하지 않거나 오감이 모두 사용될 수 있다고 밝히는 것이 적절하다고 하겠다.

셋째, 관찰이 일상적인 자연스러운 상황에서 실시되는 것으로 보는 입장(이승

〈표 1-1〉 관련문헌에 제시된 관찰의 정의

구분	문헌	관찰의 정의	비고
유아 관찰	양명희, 임유경 (2014)	막연히 바라보는 것이 아니라 보고자 하는 것에 초점을 맞추고 집중하여 사람이 말하거나 행하는 것을 살펴보는 것을 통한 정보 수집. (p. 16)	•
	전남련 외 (2016)	일상생활에서 진행되는 자연스러운 인간의 행동을 연구하고 객관적인 자료를 수집하기 위하여 관찰 장면에 특별한 조작이나 제재를 가하지 않고 관찰자가 가지고 있는 기존의 지식을 사용하여 관찰대상의 행동을 있는 그대로 기술하는 활동. (p. 28)	•
장애 아동 평가	이승희 (2019)	일상적인 상황에서 자연스럽게 나타나는 아동의 행동을 기술 또는 기록함으로써 특정 현상에 대한 객관적인 자료를 수집하는 방법. (p. 127)	•
	Salvia & Ysseldyke (2007)	시각, 청각 등의 감각을 통하여 정보를 수집하는 과정; 행동, 상태, 신체적 특징, 행동의 영구적 산물을 사정하기 위해 사용될 수 있음. (p. 686)	•
연구 방법	김기원 (2016)	관찰대상의 특성, 언어적·비언어적 행동 등을 지켜보고 들으며 자료를 수집하는 방법. (p. 262)	비록 관찰이 시각적 자료 수집과 대부분 관련되어 있지만 관찰은 청각, 촉각, 후각 같은 다른 감각을 통해서 자료를 수집하는 것 또한 포함되고 있다. (p. 261)
	박용순 외 (2012)	사회적 상황에서 발생하는 여러 가지 현상에 대한 정보를 목격하는 대로 기록하는 방법을 의미하며 연구를 위한 자료수집방법으로 유용하게 사용됨. (p. 227)	시각, 청각 등의 감각을 이용함. (p. 227)

희, 2019; 전남련 외, 2016)과 상황에 대해 언급하지 않는 경우(김기원, 2016; 박용순 외, 2012; 양명희, 임유경, 2014; Salvia & Ysseldyke, 2007)가 있다. 「철학대사전」(철학대사전 편찬위원회, 2017)에 의하면 관찰이란 '어떤 대상이나 과정이 어떻게 존재하며 어떻게 생겨나는가 등 있는 그대로의 사실을 확인하는 것을 말하며, 넓은 의미에서는 실험도 여기에 포함시킬 수 있지만 일반적으로 실험과 같이 대상 및 과정에 인위적인 간섭을 가하지 않는 경우'다. 여기서 실험이란 연구와 관련된 것으로 볼 수 있으므로 관찰의 목적에 연구도 포함시킬 경우 관찰의 의미는 넓어진다. 따라서 이 절의 '3) 관찰의 목적'과 같이 관찰의 목적이 평가와 연구라면 관찰을 일상적인 상황에 국한되지 않는 포괄적인 의미로 보는 것이 적절하다고 하겠다.

넷째, 자료수집대상을 아동의 행동으로 기술하는 경우가 대부분이지만 행동의 결과물, 즉 행동의 영구적 산물(permanent products of behavior)도 자료수집대상에 포함시키는 경우(Salvia & Ysseldyke, 2007)가 있다. 이 장 3절의 '2) 관찰의 유형'에서 다루겠지만, 관찰은 직접적 관찰과 간접적 관찰로 분류되기도 한다. 관찰은 대부분 직접적 관찰이지만 행동의 결과물(즉, 행동의 영구적 산물)을 통해 행동을 관찰하는 것은 간접적 관찰로 분류될 수 있다. 따라서 관찰을 직접적 관찰과 간접적 관찰 둘 다가 포함되는 포괄적인 의미로 보는 것이 바람직할 것으로 보인다.

이상의 논의를 바탕으로 이 책에서는 자료의 형태, 감각의 종류, 관찰의 목적, 관찰의 유형 등과 관련하여 관찰을 포괄적인 의미로 사용하기로 하고 '한 가지 이상의 신체적 감각을 통해 관찰한 바를 기록하여 자료를 수집하는 방법'으로 정의하고자 한다.

3) 관찰의 목적

특수교육에서 자료수집방법으로 사용되는 관찰은 평가 또는 연구를 위해 실시된다. 평가(evaluation)에서는 수집된 자료에 근거하여 가치판단을 통해 의사결정을 내리고(이승희, 2019), 연구(research)에서는 수집된 자료에 근거하여 연구질문에 대한 답을 도출해 낸다. 이와 같이 평가는 의사결정을 내리기 위해 자료가 필요하고, 연구는 연구질문에 대한 답을 도출하기 위해 자료가 필요하다. 즉, 평가와 연구의 공통점은 자료를 필요로 한다는 것인데, 관찰은 평가와 연구 모두에서 자료수집방법으로 사용된다. 따라서 관찰의 목적은 평가 또는 연구를 위해서 자료를 수집하는 것이라고 할 수 있다. 다음에서는 특수교육에서 관찰이 평가와 연구에서 각각 어떻게 사용되는지 간략하게 살펴보기로 한다. 참고로 이 책은 전반적으로 평가를 위한 관찰에 초점을 두고자 한다. 따라서 연구와 관련된 구체적인 내용은 이 책의 범위를 벗어나는 것이므로 다루지 않지만 필요하다면 관련문헌(예: 성태제, 2016; Fraenkel & Wallen, 1996)을 참고하기 바란다.

(1) 평가

특수교육은 평가로 시작하여 평가로 끝난다고 할 수 있을 만큼 특수교육에서 평가가 차지하는 비중은 매우 크다고 할 수 있는데(이승희, 2019), 특수교육평가에서 자료수집방법의 하나로 관찰이 차지하는 비중 또한 매우 크다. 관찰이 특수교육평가에서 차지하는 큰 비중은 〈표 1-2〉를 통해 확인할 수 있다.

〈표 1-2〉에 보이듯이, 특수교육에 있어서 평가는 일련의 연속적이고 점진적인 여섯 단계(선별, 진단, 적부성, 프로그램계획 및 배치, 형성평가, 총괄평가)를 통해 이루어지는데, 각 단계마다 특정 유형의 의사결정이 요구되고 각 단계에서 요구되는 의사결정을 내리기 위하여 여섯 가지 자료수집방법(검사, 관찰, 면접, 교육과정중심사정, 수행사정, 포트폴리오사정) 가운데 적절한 자료수집방법을 선택하여 자료를 수집하게 된다. 〈표 1-2〉에 나타나 있듯이, 자료수집방법 중 하나인 관찰은 여섯 단계모두에서 사용되고 있어 관찰이 특수교육평가에서 차지하는 비중이 크다는 것을 알 수 있다. 참고로 이 책에서 다루고 있는 관찰을 제외한 나머지 다섯 가지 자료수집방법에 대해 관련문헌(이승희, 2019)을 근거로 간단히 소개하면 다음과 같다. 이와 같이 검사, 면접, 교육과정중심사정, 수행사정, 포트폴리오사정에 대해 살펴보는 이유는 이 책의 제3부 '관찰의 적용'과 관련되기 때문이다.

첫째, 검사(test)는 사전에 결정된 반응유형을 요구하는 일련의 질문이나 과제를 통하여 점수 또는 다른 형태의 수량적 자료를 수집하는 방법이라고 할 수 있다. 검사의 대표적인 유형으로 규준참조검사와 준거참조검사가 있는데, 규준참조검사(norm-referenced test)는 그 검사를 받은 규준집단의 점수의 분포인 규준에 아동의 점수를 비교함으로써 규준집단 내 아동의 상대적 위치에 대한 정보를 제공하는 검사이며 준거참조검사(criterion-referenced test)는 사전에 설정된 숙달준거인 준거에

〈표 1-2〉 특수교육평가의 단계와 자료수집방법

평가의 단계	의사결정	자료수집방법
선별	아동을 심층평가에 의뢰할 것인가	• 검사(규준참조검사, 표준화된 준거참조검사) • **관찰** • 교육과정중심사정
진단	아동이 장애를 가지고 있는가, 그렇다면 장애의 원인은 무엇인가	• 검사(규준참조검사, 표준화된 준거참조검사) • **관찰** • 면접 • 교육과정중심사정
적부성	아동이 특수교육대상자로 적격한가	• 검사(규준참조검사, 표준화된 준거참조검사) • **관찰** • 면접 • 교육과정중심사정
프로그램계획 및 배치	아동에게 어떤 교육 및 관련서비스를 어디에서 제공할 것인가	• 검사(규준참조검사, 표준화된 준거참조검사) • **관찰** • 면접 • 교육과정중심사정 • 수행사정 • 포트폴리오사정
형성평가	아동이 적절한 진전을 보이는가	• 검사(표준화된 또는 교사제작 준거참조검사) • **관찰** • 면접 • 교육과정중심사정 • 수행사정 • 포트폴리오사정
총괄평가	아동이 예상된 진전을 보였는가	• 검사(규준참조검사, 표준화된 준거참조검사) • **관찰** • 교육과정중심사정 • 수행사정 • 포트폴리오사정

발췌: 이승희(2019). **특수교육평가**(제3판). 서울: 학지사. (p. 36 & p. 48)

아동의 점수를 비교함으로써 특정 지식이나 기술에 있어서의 아동의 수준에 대한 정보를 제공하는 검사다. 규준참조검사는 주로 전문적인 검사제작자에 의해 개발되는 데 비해 준거참조검사는 전문적인 검사제작자에 의해 가끔 개발되기도 하지만 교사에 의해 제작되는 경우도 많다. 따라서 준거참조검사는 표준화된 준거참조검사(standardized criterion-referenced test)와 교사제작 준거참조검사(teacher-made criterion test)로 구분되기도 한다.

둘째, 면접(interview)은 면접자와 피면접자 간의 면대면 대화를 통해 일련의 질문에 대한 반응을 기록함으로써 자료를 수집하는 방법이라고 할 수 있는데 질문이 제시되는 방식의 구조화정도에 따라 비구조화면접, 반구조화면접, 그리고 구조화면접의 세 가지 유형으로 분류된다. 비구조화면접(unstructured interview)은 특정한 지침 없이 면접자가 많은 재량을 가지고 융통성 있게 질문을 해 나가는 것이고, 반구조화면접(semistructured interview)은 미리 준비된 질문목록은 사용하되 응답내용에 따라 필요한 추가질문을 하거나 질문순서를 바꾸기도 하면서 질문을 해 나가는 것이며, 구조화면접(structured interview)은 미리 준비된 질문목록 순서에 따라 정확하게 질문을 해 나가는 것이다. 또한 면접은 피면접자에 따라 아동면접, 부모면접, 교사면접 등의 유형으로 분류되기도 한다.

셋째, 교육과정중심사정(curriculum-based assessment: CBA)은 아동에게 가르치는 교육과정과 관련하여 아동의 수행에 대한 자료를 수집하는 방법이라고 할 수 있다. 교육과정중심사정(CBA)에는 다양한 유형이 있는데 문헌에서 주로 언급되고 있는 유형은 준거참조-교육과정중심사정(criterion-referenced curriculum-based assessment: CR-CBA), 교육과정중심측정(curriculum-based measurement: CBM), 교수설계용교육과정중심사정(curriculum-based assessment for instructional design: CBA-ID), 교육과정중심평가(curriculum-based evaluation: CBE), 그리고 교육과정-교수중심사정(curriculum and instruction-based assessment: CIBA)의 다섯 가지 유형이다. 이 다섯 가지 유형 중에서 처음 두 가지 유형, 즉 준거참조-교육과정중심사정(CR-CBA)과 교육과정중심측정(CBM)이 가장 널리 사용되고 있다. 준거참조-교육과정중심사정(CR-CBA)은 학급수행으로부터 추출된 목표들에 대한 아동의 숙달정도를 측정하는 데에 초점을 두고 교육과정중심측정(CBM)은 아동의 요구에 맞도록 교수프로그램을 변경하거나 수정하기 위해 교사가 활용할 수 있는 자료를 제공하도록 설계됨으로써 교수프로그램 수정 후 아동의 진전을 사정하는 데에 강조점을 둔다.

넷째, 수행사정(performance assessment)은 과제를 수행하는 과정이나 결과를 통하여 아동의 지식, 태도, 또는 기능에 대한 자료를 수집하는 방법이라고 할 수 있다. 수행사정에서는 수행의 과정(process) 혹은 결과(product)에 초점을 두거나 또는 과정과 결과 모두에 초점을 둘 수도 있다.

다섯째, 포트폴리오사정(portfolio assessment)은 아동의 성취를 평가하기 위하여 아동 그리고/또는 교사가 선택한 아동의 작업이나 작품의 수집에 의존하는 자료수 집방법이다. 포트폴리오사정에서 아동의 성취를 평가하기 위하여 수집된 아동의 작업집이나 작품집을 포트폴리오(portfolio)라고 하는데, 포트폴리오는 과정포트폴리오(process portfolio)와 결과포트폴리오(product portfolio)의 두 가지 유형으로 분류되기도 한다.

(2) 연구

연구(research)에서는 연구질문을 설정하고 그 연구질문에 가장 적절한 연구유형을 선택하게 되는데, 이는 다수의 연구유형이 있다는 것을 의미한다. 교육연구의 유형은 문헌에 따라 다소 다양하지만 Fraenkel과 Wallen(1996)이 제시한 교육연구의 유형을 근거로 하여 각 유형별로 연구질문과 자료수집방법의 예를 제시해 보면 〈표 1-3〉과 같다.

〈표 1-3〉에 보이듯이, 연구에서는 연구질문이 설정되고 그에 따른 적절한 연구유형이 선택되고 나면 그 연구질문에 대한 답을 도출하는 데 적합한 자료수집방법을 통하여 자료를 수집하게 되는데, 연구에서 사용할 수 있는 자료수집방법으로 검사(test), 관찰(observation), 면접(interview), 및 질문지법(questionnaire method)의 네 가지 예를 들 수 있다. 〈표 1-3〉에 나타나 있듯이, 관찰은 조사연구를 제외한 여섯 가지 연구유형에서 사용될 수 있는 자료수집방법이다. 관찰 외 다른 자료수집방법 중 면접은 내용분석연구를 제외한 여섯 가지 연구유형에서 사용될 수 있고, 검사는 네 가지 연구유형(실험연구, 인과비교연구, 상관연구, 조사연구)에서 사용될 수 있으며, 질문지법은 한 가지 연구유형(조사연구)에서 사용될 수 있다.

이와 같이 연구유형을 일곱 가지로 분류했을 때 각 연구유형별로 네 가지 자료수집방법(검사, 관찰, 면접, 질문지법) 중 한 가지, 두 가지, 또는 세 가지가 사용될 수 있는데 이와 관련하여 세 가지 사항을 추가로 설명하면 다음과 같다. 첫째, 네 가지 자료수집방법 중 앞서 평가를 위한 자료수집방법에 포함되지 않았던 질문지법을 간단히 살펴볼 필요가 있다. 한국교육평가학회(2004)에 의하면 질문지(questionnaire)란 조사하고자 하는 주제에 관한 일련의 질문에 대한 조사대상자의

〈표 1-3〉 **교육연구의 유형과 자료수집방법**

연구유형			연구질문의 예	자료수집방법의 예
1	실험연구 (experimental research)	변수를 조작하여 변수들 간의 인과관계를 규명한다.	내담자중심 상담치료가 전통적 상담치료보다 내담자에게 더 만족을 주는가?	• 검사 • **관찰** • 면접
2	인과비교연구 (causal- comparative research)	서로 다른 경험을 가진 집단을 비교하여 변수들 간의 인과관계의 가능성을 연구한다.	교사들은 성별에 따라 학생들의 정서행동문제를 다르게 인식하는가?	• 검사 • **관찰** • 면접
3	상관연구 (correlational research)	단일집단 내 여러 변수 간의 관계의 정도를 연구한다.	청소년의 양극성장애를 어떻게 예측할 수 있나?	• 검사 • **관찰** • 면접
4	조사연구 (survey research)	집단의 여러 특성을 기술한다.	일반학생들은 통합교육에 대해 어떻게 생각하고 있는가?	• 검사 • 면접 • 질문지법
5	질적연구 (qualitative research)	특정 상황이나 장면에서 일어나고 있는 총체적 모습을 심층적으로 묘사한다.	초등학교 특수학급에서 교수-학습이 어떻게 이루어지고 있는가?	• **관찰** • 면접
6	내용분석연구 (content- analysis research)	문서나 시각적 자료의 내용을 분석하여 개인이나 집단의 신념이나 태도, 또는 가치를 발견한다.	국어교과서에서 장애아동들을 언급한 내용에 편파성이 있는가?	• **관찰**
7	역사연구 (historical research)	과거에 발생한 사건과 행동에 대한 자료를 수집하고 분석하여 그 사건과 행동을 설명하고 해석한다.	일제강점기에 장애아동들은 어떠한 교육을 받았는가?	• **관찰** • 면접

※ 자료수집방법의 예에서 검사(test)란 사전에 결정된 반응유형을 요구하는 일련의 질문이나 과제를 통하여 점수 또는 다른 형태의 수량적 자료를 수집하는 방법이고, 관찰(observation)은 한 가지 이상의 신체적 감각을 통해 관찰한 바를 기록하여 자료를 수집하는 방법이며, 면접(interview)은 면접자와 피면접자 간의 면대면 대화를 통해 일련의 질문에 대한 반응을 기록함으로써 자료를 수집하는 방법이고, 질문지법 (questionnaire method)은 일정한 양식에 따라 질문과 반응을 할 수 있도록 작성된 질문지를 통해 자료를 수집하는 방법이다.

답이나 반응을 통해 자료를 수집하는 문서형식의 자료수집도구를 말한다. 따라서 질문지법(questionnaire method)은 일련의 질문으로 구성된 질문지에 조사대상자가 응답하게 함으로써 자료를 수집하는 방법이라고 할 수 있다. 질문지법에는 질문지가 전달되는 방식에 따라 직접 전달 질문지법, 간접 전달 질문지법, 그리고 우편에 의한 질문지법의 세 가지 유형이 있다(성태제, 2016). 직접 전달 질문지법은 조사대상자에게 질문지를 직접 배부하고 회수하는 것이고, 간접 전달 질문지법은 제삼자나 기관을 통해 질문지를 배부하고 회수하는 것이며, 우편에 의한 질문지법은 우편으로 질문지를 배부하고 회수하는 것이다. 둘째, 관찰은 조사연구를 제외한 여섯 가지 연구유형에서 자료수집방법으로 사용될 수 있지만, 연구유형에 따라 사용되는 관찰의 유형에 차이가 있을 수 있다. 예를 들어, 내용분석연구와 역사연구에서 관찰을 통하여 자료를 수집할 경우 직접적 관찰이 아닌 간접적 관찰이 사용된다. 셋째, 연구유형에 따라 사용되는 관찰의 유형에 차이가 있을 뿐만 아니라 동일한 연구유형이라도 연구질문에 따라 관찰의 유형에 차이가 있을 수 있다. 예를 들어, 실험연구에서 관찰을 사용할 경우 연구질문에 따라 자연적 관찰일 수도 있고 인위적 관찰일 수도 있다. 관찰에는 분류하는 근거에 따라 다양한 유형이 있는데 이에 대해서는 이 장 3절의 '2) 관찰의 유형'을 참고하기 바란다.

2. 관찰의 기록방법

앞서 이 책에서는 관찰을 '한 가지 이상의 신체적 감각을 통해 관찰한 바를 기록하여 자료를 수집하는 방법'으로 정의한다고 하였다. 이 정의에서 알 수 있듯이 관찰에서는 아동의 행동을 한 가지 이상의 신체적 감각을 통하여 관찰하는 것만으로 충분하지 않고 반드시 관찰한 바를 기록하여야 한다. 만약 관찰한 바를 기록하지 않는다면 관찰한 바를 기억하고 요약하는 데 어려움이 따를 것이고 이는 관찰을 통해 아동을 위한 유용한 자료나 정보를 얻는 데에도 제한이 올 수밖에 없다. 따라서 관찰에서는 관찰한 바를 기록하여야 하는데 관찰한 바를 기록하는 방법, 즉 관찰의 기록방법에는 다양한 유형이 있다. 관찰자는 관찰질문에 적합한 기록방법을 선택해야 하므로 관찰의 기록방법 유형에 대해 이해하는 것이 중요하다. 그러나 관찰의 기록방법에 대한 분류방식이 유사한 문헌은 찾아보기 힘들 뿐 아니라 다른 문헌들과 상이한 분류방식을 제시하면서도 그 근거를 제공한 문헌 또한 찾아보기 힘들다. 따라서 다음에서는 관련문헌들에 나타난 다양한 분류방식을 고찰하고 그 결과를 근거로 관찰의 기록방법 유형을 제시하고자 한다.

1) 관찰의 기록방법 고찰

관련문헌들에 제시되어 있는 관찰의 기록방법에 대한 다양한 분류방식의 예를 정리해 보면 〈표 1-4〉와 같다. 〈표 1-4〉에 나타난 열두 가지 중요한 사항을 살펴보면, 첫째, 기록방법들을 몇 개의 범주로 나눈 문헌들(양명희, 임유경, 2014; 이승희, 2019; 전남련 외, 2016; Alberto & Troutman, 2013; Boehm & Weinberg, 1997; Miltenberger, 2016; Sugai & Tindal, 1993)이 있는 반면 그렇지 않은 문헌들(Bentzen, 2009; Cohen & Spenciner, 2007)도 있다. 대부분의 문헌이 기록방법들을 몇 개의 범주로 나누고 있으므로 이 책에서도 관찰의 기록방법을 분류할 때 몇 개의 범주를 두고자 한다.

둘째, 동일한 유형의 기록방법에 대한 명칭이 문헌에 따라 다소 차이가 있다. 예를 들어, 이승희(2019) 그리고 Cohen과 Spenciner(2007)의 running record, 전남련 등(2016)의 specimen description, Bentzen(2009)의 narrative description, Boehm과 Weinberg(1997)의 specimen records는 내용상 동일한 기록방법이지만 제시된 명칭에서 차이가 있는 경우다. 그러나 책 본문에서 이승희(2019)는 running record를 specimen record라고도 한다고 하였고, Cohen과 Spenciner(2007)는 running record를 continuous record로 부르기도 한다고 하였으며, Bentzen(2009)은 narrative description이 때로는 specimen record 또는 running record로 불리기도 한다고 하였고, Boehm과 Weinberg(1997)도 짧은 형태의 specimen records를 running record라고 설명하고 있다. 즉, 일반적으로 running record와 specimen record는 내용상 동일한 기록방법이지만 문헌에 따라 어느 명칭을 우선적으로 사용하느냐에 차이가 있는 것으로 보인다. 한편, 이승희(2019)의 event recording과 Miltenberger(2016)의 continuous recording도 frequency of behavior, intensity of behavior, duration of behavior, latency of behavior의 네 가지 기록방법을 포함하

는 동일한 범주이지만 그 명칭이 다른 예에 해당된다.

셋째, 동일한 명칭의 기록방법이라도 그 내용이 문헌에 따라 다소 차이가 있다. 예를 들어, 이승희(2019)의 event recording은 Cohen과 Spenciner(2017)의 event recording과 명칭은 동일하지만 내용에서는 차이가 있다. 즉, 이승희(2019)는 event recording에 frequency of behavior, intensity of behavior, duration of behavior, latency of behavior의 네 가지 기록방법을 포함시키는 데 비해 Cohen과 Spenciner(2017)는 event recording을 frequency recording이라고도 부르면서 frequency of behavior에만 국한시킨다.

넷째, 기록방법의 영어명칭이 다소 다양하게 번역되는 경우가 있다. 예를 들어, running record를 이승희(2019)는 '연속기록'으로 번역하고 있으나 행동의 진행상황을 기록한다는 의미에서 '진행기록'으로 번역하는 문헌(김아영, 2000)도 있다. 물론 앞서 언급한 바와 같이 Cohen과 Spenciner(2007)는 running record를 continuous record라고 부르기도 하므로 running record를 '연속기록'으로 번역해도 무리는 없지만 Miltenberger(2017)의 continuous recording도 '연속기록'으로 번역될 가능성이 있으므로 혼동을 피하기 위해 이 책에서는 running record를 '진행기록'으로 번역하기로 한다.

다섯째, Boehm과 Weinberg(1997)은 narrative forms라는 범주에 diary description, anecdotal records, specimen records의 세 가지 기록방법을 제시하고 있는데, Bentzen(2009)도 유사하게 diary description, anecdotal records, narrative description(=specimen record, running record)의 세 가지 기록방법을 제시하고 있다. 이 세 가지 기록방법 중 anecdotal records와 specimen records는 다른 문헌(이승희, 2019; 전남련 외, 2016; Cohen & Spenciner, 2007)에서도 제시되고 있는 반면 diary description은 찾아보기 힘들다. 하지만 diary description은 문헌에 따라 일기기록(diary record)(이승희, 2019) 또는 일기기록법(diary recording)(성미영, 전가일, 정현심, 김유미, 정하나, 2017; 양명희, 임유경, 2014)으로 불리면서 책 본문에서 일화기록(anecdotal record)과 더불어 언급되기도 한다. 예를 들어, 이승희(2019)는 일기기록을 일화기록과 구분하면서 아동을 매일 관찰하여 일기식으로 기록하는 것이라고 하였다. 이러한 일기기록은 주로 부모에 의해 작성되어 신뢰성과 객관성이 결여될 수 있기 때문에 교육현장에서 잘 사용되지 않는다(성미영 외, 2017; 양명희, 임유경,

2014). 따라서 일기기록을 기록방법으로 제시하는 것은 바람직하지 않다고 하겠다.

여섯째, 이승희(2019)는 서술기록 범주에 ABC기록(ABC record)을 제시하고 있고, 양명희와 임유경(2014)은 행동 묘사 관찰기록법 범주에 ABC 관찰기록법(ABC recording)을 제시하고 있으며, 전남련 등(2016)은 사건표집법 범주에 ABC 서술식 사건표집법(ABC narrative event sampling)을 제시하고 있는데, 사실 ABC기록(ABC record), ABC 관찰기록법(ABC recording), ABC 서술식 사건표집법(ABC narrative event sampling)은 행동을 중심으로 선행사건과 후속사건을 사실적으로 서술한다는 측면에서 내용상 동일한 기록방법이다. 다만, 이승희(2019)는 ABC기록을 일화기록과 표본기록과 함께 서술기록 범주로 묶었고, 양명희와 임유경(2014)은 ABC 관찰기록법을 일화기록과 함께 행동 묘사 관찰기록법 범주로 묶었으며, 전남련 등(2016)은 ABC 서술식 사건표집법을 일화기록 및 표본기록과 분리하여 사건표집법 범주로 분류한 차이는 있다. 이 책에서는 ABC기록, ABC 관찰기록법, ABC 서술식 사건표집법을 일괄적으로 ABC기록이라 부르고 이승희(2019)의 분류처럼 일화기록 및 표본기록과 함께 서술기록 범주로 분류하고자 한다. 한편, ABC기록을 언급하지 않는 문헌들(Alberto & Troutman, 2013; Cohen & Spenciner, 2007; Miltenberger, 2016)도 있는데, ABC기록은 다른 기록방법들과 결합하여 사용되기도 하므로 기록방법으로 제시하는 것이 바람직할 것으로 보인다. 기록방법들의 결합에 대해서는 이후의 열한째를 참고하기 바란다.

일곱째, 이승희(2019)에 의하면 간격기록(interval recording)은 시간표집(time sampling)이라고도 하며 전체간격시간표집(whole-interval time sampling), 부분간격시간표집(partial-interval time sampling), 순간시간표집(momentary time sampling)의 세 가지 유형이 있다. 이와 관련하여 문헌에는 두 가지 입장이 있다. 첫 번째 입장은 명칭에는 다소 차이가 있으나 간격기록에 이승희(2019)처럼 세 가지 유형을 둔다(양명희, 임유경, 2014; Sugai & Tindal, 1993). 즉, 양명희와 임유경(2014)은 시간중심 관찰기록법에 전체간격 관찰기록법(whole interval recording), 부분간격 관찰기록법(partial interval recording), 순간 관찰기록법(momentary time sampling)의 세 가지 유형을 두었고, Sugai와 Tindal(1993)은 time-based recording methods에 전체-간격기록(whole-interval recording), 부분-간격기록(partial-interval recording), 순간-간격기록(momentary-interval recording)의 세 가지 유형을 두었다. 두 번째

입장은 간격기록(interval recording)에 전체-간격기록(whole-interval recording)과 부분-간격기록(partial-interval recording)의 두 가지 유형을 두고 순간-간격기록(momentary-interval recording)은 시간표본기록(time sample recording)으로 분류한다(Miltenberger, 2016). 좀 더 구체적으로 살펴보면, Miltenberger(2016)는 순간-간격기록(momentary-interval recording) 대신 순간시간표본기록(momentary time sample recording)이라는 명칭을 사용한다. 이 책에서는 첫 번째 입장(양명희, 임유경, 2014; 이승희, 2019; Sugai & Tindal, 1993)에 근거하여 간격기록(interval recording)에 전체간격기록(whole interval recording), 부분간격기록(partial interval recording), 순간간격기록(momentary interval recording)의 세 가지 유형을 두기로 한다.

여덟째, 기록방법과 관련하여 permanent product recording 또는 product recording을 제시하는 문헌(양명희, 임유경, 2014; Alberto & Troutman, 2013; Miltenberger, 2016; Sugai & Tindal, 1993)과 그렇지 않은 문헌(이승희, 2019; 전남련 외, 2016; Bentzen, 2009; Boehm & Weinberg, 1997; Cohen & Spenciner, 2007)이 있는데, permanent product recording과 product recording은 내용상 동일하다. 양명희와 임유경(2014)은 permanent product recording을 '행동 결과물 관찰기록법'으로 번역하고 있으나, '영구적 산물 기록(permanent product recording)'으로 번역할 수도 있으며 또한 product recording은 '산물기록'으로 번역이 가능하다. 산물기록은 행동뿐만 아니라 학업과 관련된 관찰에서 많이 활용되고 있으므로(Alberto & Troutman, 2013; Miltenberger, 2016; Sugai & Tindal, 1993) 기록방법에 포함하는 것이 바람직할 것으로 보인다. 이 책에서는 산물기록(product recording)을 하나의 범주로 보고 학업산물기록(academic product recording)과 비학업산물기록(nonacademic product recording)의 두 가지 유형을 포함시키고자 한다.

아홉째, 기록방법으로 범주기록(category recording)을 제시하는 문헌(양명희, 임유경, 2014; 이승희, 2019; 전남련 외, 2016; Boehm & Weinberg, 1997; Cohen & Spenciner, 2007)과 그렇지 않은 문헌(Bentzen, 2009; Alberto & Troutman, 2013; Miltenberger, 2016; Sugai & Tindal, 1993)이 있는데, 범주기록을 제시하는 문헌이라도 그 명칭과 분류에서는 다소 차이가 있다. 즉, 이승희(2019) 그리고 Cohen과 Spenciner(2019)는 범주기록(category recording)이라는 명칭은 동일하게 사용하지만 이승희(2019)는 평정기록(rating recording)의 한 유형으로 제시하였고, Boehm과 Weinberg(1997)

는 관찰체계(observational systems)의 한 유형으로 제시하였으며, 양명희와 임유경(2014)은 행동 평정척도 관찰기록법의 한 유형인 기술 평정척도(descritive category rating scale)로 제시하였고, 이와 유사하게 전남련 등(2016)도 평정척도법의 한 유형인 기술 평정척도(category rating scale)로 제시하였다. 또한 양명희와 임유경(2014) 그리고 전남련 등(2016)은 각각 행동 평정척도 관찰기록법과 평정척도법에 숫자 평정척도(numerical rating scale), 도식 평정척도(graphic rating scale), 표준 평정척도(standard rating scale)를 포함시키고 있다. 여기에서 숫자 평정척도는 이승희(2019)가 제시하는 평정기록(rating recording)의 척도기록(scale recording) 또는 Bentzen(2009)이나 Cohen과 Spenciner(2007)의 rating scale에 해당된다고 볼 수 있다. 그러나 도식 평정척도와 표준 평정척도는 다른 문헌에서 찾아보기 힘들 뿐 아니라 결과를 수량적 자료로 제공하지 못하기 때문에 평정기록으로 제시하는 것은 부적절한 것으로 보인다. 따라서 이 책에서는 평정기록에 범주기록과 척도기록은 포함시키지만 도식 평정척도와 표준 평정척도는 포함시키지 않기로 한다.

열째, 기록방법과 관련하여 검목표(checklist)를 언급하는 문헌(양명희, 임유경, 2014; 이승희, 2019; 전남련 외, 2016; Bentzen, 2009; Boehm & Weinberg, 1997)과 그렇지 않은 문헌(Cohen & Spenciner, 2007; Alberto & Troutman, 2013; Miltenberger, 2016; Sugai & Tindal, 1993)이 있는데, 검목표를 언급하는 문헌이라도 그 명칭과 분류에서는 다소 차이가 있다. 즉, 양명희와 임유경(2014), 전남련 등(2016), 그리고 Bentzen(2009)은 각각 행동 목록 관찰기록법(behavior checklist recording), 행동목록법(behavior checklist), checklists로 제시하였고, 이승희(2019)는 평정기록의 한 유형인 검목표기록(checklist recording)으로 제시하였으며, Boehm과 Weinberg(1997)은 judgement-based approaches의 한 유형인 checklists로 제시하였다. 이 책에서는 이승희(2019)의 분류를 근거로 검목표기록(checklist recording)이라는 명칭을 사용하고 평정기록(rating recording)의 한 유형으로 보고자 한다.

열한째, 관찰의 기록방법 유형과 관련된 문헌들에서는 기존의 기록방법들을 수정하거나 결합한 형태의 기록방법들을 제시하기도 한다. 예를 들어, Alberto와 Troutman(2013) 그리고 Sugai와 Tindal(1993)이 제시한 'controlled presentations'와 Sugai와 Tindal(1993)이 제시한 'trials to criterion'은 기존의 기록방법 중 하나인 빈도기록을 수정한 형태라고 할 수 있다[저자주: 참고로 이 책에서는 'controlled presentations'를 '통제된 제시 기록(controlled presentations recording)'이라 부르고, 'trials to criterion'은 '준거도달 시행 기록(trials to criterion recording)'이라 부르기로 함]. Miltenberger(2016)가 제시한 'percentage of opportunities'는 명칭만 다를 뿐 'controlled presentations'와 내용상 동일하다. 또한 양명희와 임유경(2014)이 제시한 'ABC 행동 목록 관찰기록지'와 Miltenberger(2016)가 제시한 'frequency-within-interval recording'은 기존의 기록방법들을 결합한 형태의 예라고 할 수 있다. 구체적으로 살펴보면 'ABC 행동 목록 관찰기록지'는 ABC기록과 검목표기록을 결합한 형태로 볼 수 있고, 'frequency-within-interval recording'은 간격기록과 빈도기록을 결합한 형태로 볼 수 있다[저자주: 참고로 이 책에서는 'ABC 행동 목록 관찰기록지'를 'ABC-검목표기록(ABC-checklist recording)'이라 부르고, 'frequency-within-interval recording'은 '간격-빈도기록(interval-frequency recording)'이라 부르기로 함]. 이처럼 관찰의 기록방법과 관련하여 다양한 수정과 절차적 변화가 시도되어 왔다. 이 책에서는 기존의 기록방법들을 기본유형(basic types)으로 명명하고 기존의 기록방법들을 수정하거나 결합한 형태의 기록방법들을 특수유형(special types)으로 명명하기로 한다. 또한 특수유형 중 기존의 기록방법들을 수정한 형태의 기록방법과 기존의 기록방법들을 결합한 형태의 기록방법을 각각 수정유형(modified types)과 결합유형(combined types)으로 부르기로 한다. 즉, 이 책에서는 관찰의 기록방법을 크게 기본유형과 특수유형으로 나누고 특수유형에 수정유형과 결합유형이 있는 것으로 본다.

열두째, 관련문헌들을 살펴보면 기록방법의 영어명칭이 '~ record', '~ records', '~ recording', '~ description', '~ method' 등으로 다양하게 나타나고 있는데, 이 책에서는 일관적으로 '~ recording'으로 표기하고 '~ 기록'으로 번역하기로 한다.

〈표 1-4〉 관련문헌에 제시된 관찰의 기록방법

구분	문헌	관찰의 기록방법
유아 관찰	양명희, 임유경 (2014)	1. 행동 묘사 관찰기록법 　1) 일화 관찰기록법(anecdotal recording) 　2) ABC 관찰기록법(ABC recording) 2. 행동 특성 관찰기록법 　1) 행동 결과물 관찰기록법(permanent product recording) 　2) 행동 분포 관찰기록법(scatter plot recording) 　3) 빈도 관찰기록법(frequency recording) 　4) 지속 시간 관찰기록법(duration recording) 3. 시간 중심 관찰기록법 　1) 전체 간격 관찰기록법(whole interval recording) 　2) 부분 간격 관찰기록법(partial interval recording) 　3) 순간 관찰기록법(momentary time sampling) 4. 행동 목록 관찰기록법(behavior checklist recording) 　※ ABC 행동 목록 관찰기록지 5. 행동 평정척도 관찰기록법 　1) 기술 평정척도(descriptive category rating scale) 　2) 숫자 평정척도(numerical rating scale) 　3) 도식 평정척도(graphic rating scale) 　4) 표준 평정척도(standard rating scale)
	전남련 외 (2016)	1. 표본식 기술(specimen description) 2. 일화기록(anecdotal records) 3. 시간표집법(time sampling method) 4. 사건표집법(event sampling method) 　1) ABC 서술식 사건표집법(ABC narrative event sampling) 　2) 빈도 사건표집법(frequency event sampling) 5. 평정척도법(rating scale method) 　1) 기술 평정척도(category rating scale) 　2) 숫자 평정척도(numerical rating scale) 　3) 도식 평정척도(graphic rating scale) 　4) 표준 평정척도(standard rating scale) 6. 행동목록법(behavior checklist)
	Bentzen (2009)	1. narrative description 2. time sampling 3. event sampling 4. diary description 5. anecdotal records 6. frequency counts 7. checklists 8. rating scale

〈표 1-4〉 계속됨

구분	문헌	관찰의 기록방법

	Boehm & Weinberg (1997)	1. narrative forms
		   1) diary descriptions
		   2) anecdotal records
		   3) specimen records
		2. observational systems
		   1) category system
		   2) sampling procedures
		     (1) time sampling
		     (2) event sampling
		3. judgement-based approaches
		   1) checklists
		   2) rating scales

장애
아동
평가
	이승희 (2019)	1. 서술기록(narrative recording)
		   1) 일화기록(anecdotal record)
		   2) 연속기록(running record)
		   3) ABC기록(ABC record)
		2. 간격기록(interval recording)
		   1) 전체간격시간표집(whole-interval time sampling)
		   2) 부분간격시간표집(partial-interval time sampling)
		   3) 순간시간표집(momentary time sampling)
		3. 사건기록(event recording)
		   1) 행동의 빈도(frequency of behavior)
		   2) 행동의 강도(intensity of behavior)
		   3) 행동의 지속시간(duration of behavior)
		   4) 행동의 지연시간(latency of behavior)
		4. 평정기록(rating recording)
		   1) 범주기록(category recording)
		   2) 척도기록(scale recording)
		   3) 검목표기록(checklist recording)

	Cohen & Spenciner (2007)	1. anecdotal record 2. running record 3. event recording 4. duration recording 5. intensity recording 6. latency recording 7. interval recording 8. category recording 9. rating scales

〈표 1-4〉 **계속됨**

구분	문헌	관찰의 기록방법
행동 수정	Alberto & Troutman (2013)	1. anecdotal reports 2. permanent product recording 3. observational recording system 1) event recording ※ controlled presentations 2) interval recording and time sampling (1) interval recording (2) time sampling 4. duration and latency recording 1) duration recording 2) latency recording
	Miltenberger (2016)	1. continuous recording 1) frequency of behavior 2) intensity of behavior 3) duration of behavior 4) latency of behavior 2. percentage of opportunities 3. product recording 4. interval recording 1) whole-interval recording 2) partial-interval recording ※ frequency-within-interval recording 5. time sample recording
행동 지원	Sugai & Tindal (1993)	1. permanent product recording 2. event-based recording systems 1) tally recording 2) duration recording 3) latency recording 4) controlled presentations 5) trials to criterion 3. time-based recording methods 1) whole-interval recording 2) whole-interval recording 3) momentary-interval recording

※ 국외문헌의 분류방식을 원어로 제시한 이유: 동일한 유형의 기록방법에 대한 명칭이 문헌에 따라 다소 차이가 있을 뿐 아니라 동일한 명칭의 기록방법이라도 그 내용이 문헌에 따라 다소 차이가 있으므로 문헌에 따른 차이를 좀 더 정확하게 전달하기 위해서다(이러한 차이에 대해서는 이 책의 내용을 참고하기 바람).

2) 관찰의 기록방법 유형

앞선 '1) 관찰의 기록방법 고찰'에서의 논의를 바탕으로 이 책에서는 관찰의 기록방법을 〈표 1-5〉와 같이 분류하고자 한다. 〈표 1-5〉에 보이듯이 이 책에서는 관찰의 기록방법을 크게 기본유형과 특수유형으로 구분한다. 첫째, 기본유형(basic types)이란 단독으로 사용되거나 수정 또는 결합하여 사용될 수 있는 유형을 말한다. 둘째, 특수유형(special types)이란 기본유형이 수정되거나 두 가지 기본유형이 결합된 유형을 말하는데, 기본유형이 수정된 유형은 수정유형(modified types)이라 하고 두 가지 기본유형이 결합된 유형은 결합유형(combined types)이라 한다. 기본유형과 특수유형에 대해서는 각각 제3장과 제4장에서 구체적으로 다룰 것이다. 단, 이 책의 기본유형은 절대적인 것이 아닐 뿐 아니라 특수유형 또한 총망라한(exhaustive) 것이 아닐 수 있다는 점을 밝혀 둔다. 왜냐하면 기록방법의 유형과 분류에 대해서는 여러 관점이 있을 수 있으며 향후 다양한 기본유형이나 특수유형이 추가될 수도 있기 때문이다.

〈표 1-5〉 **관찰의 기록방법**

구분	관찰의 기록방법		비고
기본 유형	서술기록 (narrative recording)	일화기록 (anecdotal recording)	•
		표본기록 (specimen recording)	진행기록 (running recording)
		ABC기록 (ABC recording)	•
	간격기록 (interval recording)	전체간격기록 (whole interval recording)	•
		부분간격기록 (partial interval recording)	•
		순간간격기록 (momentary interval recording)	•
	사건기록 (event recording)	빈도기록 (frequency recording)	•

〈표 1-5〉 계속됨

구분		관찰의 기록방법	비고
		강도기록 (intensity recording)	•
		지속시간기록 (duration recording)	•
		지연시간기록 (latency recording)	•
	산물기록 (product recording)	학업산물기록 (academic product recording)	•
		비학업산물기록 (nonacademic product recording)	•
	평정기록 (rating recording)	범주기록 (category recording)	•
		척도기록 (scale recording)	•
		검목표기록 (checklist recording)	•
특수 유형	수정 유형	통제된 제시 기록 (controlled presentations recording)	빈도기록의 수정
		준거도달 시행 기록 (trials to criterion recording)	빈도기록의 수정
	결합 유형	ABC-검목표기록 (ABC-checklist recording)	ABC기록과 검목표기록 의 결합
		간격-빈도기록 (interval-frequency recording)	간격기록과 빈도기록의 결합

3. 관찰의 분류

앞서 2절 '관찰의 기록방법'에서 보았듯이 관찰의 기록방법에는 다양한 유형이 있다. 이와 마찬가지로 관찰에도 다양한 유형이 있다. 그러나 '관찰의 기록방법'처럼 관찰을 분류하는 방식은 문헌에 따라 다양하게 나타나고 있다. 따라서 다음에서는 관련문헌에 나타난 다양한 분류방식을 고찰하고 그 결과를 근거로 관찰의 유형을 제시하고자 한다.

1) 관찰의 분류 고찰

관련문헌들에 제시되어 있는 관찰의 유형에 대한 다양한 분류방식의 예를 정리해 보면 〈표 1-6〉과 같다. 〈표 1-6〉에 나타난 아홉 가지 중요한 사항을 살펴보면, 첫째, '조직적 관찰'(김기원, 2016; 박용순 외, 2012; 성태제, 2016; 최세영 외, 2017)과 '구조적 관찰(또는 구조화 관찰)'(김송이, 정지나, 최혜영, 민성혜, 2009; 김영종, 2007; 김장권, 2014; 양명희, 임유경, 2014; 박창제, 황선영, 임병우, 김준환, 2014)이라는 용어가 사용되고 있는데, 이 두 용어는 'structured observation'를 달리 번역한 동의어라고 할 수 있다. 일반적으로 'structured'를 '구조적(또는 구조화)'으로 번역하는 경향이 있으므로 이 책에서는 'structured observation'을 '구조적 관찰'로 번역하여 사용하기로 한다.

둘째, 문헌에 따라 구조적 관찰(structured observation), 체계적 관찰(systematic observation), 또는 통제적 관찰(controlled observation)이 동의어로 사용되거나 구분하여 사용되기도 한다. 예를 들어, 김장권(2014), 박용순 등(2012), 그리고 성미영 등(2017)은 세 용어를 사용하면서 동의어로 보았고, 김송이 등(2009)은 구조적 관찰과 통제적 관찰 두 용어를 사용하면서 동의어로 보았으며, 최세영 등(2017)은 구조적 관찰과 체계적 관찰 두 용어를 사용하면서 동의어로 보았다. 이에 비해 양명희와 임유경(2014)은 세 용어를 다 사용하지만 체계적 관찰은 구조적 관찰과 동의어로 보는 반면 통제적 관찰은 구조적 관찰과 구분하였다. 또한 성태제(2016)는 구조적 관찰과 통제적 관찰 두 용어를 사용하지만 둘을 구분하고 있고, 김기원(2016)은 구조적 관찰과 체계적 관찰 두 용어를 사용하지만 둘을 구분하고 있다. 한편, 박창제 등(2014)은 구조적 관찰이라는 한 용어만 사용하고 있다. 그러나 이 세 용어를 모두 구분하여 사용한 문헌은 찾아보기 힘들다. 하지만 세 용어가 별개로 있다는 것은 그 의미에서도 차이가 있을 수 있다는 것이므로 이 책에서는 구조적 관찰, 체계적 관찰, 통제적 관찰을 유사한 측면은 있을 수 있으나 서로 구분되는 것으로 보고자 한다.

셋째, 관찰절차의 구조화 여부에 따라 관찰을 분류하는 문헌들(김영종, 2007; 김장권, 2014; 박창제 외, 2014; 양명희, 임유경, 2014)을 보면 구조적 관찰과 비구조적 관찰의 2개 유형으로 분류하고 있다. 그러나 관찰에는 반구조적 관찰도 있을 수 있으므로 이 책에서는 관찰절차의 구조화 여부에 따라 관찰을 구조적 관찰(structured observation)과 비구조적 관찰(unstructured observation)의 2개 유형으로 분류하고, 다시 구조적 관찰을 완전구조적 관찰(complete-structured observation)과 반구조적 관찰(semi-structured observation)의 2개 하위 유형으로 분류하고자 한다.

넷째, 자연적 관찰(또는 자연관찰)(naturalistic observation)의 상대적 유형으로 문헌에 따라 구조적 관찰(김송이 외, 2009; 성태제, 2016), 체계적 관찰(성미영 외, 2017), 통제적 관찰(양명희, 임유경, 2014; 전남련 외, 2016), 또는 인위적 관찰(contrived observation)(김기원, 2016; 김영종, 2007)이 제시되고 있다. 앞서 이 책에서는 구조적 관찰, 체계적 관찰, 통제적 관찰을 서로 구분하기로 하였는데, 인위적 관찰도 이 세 용어와 구분하고자 한다. 또한 이 책에서는 인위적 관찰을 자연적 관찰의 상대적 유형으로 보기로 한다.

다섯째, 대부분의 문헌이 관찰자의 참여 여부에 따라 관찰을 분류하고 있는데, 그 유형이 다소 다양하다. 예를 들어, 김송이 등(2009), 김영종(2007), 박창제 등(2014), 성미영 등(2017), 그리고 전남련 등(2016)은 참여관찰과 비참여관찰의 2개 유형으로 분류하였고, 김기원(2016), 김장권(2014), 박용순 등(2012), 그리고 최세영 등(2017)은 참여관찰, 비참여관찰, 준참여관찰의 3개 유형으로 분류하였으며, 양명희와 임유경(2014)은 완전한 참여자 관찰, 관찰자로서의 참여자 관찰, 참여자로서의 관찰자 관찰, 완전한 관찰자 관찰의 4개 유형으로 분류하였다. 성태제(2016)의 경우 참여관찰과 비참여관찰의 2개 유형으로 분류하면서 참여관찰을 다시 완전참여관찰과 부분참여관찰의 2개 하위유형으로 분류하였는데, 부분참여관찰이란 다른 문헌들이 제시한 준참여관찰에 해당된다. 한편, 김기원(2016)과 박용순 등(2012)은 관찰자의 참여 여부에 따른 관찰의 유형을 참여관찰, 준참여관찰, 비참여관찰의 3개로 제시하면서 관련내용인 관찰자의 역할을 4개(완전참여자, 관찰참여자, 참여관찰자, 완전관찰자)로 구분하였는데, 이는 양명희와 임유경(2014)이 제시한 4개 유형(완전한 참여자 관찰, 관찰자로서의 참여자 관찰, 참여자로서의 관찰자 관찰, 완전한 관찰자 관찰)에 해당된다. 이 책에서는 성태제(2016)의 분류를 참고하여 관찰자의 참여 여부에 따라 관찰을 참여적 관찰(participant observation)과 비참여적 관찰(non-participant observation)의 2개 유형으로 분류하고, 다시 참여적 관찰을 완전참여적 관찰(complete-participant observation)과 준참여적 관찰(quasi-participant observation)의 2개 하위유형으로 분류하고자 한다. 또한 이 책에서는 김기원(2016)과 박용순 등(2012)이 소개한 바와 같이 관찰자의 참여 여부에 따른 분류의 관련내용으로 관찰자의 역할을 소개하기로 한다.

여섯째, 어떤 문헌(김기원, 2016; 박용순 외, 2012)은 관찰자가 직접 관찰하는지의 여부에 따라 직접관찰과 간접관찰로 관찰의 유형을 분류하기도 한다. 다소 소수의 문헌에서 소개되는 유형이지만 관찰을 실시할 때 흔히 볼 수 있는 유형이므로 이 책에서는 관찰실시의 직접성 여부에 따른 분류를 포함시켜 직접적 관찰(direct observation)과 간접적 관찰(indirect observation)을 소개하고자 한다.

일곱째, 김기원(2016)의 경우 피관찰자의 사전 인지 여부에 따른 분류(공개적 관찰과 비공개적 관찰)와 관찰의 기계사용 여부에 따른 분류(인간의 관찰과 기계의 관찰)를 제시하고 있다. 전자는 관찰자의 참여 여부에 따른 분류와 중복될 여지가 있어 다소 부적절해 보이는 데 비해 후자는 관찰현장에서 가끔 해당되기도 하는 유형이므로 이 책에서는 관찰기록의 기계의존 여부에 따른 분류를 포함시켜 인적 관찰(personal observation)과 기계적 관찰(mechanical observation)을 소개하기로 한다.

여덟째, 〈표 1-6〉에는 보이지 않지만 관련문헌에 의하면 관찰은 공식적 관찰과 비공식적 관찰로 분류되거나(Bentzen, 2009; Venn, 2004) 양적 관찰과 질적 관찰로 분류되기도 한다(철학대사전 편찬위원회, 2017; Salvia & Ysseldyke, 2007). 이 책에서는 관련문헌을 참고하여 관찰을 관찰도구의 표준화 여부에 따라 공식적 관찰(formal observation)과 비공식적 관찰(informal observation)로 분류하고, 관찰자료의 형태에 따라 양적 관찰(quantitative observation)과 질적 관찰(qualitative observation)로 분류하고자 한다.

아홉째, 관찰은 관찰자의 참여나 관찰조건의 통제와 같은 어떤 차원(dimension)을 근거로 하여 분류되는데, 〈표 1-6〉에 보이듯이 문헌에 따라 사용된 차원의 수가 2개, 3개, 또는 7개 등으로 다양하게 나타나고 있다. 이는 관찰을 분류하는 차원의 개수나 내용이 문헌에 따라 차이가 있을 수 있다는 것을 의미한다. 이 책에서는 관련문헌들을 참고하여 9개 차원을 사용하고자 한다.

〈표 1-6〉 **관련문헌에 제시된 관찰의 유형**

구분	문헌	관찰의 유형

유아
관찰
	김송이 외
	(2009)
		1) 관찰방법에 따른 분류
		  (1) 자연관찰
		  (2) 구조화된 관찰(= 통제관찰)
		    ① 관찰상황을 조작하는 경우(=실험관찰)
		    ② 관찰상황을 통제하는 경우
		2) 관찰참여에 따른 분류
		  (1) 참여관찰
		  (2) 비참여관찰

	성미영 외
	(2017)
		1) 관찰의 조직화 정도에 따른 분류
		  (1) 자연관찰(naturalistic observation)
		  (2) 체계적 관찰(systematic observation)(=구조적 관찰, 통제된 관찰)
		2) 관찰자의 참여 여부에 따른 분류
		  (1) 참여관찰(participant observation)
		  (2) 비참여관찰(non-participant observation)

	양명희, 임유경
	(2014)
		1) 관찰상황의 통제 유무에 따른 분류
		  (1) 자연적 관찰(=비통제적 관찰)
		  (2) 통제적 관찰
		    ① 관찰상황을 조작하는 경우(=실험적 관찰)
		    ② 관찰상황을 통제하는 경우
		2) 관찰자의 관찰참여 정도에 따른 분류
		  (1) 완전한 참여자(complete participants) 관찰
		  (2) 관찰자로서의 참여자(participants-as-observers) 관찰
		  (3) 참여자로서의 관찰자(observers-as-participants) 관찰
		  (4) 완전한 관찰자(complete observers) 관찰
		  ※ 참여관찰
		    비참여관찰
		3) 관찰의 구조화 정도에 따른 분류
		  (1) 구조적 관찰(=체계적 관찰)
		  (2) 비구조적 관찰
		※ 직접 관찰
		  간접 관찰

	전남련 외
	(2016)
		1) 관찰장면에 가해지는 통제의 유무에 따른 분류
		  (1) 자연적 관찰(naturalistic observation)
		  (2) 통제된 관찰(controlled observation)
		    ① 관찰상황을 조작하는 경우
		    ② 관찰상황을 통제하는 경우
		2) 관찰자의 대상집단 참여 여부에 따른 분류
		  (1) 참여관찰(participant observation)
		  (2) 비참여관찰(nonparticipant observation)

〈표 1-6〉 계속됨

구분	문헌	관찰의 유형
교육 연구 방법	성태제 (2016)	1) 관찰의 통제 여부에 따른 분류 　(1) 통제적 관찰 　(2) 비통제적 관찰 2) 관찰의 조직성 여부에 따른 관찰 　(1) 자연관찰 　(2) 조직적 관찰(=구조적 관찰) 3) 관찰자의 참여 여부에 따른 분류 　(1) 참여관찰 　　① 완전참여관찰 　　② 부분참여관찰 　(2) 비참여관찰
사회 복지 연구 방법	김기원 (2016)	1) 절차의 조직화에 따른 분류 　(1) 조직적 관찰 　(2) 비조직적 관찰 2) 피관찰자의 통제 여부에 따른 분류 　(1) 자연적 관찰 　(2) 인위적 관찰 3) 관찰법의 통제 여부에 따른 분류 　(1) 체계적 관찰 　(2) 비체계적 관찰 4) 관찰자의 참여 정도에 따른 분류 　(1) 참여관찰(participant observation) 　(2) 준참여관찰(quasiparticipant observation) 　(3) 비참여관찰(nonparticipant observation) 　※ 관찰자의 역할 구분 　　① 완전참여자(complete participant) 　　② 관찰참여자(participant-as-observer) 　　③ 참여관찰자(observer-as-participant) 　　④ 완전관찰자(complete observer) 5) 관찰자가 직접 관찰하는지의 여부에 따른 분류 　(1) 직접관찰 　(2) 간접관찰 6) 피관찰자의 사전 인지 여부에 따른 분류 　(1) 공개적 관찰 　(2) 비공개적 관찰 7) 관찰의 기계사용 여부에 따른 분류 　(1) 인간의 관찰 　(2) 기계의 관찰

〈표 1-6〉계속됨

구분	문헌	관찰의 유형
	김영종 (2007)	1) 관찰자의 참여 정도에 따른 분류 　(1) 참여관찰(participant observation) 　(2) 비참여관찰(non-participant observation) 2) 관찰의 환경에 따른 분류 　(1) 자연적 관찰 　(2) 인위적 관찰 3) 관찰의 구조화 정도에 따른 분류 　(1) 구조적 관찰 　(2) 비구조적 관찰
	김장권 (2014)	1) 참여 정도에 따른 분류 　(1) 참여관찰 　(2) 비참여관찰 　(3) 준참여관찰 2) 절차의 구조화 정도에 따른 분류 　(1) 비구조화 관찰(unstructrued observation) 　(2) 구조화 관찰(=체계적 관찰, 통제적 관찰)
	박용순 외 (2012)	1) 관찰자가 직접 관찰하는지의 여부에 따른 분류 　(1) 직접관찰 　(2) 간접관찰 2) 관찰절차의 조직성에 따른 분류 　(1) 조직적 관찰(structured observation)(=체계적 관찰, 구조적 관찰) 　(2) 비조직적 관찰(unstructured observation) 3) 관찰자의 참여 정도에 따른 분류 　(1) 참여관찰(participant observation) 　(2) 준참여관찰(quasi-participant observation) 　(3) 비참여관찰(non-participant observation) 　※ 관찰자의 역할 구분 　　① 완전참여자 　　② 관찰참여자 　　③ 참여관찰자 　　④ 완전관찰자
	박창제 외 (2014)	1) 관찰자의 참여 정도에 따른 분류 　(1) 참여관찰(participant observation) 　(2) 비참여관찰(non-participant observation) 2) 관찰조건의 구조화 정도에 따른 분류 　(1) 구조적 관찰 　(2) 비구조적 관찰

〈표 1-6〉 계속됨

구분	문헌	관찰의 유형

	최세영 외 (2017)	1) 관찰자의 참여 정도에 따른 분류
		  (1) 참여관찰
		  (2) 비참여관찰
		  (3) 준참여관찰
		2) 절차의 조직성에 따른 분류
		  (1) 조직적 관찰(=구조화 관찰, 체계적 관찰)
		  (2) 비조직적 관찰(=비구조화 관찰, 비체계적 관찰)

2) 관찰의 유형

앞선 '1) 관찰의 분류 고찰'에서의 논의를 바탕으로 이 책에서는 관찰의 유형을 〈표 1-7〉과 같이 분류하고자 한다. 〈표 1-7〉에 보이듯이 이 책에서는 관찰의 유형을 9개 차원에서 분류하는데, 이러한 차원은 어느 정도 독립적이어서 어떤 관찰을 실시했을 때 9개 차원에서 다양한 조합으로 분류될 수 있다. 즉, 자연적 관찰로 분류된 관찰이라도 공식적 관찰 또는 비공식적 관찰, 구조적 관찰 또는 비구조적 관찰, 체계적 관찰 또는 비체계적 관찰, 통제적 관찰 또는 비통제적 관찰, 참여적 관찰 또는 비참여적 관찰, 직접적 관찰 또는 간접적 관찰, 양적 관찰 또는 질적 관찰, 인적 관찰 또는 기계적 관찰일 수 있다는 것이다. 다음에서는 〈표 1-7〉에 근거하여 관찰의 유형을 구체적으로 살펴보기로 한다.

〈표 1-7〉 관찰의 유형

차원	유형
(1) 관찰도구의 표준화	① 공식적 관찰(formal observation) ② 비공식적 관찰(informal observation)

(2) 관찰절차의 구조화	① 구조적 관찰(structured observation)
	  [a] 완전구조적 관찰(complete-structured observation)
	  [b] 반구조적 관찰(semi-structured observation)
	② 비구조적 관찰(unstructured observation)

(3) 관찰준비의 체계성	① 체계적 관찰(systematic observation) ② 비체계적 관찰(unsystematic observation)

〈표 1-7〉 **계속됨**

차원	유형
(4) 관찰조건의 통제	① 통제적 관찰(controlled observation) ② 비통제적 관찰(uncontorlled observation)
(5) 관찰장소의 고안	① 자연적 관찰(naturalistic observation) ② 인위적 관찰(contrived observation)

(6) 관찰자의 참여	① 참여적 관찰(participant observation)
	  ⓐ 완전참여적 관찰(complete-participant observation)
	  ⓑ 준참여적 관찰(quasi-participant observation)
	② 비참여적 관찰(non-participant observation)

(7) 관찰실시의 직접성	① 직접적 관찰(direct observation) ② 간접적 관찰(indirect observation)
(8) 관찰자료의 형태	① 양적 관찰(quantitative observation) ② 질적 관찰(qualitative observation)
(9) 관찰기록의 기계의존	① 인적 관찰(personal observation) ② 기계적 관찰(mechanical observation)

(1) 관찰도구의 표준화 여부에 따른 분류

사용되는 관찰도구의 표준화 여부에 따라 공식적 관찰과 비공식적 관찰로 분류할 수 있다. 관찰도구와 관련하여 표준화(standardization)란 관찰도구의 구성요소, 실시과정, 요약방법, 결과해석기법을 엄격히 규정하는 것을 말한다.

① 공식적 관찰

공식적 관찰(formal observation)이란 표준화된 관찰도구(standardized observation instrument)를 사용하는 관찰을 말한다. 표준화된 관찰도구는 실시, 요약, 해석에 대한 명확한 지침을 가지고 있으며 일반적으로 상용화된 경우가 많다. 예를 들어,「자폐증 진단 관찰 스케줄-2(Autism Diagnostic Observation Schedule-Second Edition: ADOS-2)」(유희정 외, 2017)는 1세 이상의 아동 및 성인을 대상으로 자폐스펙트럼장애를 진단하기 위해 개발된 관찰도구다.

② 비공식적 관찰

비공식적 관찰(informal observation)이란 관찰자제작 관찰도구(observer-made

observation instrument)를 사용하는 관찰을 말한다. 관찰자제작 관찰도구는 관찰자
가 직접 개발한 관찰지로서 실시, 요약, 해석에 대한 명확한 지침을 가지는 데 다소
제한이 따른다.

(2) 관찰절차의 구조화 여부에 따른 분류

관찰절차의 구조화 여부에 따라 구조적 관찰과 비구조적 관찰로 분류되며, 구조
적 관찰은 다시 완전구조적 관찰과 반구조적 관찰로 분류될 수 있다. 관찰과 관련
하여 구조화(structurization)란 자료수집의 내용(즉, 관찰내용)과 관찰도구를 사전에
결정하는 것을 말한다(김영종, 2007).

① 구조적 관찰

구조적 관찰(structured observation)이란 관찰내용과 관찰도구가 사전에 결정되어
있는 관찰을 말한다. 따라서 구조적 관찰에서는 자료수집의 내용과 형식이 사전에
결정되어 있어서 관찰자의 재량이나 융통성에 제한이 따른다(김영종, 2007). 구조적
관찰에는 완전구조적 관찰(complete-structured observation)과 반구조적 관찰(semi-
structured observation)이 있는데, 완전구조적 관찰에서는 관찰자에게 재량이나 융
통성이 거의 주어지지 않는 데 비해 반구조적 관찰에서는 관찰자에게 어느 정도의
재량과 융통성이 주어진다. 구조적 관찰에서는 관찰도구로 표준화된 관찰도구 또
는 관찰자제작 관찰도구가 사용될 수 있는데, 구조적 관찰에서 사용되는 관찰자제
작 관찰도구는 표준화된 관찰도구처럼 명확한 지침은 없지만 실시 및 요약에 대한
어느 정도의 지침은 갖추고 있다. 이처럼 구조적 관찰을 실시했을 경우 그 관찰은
표준화된 관찰도구를 사용하는 공식적 관찰일 수도 있고 관찰자제작 관찰도구를
사용하는 비공식적 관찰일 수도 있다.

② 비구조적 관찰

비구조적 관찰(unstructured observation)은 관찰내용과 관찰도구가 사전에 결정되
어 있지 않은 관찰을 말한다. 즉, 사전에 결정된 자료수집 내용이나 형식 없이 상황
에 따라 그때 그때 적합한 자료를 자유롭게 수집하는 것이다(김영종, 2007). 따라서 비
구조적 관찰에서는 관찰자에게 많은 재량과 융통성이 주어지며, 주로 관찰자제작 관

찰도구가 사용된다. 비구조적 관찰에서 사용되는 관찰자제작 관찰도구는 구조적 관찰에서 사용되는 관찰자제작 관찰도구와는 달리 별다른 지침을 갖추고 있지 않다. 이처럼 비구조적 관찰을 실시했을 경우 그 관찰은 일반적으로 비공식적 관찰이다.

(3) 관찰준비의 체계성 여부에 따른 분류

관찰준비의 체계성 여부에 따라 체계적 관찰과 비체계적 관찰로 분류될 수 있다. 관찰과 관련하여 체계성(systemicity)이란 관찰행동, 관찰장소, 관찰시간, 기록방법 등을 전반적으로 짜임새 있게 계획하는 것을 말한다.

① 체계적 관찰

체계적 관찰(systematic observation)이란 관찰행동, 관찰시간, 관찰장소, 기록방법 등이 전반적으로 계획되어 있는 관찰을 말한다. 체계적 관찰에서는 계획된 바에 따라 관찰행동을 특정하거나 정의하고 사전에 정한 시간에, 사전에 선정한 장소에서, 사전에 선정한 기록방법을 사용한다.

② 비체계적 관찰

비체계적 관찰(unsystematic observation)이란 관찰행동, 관찰시간, 관찰장소, 기록방법 등에 대한 구체적인 계획이 없는 관찰을 말한다. 비체계적 관찰에서는 관찰자가 시간과 장소에 상관없이 중요하게 보이는 행동을 묘사하여 기록한다.

(4) 관찰조건의 통제 여부에 따른 분류

관찰조건의 통제 여부에 따라 통제적 관찰과 비통제적 관찰로 분류된다. 관찰과 관련하여 통제(control)란 관찰조건을 조작하여 관찰대상의 행동을 유발시키는 것을 말한다.

① 통제적 관찰

통제적 관찰(controlled observation)이란 관찰조건을 의도적으로 조작하고 그 조작으로 유발된 관찰대상의 행동을 관찰하는 것이며 실험적 관찰(experimental observation)이라고도 한다. 통제적 관찰은 일상생활 장소가 아닌 다른 장소에서 실시되는 경향이 있으나 일상생활 장소에서도 실시될 수 있다.

② 비통제적 관찰

비통제적 관찰(uncontrolled observation)이란 관찰조건의 조작이나 특별한 자극 없이 일상적으로 발생하는 행동을 관찰하는 것이다. 비통제적 관찰은 관찰대상의 일상생활 장소에서 실시되는 경향이 있으나 일상생활 장소가 아닌 다른 장소에서 실시될 수도 있다.

(5) 관찰장소의 고안 여부에 따른 분류

관찰장소의 고안 여부에 따라 자연적 관찰과 인위적 관찰로 나눌 수 있다. 관찰과 관련하여 고안(contrivance)이란 관찰장소가 일상적으로 생활하는 장소가 아니라는 것을 말한다.

① 자연적 관찰

자연적 관찰(naturalistic observation)이란 관찰대상이 일상적으로 생활하는 장소에서 관찰하는 것을 말한다. 자연적 관찰에서는 관찰조건이 통제될 수도 있고 통제되지 않을 수도 있다.

② 인위적 관찰

인위적 관찰(contrived observation)이란 관찰대상이 일상적으로 생활하는 장소가 아닌 다른 장소에서 관찰하는 것을 말한다. 인위적 관찰에서도 관찰조건이 통제될 수 있고 통제되지 않을 수도 있다.

(6) 관찰자의 참여 여부에 따른 분류

관찰자의 참여 여부에 따라 참여적 관찰과 비참여적 관찰로 분류되며 참여적 관찰은 다시 완전참여적 관찰과 준참여적 관찰로 분류될 수 있다. 관찰과 관련하여 참여(participation)란 관찰자가 관찰대상 집단의 생활에 참여하는 것을 말한다. 이러한 관찰자의 역할은 네 가지 유형으로 분류되기도 하는데, 이에 대해서는 [보충설명 1-1]을 참고하기 바란다.

[보충설명 1-1] 관찰자의 역할

관찰에서 관찰자의 역할은 관찰자의 참여 정도와 관찰자의 신분공개 여부에 따라 완전참여자, 관찰참여자, 참여관찰자, 완전관찰자의 네 가지 유형으로 분류되는데(김기원, 2016; 박용순 외, 2012; Fraenkel & Wallen, 1996), 이 네 가지 유형은 1969년에 사회학자인 Raymond Gold가 소개하였다. 첫째, 완전참여자(complete participant)는 관찰대상 집단 내에서 한 구성원으로서 다른 구성원들과 완전한 상호작용을 하면서 관찰을 한다. 관찰자의 신분은 공개되지 않는다. 둘째, 관찰참여자(participant-as-observer)는 관찰대상 집단 내에서 활동에 참여하여 많은 상호작용은 하지만 관찰을 수행하고 있다는 점을 분명히 한다. 따라서 관찰자의 신분은 공개된다. 셋째, 참여관찰자(observer-as-participant)는 관찰대상 집단 내에서 활동에 피상적으로만 참여하여 비교적 적은 상호작용을 하면서 관찰을 한다. 관찰자의 신분은 공개된다. 넷째, 완전관찰자(complete observer)는 관찰대상 집단 내 활동에 참여하지 않고 상호작용도 전혀 하지 않는다. 관찰자의 신분은 공개될 수도 있고 공개되지 않을 수도 있다(Fraenkel & Wallen, 1996).

이상에서 알 수 있듯이, 완전참여자, 관찰참여자, 참여관찰자, 완전관찰자의 순으로 관찰자의 참여 정도는 감소한다. 또한 완전참여자는 신분이 공개되지 않고 관찰참여자와 참여관찰자는 신분이 공개되지만 완전관찰자는 신분이 공개될 수도 있고 공개되지 않을 수도 있다. 이와 같은 관찰자 역할의 유형은 관찰자의 참여 및 신분공개와 관련된다는 점에서 관찰자의 참여 여부에 따른 관찰의 유형과 밀접하게 연관되어 있다. 이러한 연관성을 요약해 보면 다음과 같다.

※ 관찰자 역할의 유형과 관찰자의 참여 여부에 따른 관찰의 유형간 관계

관찰자 역할	참여 정도	신분공개 여부	관찰자의 참여 여부에 따른 관찰의 유형	
완전참여자	구성원으로서 완전한 상호작용	공개되지 않음	완전참여적 관찰	참여적 관찰
관찰참여자	관찰자로서 많은 상호작용	공개됨	준참여적 관찰	
참여관찰자	관찰자로서 적은 상호작용	공개됨		
완전관찰자	전혀 없는 상호작용	공개되거나 공개되지 않음	비참여적 관찰	

① 참여적 관찰

참여적 관찰(participant observation)이란 관찰자가 관찰대상 집단의 생활에 참여하면서 관찰하는 것을 말한다. 참여적 관찰에는 완전참여적 관찰(complete-participant observation)과 준참여적 관찰(quasi-participant observation)이 있다. 완전참여적 관찰은 관찰자가 관찰대상 집단의 구성원이 되어 그 생활에 완전히 참여하면서 관찰하는 것으로서 관찰자의 신분이 공개되지 않는다. 이에 비해 준참여적 관찰은 관찰자가 관찰대상 집단의 생활 일부에만 참여하면서 관찰하는 것으로서 관찰자의 신분이 공개된다. 또한 [보충설명 1-1]에 보이듯이 완전참여적 관찰에서의 관찰자 역할은 완전참여자(complete participants)로 분류되는 데 비해 준참여적 관찰에서의 관찰자 역할은 관찰참여자(participants-as-observers) 또는 참여관찰자(observers-as-participants)로 분류된다.

② 비참여적 관찰

비참여적 관찰(non-participant observation)이란 관찰자가 관찰대상 집단의 생활에 참여하지 않으면서 관찰하는 것을 말한다. 비참여적 관찰에서는 관찰자의 신분이 공개되기도 하고 공개되지 않기도 하는데(박창제 외, 2014), 관찰대상이 있는 장소에 머물면서 관찰을 하는 경우에는 관찰자의 신분이 공개되지만 참관실에서 일방경을 통해 관찰하는 경우에는 관찰자의 신분이 공개되지 않는다. 또한 [보충설명 1-1]에 보이듯이 비참여적 관찰에서의 관찰자 역할은 완전관찰자(complete observers)로 분류된다.

(7) 관찰실시의 직접성 여부에 따른 분류

관찰실시의 직접성 여부에 따라 직접적 관찰과 간접적 관찰로 분류된다. 관찰과 관련하여 직접성(directness)이란 중간의 매개물 없이 바로 관찰대상과 연결된다는 것이다. 즉, 중간의 매개물이 없이 관찰자가 바로 관찰대상을 관찰하는지 여부에 따라 직접적 관찰과 간접적 관찰로 나뉜다고 할 수 있다.

① 직접적 관찰

직접적 관찰(direct observation)이란 관찰자가 중간의 매개물 없이 관찰대상의 행동을 직접 관찰하는 것을 말한다. 행동의 결과물이나 행동의 동영상을 통해 관찰할 때가 있는데, 이 경우 관찰자가 결과물을 산출하는 관찰대상의 행동을 직접 보았거나 관찰자가 관찰대상의 행동을 직접 촬영하였다면 직접적 관찰에 해당된다. 또한 몇 시간 또는 며칠 전에 관찰한 것을 기억하여 기록할 때가 있는데, 이 경우도 관찰자가 직접 보았다면 직접적 관찰이라고 할 수 있다. 즉, 직접적 관찰에서 중요한 것은 관찰자가 관찰대상의 행동을 직접 보았다는 것이다.

② 간접적 관찰

간접적 관찰(indirect observation)이란 관찰자가 매개물을 통해 관찰대상의 행동을 관찰하는 것을 말한다. 예를 들어, 행동의 결과물이나 행동의 동영상을 보고 관찰대상의 행동을 관찰하였다면 간접적 관찰에 해당된다. 즉, 간접적 관찰에서 중요한 것은 관찰자가 관찰대상의 행동을 직접 보지 않았다는 것이다.

(8) 관찰자료의 형태에 따른 분류

관찰자료의 형태에 따라 양적 관찰과 질적 관찰로 분류된다(철학대사전 편찬위원회, 2017; Salvia & Ysseldyke, 2007). 관찰과 관련하여 자료(data)란 제1장 1절 '관찰의 개념'에서 언급했듯이 원자료와 요약된 자료 둘 다를 포함하는 개념이다. 자료의 형태는 크게 양적 자료와 질적 자료로 구분할 수 있는데, 양적 자료(quantitative data)란 수량적 형태로 제시되거나 요약된 자료를 의미하고 질적 자료(qualitative data)란 서술적 형태로 제시되거나 요약된 자료를 의미한다(이승희, 2019).

① 양적 관찰

양적 관찰(quantitative observation)이란 관찰을 통해서 수집된 원자료 그리고/또는 요약된 자료가 양적 자료인 관찰을 말한다. 예를 들어, 관찰의 기록방법 중 간격기록, 사건기록, 산물기록, 평정기록을 사용하는 관찰은 일반적으로 양적 관찰에 해당된다. 관찰의 기록방법에 대한 구체적인 내용은 제2부를 참고하기 바란다.

② 질적 관찰

질적 관찰(qualitative observation)이란 관찰을 통해서 수집된 원자료 그리고/또는 요약된 자료가 질적 자료인 관찰을 말한다. 예를 들어, 관찰의 기록방법 중 서술기록을 사용하는 관찰은 일반적으로 질적 관찰에 해당된다. 관찰의 기록방법에 대한 구체적인 내용은 제2부를 참고하기 바란다.

(9) 관찰기록의 기계의존 여부에 따른 분류

관찰기록의 기계의존 여부에 따라 인적 관찰과 기계적 관찰로 분류될 수 있다(김기원, 2016). 관찰과 관련하여 기계의존(mechanicality: 기계에 의함)이란 관찰자료를 기록할 때 기계를 사용한다는 것이다. 예를 들어, 관찰하면서 기록하는 데 제한이 있거나 관찰의 객관성을 높일 필요가 있을 때 관찰현장을 캠코더로 촬영하여 동영상을 보면서 기록하는 것이다. 최근 영상매체의 발달과 더불어 동영상 촬영이 관찰에서 널리 사용되고 있으나 법적·윤리적 문제가 제기될 수 있으므로 주의가 요구된다.

① 인적 관찰

인적 관찰(personal observation)이란 관찰자료를 관찰자가 종이와 연필을 사용하여 손으로 기록하는 관찰을 말한다. 즉, 관찰자료의 기록수단으로 종이와 연필이 사용된다. 인적 관찰에서는 관찰자가 관찰하면서 기록하거나 메모 또는 기억에 의존하여 관찰 후에 기록한다.

② 기계적 관찰

기계적 관찰(mechanical observation)이란 관찰자료를 기록할 때 기계에 의존하는 관찰을 말한다. 즉, 관찰자료의 기록수단으로 기계가 사용된다. 관찰자가 하기 힘든 관찰이거나 관찰이 고도의 정확성을 요구하는 경우에 초시계(stopwatch), 계수기(counter), 녹음기(recorder), 캠코더(camcorder) 등의 기계를 사용하기도 한다.

4. 관찰의 타당도와 신뢰도

앞서 1절에서 '관찰의 목적'을 설명하며 밝혔듯이, 특수교육에서 관찰은 평가 또는 연구를 위한 자료수집방법으로 사용되는데 평가에서는 수집된 자료에 근거하여 의사결정을 내리고 연구에서는 수집된 자료에 근거하여 연구질문에 대한 답, 즉 결론을 도출해 낸다. 따라서 관찰을 통해 수집된 자료(즉, 관찰자료)가 타당하고 신뢰롭지 못하다면 평가에서 내려진 의사결정이나 연구에서 도출된 결론 또한 타당성과 신뢰성을 확보하기 어렵다.

이와 같이 자료수집방법으로 사용되는 관찰의 타당도와 신뢰도란 관찰을 통해 수집된 자료인 관찰자료(observational data)의 타당도와 신뢰도를 의미한다. 앞서 3절의 '2) 관찰의 유형'에서 관찰자료의 형태에 따른 분류를 설명하며 밝혔듯이, 관찰자료에는 양적 자료와 질적 자료가 있는데 양적 자료를 수집하는 관찰은 양적 관찰이며 질적 자료를 수집하는 관찰은 질적 관찰이다. 일반적으로 관찰을 통해 수집된 자료의 타당도와 신뢰도는 관찰자료가 양적 자료인 경우에 국한되는 경향이 있으므로 이 책에서도 관찰의 타당도와 신뢰도를 양적 관찰에 국한하여 살펴보기로 한다.

한 가지 유념할 사항은 질적 관찰에서 수집되는 질적 자료의 타당도와 신뢰도 또한 중요하다는 것이다. 그러나 질적 자료의 타당도와 신뢰도는 일반적으로 질적연구방법론에서 자세히 다루고 있으므로 관련문헌들을 참고하기 바란다. 참고로 연구의 유형도 연구질문에 대한 답을 도출하기 위해 수집된 자료의 형태에 따라 양적 연구와 질적 연구로 분류하기도 한다. 양적 연구(quantitative research)란 검사, 관찰, 면접, 질문지법 등의 자료수집방법을 통해 수집된 양적 자료에 근거하여 결론을 도출하는 연구이며 질적 연구(qualitative research)란 관찰이나 면접 등의 자료수집방법을 통해 수집된 질적 자료에 근거하여 결론을 도출하는 연구라고 할 수 있는데, 일반적으로 양적 연구에서 사용되는 관찰은 양적 관찰이며 질적 연구에서 사용되는 관찰은 질적 관찰이다.

1) 관찰자료의 타당도

관찰자료의 타당도는 검사도구의 타당도와 관련시켜 논의된다. 따라서 관찰자료의 타당도를 이해하기 위해서는 검사도구의 타당도에 대한 이해가 선행될 필요가 있으므로 [보충 설명 1-2]를 참고하기 바란다.

[보충설명 1-2] **검사도구의 타당도**

검사도구의 타당도에 대해 『특수교육평가(제3판)』(이승희, 2019)에 제시된 내용을 요약하여 제시하면 다음과 같다.

타당도(validity)란 검사도구가 측정하고자 하는 능력이나 특성을 실제로 측정하고 있는 정도, 즉 검사목적에 따른 검사도구의 적합성(appropriateness)의 정도를 의미한다. 타당도에는 다음과 같이 내용타당도, 준거관련타당도, 구인타당도의 세 가지 종류가 있다. 이 세 가지 종류의 타당도는 독립된 개념으로서 각각 검사도구의 다른 측면의 타당도를 검증하므로 검사도구의 타당성을 검증하기 위해서는 모든 종류의 타당도를 검증하는 것이 바람직하다.

1) 내용타당도

내용타당도(content validity)란 측정하고자 하는 영역을 검사문항이 대표하고 있는 정도를 말한다. 내용타당도는 일반적으로 그 영역 전문가의 논리적 사고와 분석을 통하여 판단되며, 따라서 수량적으로 표시되지는 않는다.

2) 준거관련타당도

준거관련타당도(criterion-related validity)란 검사도구의 측정결과와 준거가 되는 변인의 측정결과와의 관련정도를 말하는데, 예측타당도와 공인타당도의 두 가지 유형이 있다. 예측타당도(predictive validity: 예언타당도)는 검사결과가 미래의 행동을 정확하게 예측할 수 있는 정도를 말하며, 검증을 필요로 하는 검사의 점수와 준거변인의 측정치 간의 상관계수를 산출함으로써 추정된다. 이에 비해 공인타당도(concurrent validity: 공유타당도, 동시타당도)는 검사결과가 거의 동일한 시기에 실시된 다른 검사결과와 일치하는 정도를 말하며, 검증을 필요로 하는 검사의 점수와 준거변인의 측정치 간의 상관계수를 산출함으로써 추정된다. 이 두 가지 유형의 궁극적인 차이는 준거변인의 측정결과가 얻어지는 시점에 있는데, 예측타당도가 미래시점의 준거변인과 관련이 있다면 공인타당도는 현재시점의 준거변인과 관련이 있다.

[보충설명 1-2] **계속됨**

3) 구인타당도

구인타당도(construct validity: 구성타당도)란 측정하고자 하는 이론적 구인을 검사도구가 실제로 측정하는 정도를 말한다. 구인(構因: construct)은 눈으로 직접 관찰되지 않는 추상적이고 가설적인 심리적 특성이라고 할 수 있는데, 지능, 창의력, 인성, 동기, 자아존중감, 불안, 논리적 사고력 등이 그 예에 속한다. 구인타당도를 검증하는 방법에는 여러 가지가 있는데, 일반적으로 수렴타당도(convergent validity)와 판별타당도(discriminant validity: 변별타당도), 요인분석(factor analysis), 상관계수법, 실험설계법의 네 가지 방법이 주로 사용된다.

[보충설명 1-2]에 설명되어 있듯이 타당도란 측정하고자 하는 능력이나 특성을 실제로 측정하고 있는 정도를 의미하는데, 관찰자료의 타당도는 매우 중요한 관심사가 된다. 왜냐하면 짧은 시간 내에 적절하고 전형적인 행동표본을 얻는 것이 쉬운 일이 아니기 때문이다(Sattler, 2002). 이러한 이유로 관찰자료의 양호도에 있어서 신뢰도가 주가 되고 타당도는 별로 고려되지 않는 경향이 있으나 관찰자료의 타당도는 신뢰도 못지 않게 중요하다(Cone, 1982: 김아영, 2000에서 재인용). 따라서 관찰자료의 타당도를 확보하기 위한 방안들이 제시되어 왔는데, 예를 들어 Hoge(1985)는 가능하다면 타당도에 대한 정보를 가지고 있는 기존의 관찰도구를 사용할 것을 권장한다. 그러나 관찰에서는 흔히 관찰자제작 관찰도구(observer-made observation instrument)가 사용되는데, 이런 경우와 관련하여 Sattler(2002)는 관찰자료의 타당도를 다음과 같이 검증해 볼 것을 권유한다.

(1) 관찰자료의 내용타당도

관찰자료의 내용타당도를 위해서는 수집된 자료가 관찰 중에 나타난 행동의 특성과 정도를 반영하는지를 입증한다. 예를 들어, 과잉행동에 대한 관찰이라면 '과도하게 돌아다니고 기어오르는' 행동만을 관찰한 자료보다는 '과도하게 돌아다니고, 기어오르고, 끊임없이 몸을 꼼지락거리고, 자리를 이탈하고, 말을 지나치게 많이 하는' 등의 행동을 관찰한 자료가 더 내용타당도가 높을 것이다.

(2) 관찰자료의 준거관련타당도

준거관련타당도에는 예측타당도와 공인타당도가 있는데, [보충설명 1-2]에서 볼 수 있듯이 예측타당도를 입증하기 위해서는 긴 시간이 요구된다. 따라서 관찰자제 작 관찰도구가 사용되는 경우에는 주로 공인타당도에 초점을 두게 된다. 관찰자료 의 공인타당도를 위해서는 관찰한 행동이 다른 상황에서 나타나는 아동의 행동을 반영하는지 입증한다. 예를 들어, 과잉행동을 관찰하였을 경우 수집된 관찰자료가 과잉행동을 측정하는 기존의 다른 사정도구의 측정치와 높은 상관을 보인다면 그 관찰자료는 공인타당도가 있다고 할 수 있다.

(3) 관찰자료의 구인타당도

관찰자료의 구인타당도를 위해서는 수집된 자료가 관찰하고자 하는 구인을 실제 로 측정한 정도를 입증한다. [보충설명 1-2]에 보이듯이, 구인타당도를 검증할 때 주로 사용되는 방법에는 수렴타당도와 판별타당도, 요인분석, 상관계수법, 실험설 계법이 있다. 예를 들어, 과잉행동에 대한 관찰자료가 자기보고식 척도의 측정치와 는 높은 상관을 보이고 공격성에 대한 측정치와는 낮은 상관을 보인다면 그 관찰자 료는 수렴타당도와 판별타당도가 있는 것이며, 따라서 구인타당도가 있는 것으로 볼 수 있다.

2) 관찰자료의 신뢰도

관찰자료의 타당도와 마찬가지로 관찰자료의 신뢰도 또한 검사도구의 신뢰도와 관련되어 논의된다. 따라서 관찰자료의 신뢰도를 이해하기 위해서는 검사도구의 신뢰도에 대한 이해가 선행될 필요가 있으므로 [보충설명 1-3]을 참고하기 바란다.

[보충설명 1-3]에 설명되어 있듯이 신뢰도란 반복시행에 따른 일관성 (consistency)의 정도라고 할 수 있는데, 신뢰도에는 검사-재검사신뢰도, 동형검사 신뢰도, 내적일관성신뢰도, 채점자간 신뢰도의 네 가지 종류가 있다. Sattler(2002) 에 의하면 관찰에 유용한 세 가지 종류의 신뢰도는 검사-재검사신뢰도(test-retest reliability), 내적일관성신뢰도(internal consistemcy reliability), 관찰자간 신뢰도(inter-observer reliability)인데, 이 세 가지 중 관찰자간 신뢰도가 가장 중요하며 관찰자간

[보충설명 1-3] **검사도구의 신뢰도**

검사도구의 신뢰도에 대해 「특수교육평가(제3판)」(이승희, 2019)에 제시된 내용을 요약하여 제시하면 다음과 같다.

신뢰도(reliability)란 동일한 검사도구를 반복 실시했을 때 개인의 점수가 일관성 있게 나타나는 정도, 즉 반복시행에 따른 검사도구의 일관성(consistency)의 정도를 의미한다. 이러한 일관성에는 몇 가지 의미가 있으며 그에 따라 신뢰도의 종류가 분류된다. 즉, 신뢰도는 시간에 따른 일관성을 추정하는 검사-재검사 신뢰도, 동형검사와의 일관성을 추정하는 동형검사신뢰도, 검사자체 내의 일관성을 추정하는 내적일관성신뢰도, 검사자 간의 일관성을 추정하는 채점자간 신뢰도의 네 가지 종류로 분류된다. 검사도구의 신뢰도는 어떤 일관성에 관심이 있느냐에 따라 신뢰도의 종류를 선정하여 검증하는 것이 일반적이다.

1) 검사-재검사신뢰도

검사-재검사신뢰도(test-retest reliability)는 동일한 검사를 동일한 집단에게 일정 간격을 두고 두 번 실시하여 얻는 점수 간의 상관계수에 의해 추정되는 신뢰도다. 이때 상관계수는 Karl Pearson의 단순적률상관계수(product-moment correlation coefficient) 공식에 의해 산출된다.

2) 동형검사신뢰도

동형검사신뢰도(equivalent form reliability)는 2개의 동형검사를 제작한 뒤 동일한 집단에게 일정한 간격을 두고 실시하여 얻은 점수 간의 상관계수에 의해 추정되는 신뢰도다. 검사-재검사신뢰도와 마찬가지로 상관계수는 단순적률상관계수 공식에 의해 산출된다.

3) 내적일관성신뢰도

내적일관성신뢰도(internal consistency reliability)란 검사를 구성하고 있는 부분검사 또는 문항들 간의 일관성의 정도를 말한다. 검사를 구성하고 있는 부분검사들 간의 일관성의 정도는 반분신뢰도로 추정되며, 문항들 간의 일관성의 정도는 문항내적일관성신뢰도로 추정된다. 반분신뢰도(split-half reliability)는 한 번 실시한 검사를 두 부분으로 나누어 두 부분검사 점수의 상관계수를 산출한 후 Spearman-Brown 공식으로 보정하여 추정되는 신뢰도다. 문항내적일관성신뢰도(interitem consistency reliability)는 개별문항들을 하나의 검사로 간주하여 문항들 간의 일관성을 추정한 신뢰도다. 이때 문항들 간의 일관성을 추정하기 위하여 특정 공식을 사용하게 되는데, 이러한 공식에는 Kuder-Richardson 20 공식과 Cronbach coefficient alpha(α) 공식이 있다.

4) 채점자간 신뢰도

채점자간 신뢰도(inter-scorer reliability)는 2명의 검사자가 동일 집단의 피검자에게 부여한 점수 간의 상관계수에 의해 추정되는 신뢰도다. 상관계수는 검사-재검사신뢰도 및 동형검사신뢰도와 마찬가지로 단순적률상관계수 공식에 의해 산출된다.

신뢰도 없이 나머지 두 종류의 신뢰도는 별다른 의미를 갖지 못한다. 따라서 다음에서는 관찰자료의 신뢰도를 검사-재검사신뢰도, 내적일관성신뢰도를, 관찰자간 신뢰도의 순으로 간략하게 살펴보고, 뒤이어 '3) 관찰과 관찰자간 신뢰도'에서 관찰자간 신뢰도에 대해 좀 더 구체적으로 살펴보기로 한다.

(1) 관찰자료의 검사-재검사신뢰도

관찰자료의 검사-재검사신뢰도란 시간과 상황에 따른 관찰자료의 일관성을 말한다(Sattler, 2002). 관찰자료의 검사-재검사신뢰도는 1명의 관찰자가 동일한 피관찰자를 두 번 관찰한 자료로 추정된다. 추정방법은 〈표 1-8〉에 제시되어 있듯이 관찰자간 신뢰도에서와 마찬가지로 사용된 기록방법에 따라 달라질 수 있다.

(2) 관찰자료의 내적일관성신뢰도

관찰자료의 내적일관성신뢰도란 측정하고자 하는 특성을 얼마나 일관성 있게 측정하는지를 말한다(Sattler, 2002). 관찰자료의 내적일관성신뢰도는 다수의 문항으로 구성된 관찰지를 이용하는 척도기록이나 검목표기록에서 주로 사용되는데, [보충설명 1-3]에 제시된 반분신뢰도 또는 문항내적일관성신뢰도로 추정할 수 있다.

(3) 관찰자료의 관찰자간 신뢰도

[보충설명 1-3]에 보이듯이 검사도구의 채점자간 신뢰도는 검사결과가 검사자들 사이에서 얼마나 유사한가를 나타내며, 2명의 검사자가 동일 집단의 피검자에게 부여한 점수 간의 상관계수에 의해 추정된다. 이에 비해 관찰자료의 관찰자간 신뢰도는 관찰자료가 관찰자들 사이에서 얼마나 유사한가를 나타내며 2명의 관찰자가 독립적으로 동일한 피관찰자를 관찰한 자료로 추정되는데, 추정방법은 〈표 1-8〉에 제시되어 있듯이 사용된 기록방법에 따라 달라질 수 있다.

종종 관찰자간 신뢰도(inter-observer reliability)와 관련하여 관찰자내 신뢰도(intra-observer reliability)라는 용어가 언급되기도 한다. 관찰자간 신뢰도는 관찰자내 신뢰도를 기본 전제로 하는데, 관찰자내 신뢰도란 1명의 관찰자가 많은 피관찰자를 얼마나 일관성 있게 관찰하는가를 나타내며 통계적인 방법으로 검증하기보다는 관찰자 훈련을 통하여 확보해야 한다(성태제, 2016).

3) 관찰과 관찰자간 신뢰도

관찰을 통해 수집된 자료는 다른 자료수집방법(예: 검사, 면접 등)을 통해 수집된 자료와 마찬가지로 타당하고 신뢰로워야 한다. 하지만 앞서 '1) 관찰자료의 타당도'에서 살펴보았듯이, 관찰자료의 타당도를 확보하는 것이 일반적으로 쉽지 않을 뿐 아니라 관찰자제작 관찰도구가 사용되는 경우에는 더더욱 그렇다. 하지만 관찰자료의 신뢰도가 확보된다면 이는 결과적으로 관찰자료의 타당도를 확보하는 데 도움이 될 수 있는데(Sattler, 2002), 그 이유는 신뢰도가 타당도의 충분조건은 아니지만 필요조건이기 때문이다. 또한 신뢰도는 어떤 일관성에 관심이 있느냐에 따라 신뢰도의 종류를 선정하여 검증하는 것이 일반적인데, 앞서 '2) 관찰자료의 신뢰도'에서 밝힌 바와 같이 관찰에 유용한 세 가지 종류의 신뢰도(검사-재검사신뢰도, 내적일관성신뢰도, 관찰자간 신뢰도) 중 관찰자가 신뢰도가 가장 중요하다. 왜냐하면 관찰자간 신뢰도 없이 나머지 두 종류의 신뢰도는 별다른 의미를 갖지 못하기 때문이다. 따라서 관찰(특히 관찰자제작 관찰도구를 사용하는 관찰)에서는 관찰자료의 양호도와 관련하여 일반적으로 관찰자료의 관찰자간 신뢰도를 추정하여 제시하는데, 관찰자간 신뢰도를 추정하는 방법은 〈표 1-8〉과 같이 사용된 관찰의 기록방법에

〈표 1-8〉 관찰의 기록방법(기본유형)과 관찰자간 신뢰도 추정방법

관찰의 기록방법(기본유형)		관찰자간 신뢰도 추정방법
서술기록		•
간격기록		일치율(percentage of agreement)
		일치계수(coefficient of agreement): 카파(kappa: κ)
사건기록		일치율(percentage of agreement)
산물기록		일치율(percentage of agreement)
평정기록	범주기록	일치율(percentage of agreement)
		일치계수(coefficient of agreement): 카파(kappa: κ)
	척도기록	일치율(percentage of agreement)
		단순적률상관계수(product-moment correlation coefficient: r)
	검목표기록	일치율(percentage of agreement)

수정발췌: 이승희(2019). 특수교육평가(제3판). 서울: 학지사. (p. 156)

따라 달라질 수 있다. 관찰자간 신뢰도(inter-observer reliability)는 관찰자간 일치도(inter-observer agreement)라고도 한다(Sattler, 2002).

〈표 1-8〉에 보이듯이, 관찰자간 신뢰도 추정방법으로 일치율(percentage of agreement), 일치계수(coefficient of agreement)인 카파(kappa: κ), 단순적률상관계

〈표 1-9〉 관찰의 기록방법과 관찰자간 신뢰도(일치율) 추정방법

구분		관찰의 기록방법		관찰자간 신뢰도(일치율) 추정방법
기본 유형	서술기록	일화기록		•
		표본기록		•
		ABC기록		•
	간격기록	전체간격기록		일치된 간격수를 전체 간격수로 나눈 후 100을 곱한다.
		부분간격기록		
		순간간격기록		
	사건기록	빈도기록		작은 수치를 큰 수치로 나눈 후 100을 곱한다.
		강도기록		
		지속시간기록		
		지연시간기록		
	산물기록	학업산물기록		작은 수치를 큰 수치로 나눈 후 100을 곱한다.
		비학업산물기록		
	평정기록	범주기록		같은 범주를 선택하여 기록한 문항수를 전체 문항수로 나눈 후 100을 곱한다.
		척도기록		같은 숫자를 선택하여 기록한 문항수를 전체 문항수로 나눈 후 100을 곱한다.
		검목표기록		같은 표시를 한 문항수를 전체 문항수로 나눈 후 100을 곱한다.
특수 유형	수정 유형	통제된 제시 기록		같은 표시를 한 반응기회수를 전체 반응기회수로 나눈 후 100을 곱한다.
		준거도달 시행 기록		작은 수치를 큰 수치로 나눈 후 100을 곱한다.
	결합 유형	ABC-검목표기록		•
		간격-빈도기록		간격별로 작은 수치를 큰 수치로 나눈 후 100을 곱하여 일치율을 구하고 그 일치율을 모두 합한 후 전체 간격수로 나눈다. 즉, 각 간격의 일치율을 구하고 모두 합하여 전체 간격수로 나눈다.

수(product-moment correlation coefficient: r)의 세 가지가 있는데, 관찰의 기록방법에 따라 세 가지 중 한 가지 또는 두 가지에 의해 관찰자간 신뢰도가 추정된다. 〈표 1-8〉에서 한 가지 주목할 점은 모든 기록방법에서 일치율이 공통적으로 사용되고 있다는 것이다. 따라서 관련문헌에 주로 일치율이 소개되는 경향이 있는데, 이 책에서도 일치율만 다루기로 한다. 나머지 일치계수(coefficient of agreement)인 카파(kappa: κ)와 단순적률상관계수(product-moment correlation coefficient: r)에 대해서는 다양한 추정방법을 다루는 문헌(예: 이승희, 2019)을 참고하기 바란다.

한편, 일치율은 관찰의 기록방법 중 기본유형뿐만 아니라 특수유형에서도 사용될 수 있다. 〈표 1-9〉는 관찰의 기록방법과 관찰자간 신뢰도(일치율) 추정방법을 요약하여 제시하고 있다. 관찰의 기록방법에서 관찰자간 신뢰도(일치율)를 추정하는 예는 제2부에서 기록방법별로 구체적으로 다룰 것이다. 관찰자간 신뢰도를 일치율로 추정하였을 경우 일반적으로 80% 이상이면 만족할 만한 신뢰도로 인정되지만 연구에서는 90% 이상의 신뢰도가 선호된다(한국교육평가학회, 2004).

5. 관찰의 오류

관찰에서 발생하는 오류는 앞서 살펴본 관찰자료의 타당도와 신뢰도에 문제를 가져올 수 있는데, 이러한 오류의 근원으로는 관찰자(observer), 피관찰자(observee), 관찰체계(observation system)가 있다. 따라서 관찰의 오류는 관찰자와 관련된 오류, 피관찰자와 관련된 오류, 그리고 관찰체계와 관련된 오류의 세 가지로 분류해 볼 수 있다. 다음에서는 이 세 가지 오류에 대해 각각 살펴보기로 한다.

1) 관찰자와 관련된 오류

관찰자와 관련된 오류란 관찰자 자신이 오류의 근원이 되는 경우라고 할 수 있다. 관찰자와 관련된 오류는 피관찰자와 관련된 오류나 관찰체계와 관련된 오류에 비해 관찰의 오류에서 차지하는 비중이 매우 크다(김아영, 2000; Boehm & Weinberg, 1997). 따라서 관련문헌들이 관찰자와 관련된 오류를 다루고 있는데 그 분류 및 내용은 문헌에 따라 다소 다양하다. 이 책에서는 관찰자와 관련된 오류를 관찰기록시 오류, 평정자 오류, 그리고 일반적 오류의 세 가지로 나누어 살펴보고자 한다.

(1) 관찰기록시 오류

관찰기록시 오류는 관찰자료의 타당도와 신뢰도에 문제를 가져오기 때문에 중요하다. Richarz(1980)는 일반적으로 관찰기록시 생기는 오류를 다음과 같이 누락오류, 첨가오류, 전달오류의 세 가지로 구분하였다(Bentzen, 2009에서 재인용).

① 누락오류

누락오류(errors of omission)란 피관찰자의 행동을 이해하는 데 도움이 되거나 필요한 정보를 빠뜨리는 것을 말한다. 누락오류는 이미 일어난 행동을 그냥 놓쳐 버리거나 필기를 잘못해서 발생할 수 있다. 특히 피관찰자가 자신이 관찰대상이라는 것을 눈치채지 못하게 하기 위하여 현장에서 자세하게 기록하지 않고 축약하여 기록하는 경우에 세부적인 내용을 전적으로 관찰자의 기억에 의존함으로써 누락오류를 초래할 수 있다. 따라서 관찰이 끝나면 가능한 한 빨리 세부사항을 기록하는 것이 바람직하다.

② 첨가오류

첨가오류(errors of commission)란 실제로 일어난 것보다 더 많은 정보를 포함시키는 것을 말한다. 즉, 일어나지 않은 행동, 말, 상호작용 등을 보고하거나 현장에 없었던 사람이 있었던 것처럼 보고하는 것이다. 첨가오류는 부주의, 틀린 기억에의 의존, 누락오류의 발생요인과 동일한 요인 등 다양한 이유로 발생한다.

③ 전달오류

전달오류(errors of transmission)란 관찰한 행동을 부적절한 순서로 기록하는 것을 말한다. 많은 행동은 서로 연결되어 있고 그 행동들이 일어난 순서가 중요한 의미를 가지는 경우가 많기 때문에 전달오류는 심각한 실수가 될 수 있다. 이러한 전달오류는 특정 행동을 관찰한 시간을 기록하거나 특정 행동이 시작하고 끝나는 시간들을 기록함으로써 줄일 수 있다.

(2) 평정자 오류

평정자 오류(rater errors)란 평정기록(특히 척도기록)을 사용할 때 발생하는 관찰자 오류를 의미한다. 평정을 할 때는 (관찰)행동에 대한 관찰자의 판단과 해석이 요구되기 때문에 관찰자의 편향성(bias)으로 인한 객관성의 결여가 나타날 수 있다(김아영, 2000; 한국교육평가학회, 2004). 편향성(bias)은 긍정적일 수도 있고 부정적일 수도 있는데, 부정적인 편향성을 특히 편견(prejudice: 선입견)이라고 한다(Boehm & Weinberg, 1997). 따라서 편향성에 의한 평정자 오류로 인해 관찰자는 실제보다 더 긍정적으로 평정하기도 하고 더 부정적으로 평정하기도 한다. Guilford(1954)는 관찰자의 편향성 때문에 생길 수 있는 평정자 오류를 다음과 같이 여섯 가지로 제시하였다(Irwin & Bushnell, 1980에서 재인용). 참고로 〈표 1-10〉에는 국내문헌이 제시하고 있는 평정자 오류에 대한 내용이 정리되어 있는데, 문헌에 따라 세부적 내용에서 다소 차이가 있다는 점을 주목할 필요가 있다.

〈표 1-10〉 국내문헌에 제시된 평정자 오류

문헌	평정자 오류
양명희, 임유경 (2014)	Guilford(1954)에 따르면, 평정척도는 다음의 여섯 가지 오류의 가능성을 내포한다(이은해, 1985). ① 관대함이나 엄격함의 오류다. 즉, 각 사람의 평가기준은 모두 다를 수 있기 때문에 나타날 수 있는 오류다. 일반적으로 타인에 대해 너그럽게 평가하는 사람에게는 거의 모든 항목에서 모두 높게 평정을 하는 관대함의 오류가 있을 수 있는 반면 타인에 대한 평가가 엄격한 사람에게는 대부분의 항목에서 낮은 점수를 부여하는 엄격함의 오류가 있을 수 있다. 이러한 오류를 줄이기 위해서는 평정에 필요한 판단기준을 분명하게 제시하여야 한다. ② 중심화 경향의 오류다. 첫 번째 오류와는 상반되는 것으로 평정자들이 부정이나 긍정의 양극단적 평가를 회피하고 중간 수준 정도로 평가하려는 경향을 의미한다. 특히 자신이 평정하는 항목에 대한 지식이 없거나 평가대상을 잘 알지 못할 때 더욱 그럴 수 있다. ③ 후광효과의 오류다. 후광이란 성인이나 천사를 그릴 때 그 인물의 영광을 나타내기 위해 표현하는 인물을 감싸는 금빛을 의미한다. 그림에 후광이 있으면 그 사람이 누구인지 모르면서도 후광 때문에 그 사람이 영광스럽게 느껴지고 그 사람에 대한 모든 점을 좋게 평가한다는 데서 유래한 표현이다. 후광효과는 유아를 평가할 때 관찰대상유아 주변의 어떤 요소가 평정하는 데 작용하는 것을 의미한다. 즉, 관찰대상유아에 대한 사전 정보나 평소의 호감, 첫인상 등이 평정에 영향을 주어 관찰대상유아를 주로 과대평가하게 되는 것을 말한다.

〈표 1-10〉 계속됨

문헌	평정자 오류
	④ 논리성의 오류다. 논리적으로 서로 연관 있는 문항에 대해서는 문항 내용의 차이를 깊이 생각하지 않고 모두 같은 평점을 주게 되는 것을 뜻한다. 예를 들면, '주도적으로 행동한다.'는 문항에 높은 점수를 주면 '자기주장을 분명히 한다.'는 문항에 대해서도 높은 점수를 주게 된다는 것이다. 왜냐하면 두 문항은 서로 논리적으로 관련이 있다고 생각되기 때문이다. ⑤ 비교의 오류다. 평정자가 유아를 어떻게 지각하느냐에 따라 발생할 수 있는 오류다. 즉, 어떤 면에서 자신과 유아를 유사하게 지각하면 모든 면에서 자신과 비교하여 유사하게 평정한다. 아니면 그 반대로 유아를 자신과 반대로 지각하게 되면 모든 면에서 자신과 반대되는 것으로 평가하는 현상이 나타나는 것이다. 그렇게 되면 유아를 사실대로 평가하기 어렵게 된다. ⑥ 근접성에 의한 오류다. 평정척도상으로 서로 더 가까이 제시된 문항들은 유사하게 점수를 주는 경향이 있음을 의미한다. 실제로 평정자들의 문항 간의 상호 상관을 알아보았을 때 가까이 제시된 문항들이 멀리 떨어뜨려 제시된 문항들보다 상관점수가 더 높게 나타나는 경향이 있다. (pp. 154-155)
양옥승 (1997)	관찰을 통한 자료수집에 있어 평정척도는 관찰자의 판단 또는 평가를 요구하기 때문에 평가자의 편견이나 선입견에 의한 후광효과가 나타날 수 있다. 예를 들면, 부모나 교사로부터 어떤 유아가 공격적이라는 말을 듣게 되면 관찰자도 그 유아를 공격적이라고 평정할 수 있다. 이 밖에 관찰, 특히 부호화를 거쳐야 하는 표준화된 관찰방법은 관찰과정에서 다음과 같은 오류들이 발생할 수 있다. ① 아는 사람에 대해서는 실제보다 높게 또는 실제보다 낮게 평정하는 것과 같은 관용의 오류(error of leniency)를 범할 수 있다. ② 엄격의 오류(error of severity)가 있는데, 지나치게 엄격한 기준을 적용하여 평정하는 오류를 말한다. ③ 극단적인 항목에 응답하는 것을 기피하고 중앙에 위치한 항목에 편중하여 점수를 부여하는 중앙집중의 오류(error of central tendency)도 생길 수 있다. ④ 논리의 오류(error of logic)를 들 수 있는데, 이는 논리적으로 서로 관련되어 있는 것처럼 보이는 관찰 항목에 대해서 유사한 반응을 하는 것을 말한다. ⑤ 대비의 오류(error of contrast)가 있는데, 지각된 관찰과 다른 측면에서 응답하는 경우가 이에 해당된다. ⑥ 시공간적으로 가까이 있는 관찰 항목들에 대해서는 유사하게 반응하는 근접의 오류(error of proximity)가 나타날 수 있다. (pp. 174-175)

〈표 1-10〉 **계속됨**

문헌	평정자 오류
전남련 외 (2016)	평정척도를 이용하여 관찰하는 관찰자는 다음의 오류를 주의한다. ① 관대함의 오류(error of leniency): 일반적으로 평정자들이 타인에게 관대하게 평정하는 경향이 있다. ② 중심화 경향의 오류(error of central tendency): 평정자들은 대개 극단적으로 판단하기보다는 중간 정도로 판단하는 경향이 있다. ③ 후광효과(halo effect): 유아를 평가할 때 관찰유아 주변의 어떤 요소가 평정에 작용하는 것을 말한다. 즉, 관찰유아에 대한 사전 정보나 호감, 인성이 평정에 영향을 주어 관찰유아를 과대 혹은 과소평가하는 것을 말한다. ④ 논리적 오류(error of logic): 논리적으로 서로 관련되어 있는 문항에 대해 같은 평정을 하게 되는 것을 말한다. 예를 들면, '주도성'과 '독립성'이 논리적으로 관계가 있다고 생각하는 평정자들은 이 문항에 대해 유사하게 평정할 수 있다. ⑤ 비교의 오류(error of contrast): 평정자가 평정할 사람을 어떻게 지각하고 그 사람이 가진 특성을 어떻게 보느냐에 따라서 자신과 유사하게 또는 자신과 정반대로 평정하는 경우에 오류가 발생한다. ⑥ 근접성에 의한 오류(error of proximity): 평정자들이 평정척도상의 문항 간의 상호 상관을 알아보았을 때 가까이 있는 문항의 상관이 멀리 떨어진 문항과의 상관보다 더 높음을 발견하였다. (pp. 217-218)
한국교육평가학회 (2004)	평정시 관찰자의 편향성 때문에 포함될 수 있는 가능한 오류들은 다음과 같다. ① 과대평정이나 과소평정을 하는 경우로, 전자는 지나치게 관대한 평정(leniency error)을 하는 것으로 평정자들이 자기와 친분이 있는 사람들을 지나치게 높게 평정해 주는 경향이고 후자는 자신이 싫어하는 사람들은 지나치게 엄격하게 평정(severity error)하는 경향이다. ② 집중경향 오류(central tendency error)는 평정자들이 극단적으로 높거나 낮은 점수보다는 중간 수준의 점수를 많이 주는 경향성이다. ③ 후광효과(halo effect)는 관찰대상자에 관한 다른 정보가 평정에 영향을 미치는 것으로 긍정적 혹은 부정적으로 나타날 수 있다. ④ 논리에 의한 오류(logical error)는 논리적으로 연결된 것처럼 보이는 두 가지 항목에 대해 유사한 평가를 하는 경향을 말한다. ⑤ 대비의 오류(contrast error)는 평정자들이 많은 사람을 평정할 때 평가대상이 되는 속성을 어떻게 보는가에 따라 자신과 정반대로 평가하거나 아니면 아주 비슷하게 평가하는 양면성을 말한다. ⑥ 근접오류(proximity error)는 시간적 혹은 공간적으로 근접해 있는 항목들에 대해서 멀리 떨어져 제시된 항목들보다 비슷하게 평가하는 경향성이다. (pp. 410-411)

① 관용의 오류

관용의 오류(error of leniency)란 평정자가 친분이 있는 피관찰자들을 실제보다 더 높게 평정하거나 또는 오류의 가능성을 보상하기 위해 그들을 실제보다 더 낮게 평정하는 경향을 말한다. Guilford(1954: Irwin & Bushnell, 1980에서 재인용)에 따르면 관용의 오류는 평정자가 친분이 있는 피관찰자를 평정할 때 나타날 수 있는 오류로서 실제보다 더 높게 평정(즉, 과대평정)하거나 더 낮게 평정(즉, 과소평정)하게 되는 것이다.

이러한 관용의 오류는 〈표 1-10〉에 보이듯이 국내문헌에 따라 그 내용이 다소 차이를 보인다. 첫째, 관용의 오류(error of leniency)라는 용어가 관대함의 오류(양명희, 임유경, 2014; 전남련 외, 2014)로 번역되기도 한다. 둘째, 관용의 오류를 친분이 있는 사람에 대해서 실제보다 높게 또는 낮게 평정하는 것으로 설명하는 문헌(양옥승, 1997)이 있는 반면 일반적으로 타인에게 관대하게(즉, 높게) 평정하는 것으로 보는 문헌(양명희, 임유경, 2014; 전남련 외, 2016)도 있다. 셋째, 실제보다 높게 평정하는 것과 실제보다 낮게 평정하는 것을 각각 관용의 오류(error of leniency)와 엄격의 오류(error of severity)로 부르는 문헌(양명희, 임유경, 2014; 한국교육평가학회, 2004)도 있는데, 엄격의 오류를 양명희와 임유경(2014)은 일반적으로 타인에게 엄격하게(즉, 낮게) 평정하는 것으로 보지만 한국교육평가학회(2004)는 평정자가 자신이 싫어하는 사람을 지나치게 엄격하게(즉, 낮게) 평정하는 것으로 본다. 넷째, 양명희와 임유경(2014) 그리고 한국교육평가학회(2004)는 관용의 오류와 엄격의 오류라는 2개의 용어를 사용하지만 한 가지 오류로 묶어서 설명하는 데 비해 엄격의 오류를 별개의 오류로 분리하여 설명하는 문헌(양옥승, 1997)도 있다.

② 중심경향성의 오류

중심경향성의 오류(error of central tendency)란 평정자가 극단적으로 높거나 낮게 평정하는 것을 피하고 중간 수준으로 평정하는 경향을 말한다. 즉, 평정자가 양극단보다는 중간 쪽으로 편중하여 평정하는 경향을 의미한다.

③ 후광효과

후광효과(halo effect)란 평정자가 피관찰자에 관한 다른 정보의 영향을 받고 평정하는 경향을 말한다. 즉, 피관찰자에 관한 다른 정보가 평정에 영향을 미치는 것으로 긍정적 혹은 부정직으로 나타날 수 있다. 예를 들어, 평징자가 공격적인 한 아동을 알고 있을 때 그 아동의 동생을 공격적이라고 평정하는 것이다.

〈표 1-10〉을 보면 양명희와 임유경(2014)은 '후광효과의 오류'로 소개하고 있으나 일반적으로 후광효과는 다른 다섯 가지 평정자 오류와는 달리 명칭에 '오류(error)'라는 단어가 포함되어 있지 않다. 왜냐하면 '후광효과(halo effect)'는 Edward L. Thorndike(1920)가 처음 사용한 용어이기 때문인데, 그에 의하면 후광효과란 한 개인의 다양한 특성에 대한 평가가 그 개인이 가진 하나의 눈에 띄는 특성에 의해 영향을 받는 현상을 말한다. 따라서 후광효과는 한 사람을 평가할 때 특성의 종류에 관계없이 유사하게 평정하도록 만들기 때문에 그 사람을 정확히 평가하는 데 걸림돌이 된다. 이와 같은 '후광효과'의 명칭과 관련이 있는지는 불분명하지만 〈표 1-10〉에 보이듯이 양옥승(1997)은 후광효과를 설명하면서도 평정자 오류에는 포함시키지 않았으며, 대신 엄격의 오류(error of severity)를 포함시켜 평정자 오류를 여섯 가지로 제시하였다.

④ 논리성의 오류

논리성의 오류(error of logic)란 평정자가 논리적으로 관련된 것처럼 보이는 2개의 문항에 대해 유사하게 평정하는 경향을 말한다. 예를 들어, '주도적으로 행동한다.'에서 높게 평정된 아동은 '독립적으로 행동한다.'에서 높게 평정될 수 있다. 왜냐하면 평정자가 '주도성'과 '독립성'을 논리적으로 관련된 것으로 생각하고 유사하게 평정할 수 있기 때문이다.

⑤ 대비의 오류

대비의 오류(error of contrast: 비교의 오류)란 평정자가 피관찰자를 어떻게 지각하고 평정할 특성을 어떻게(또는 얼마나 가치 있게) 보느냐에 따라 자신과 정반대로 평정하거나 유사하게 평정하는 경향을 말한다. 즉, 평정자 자신과의 비교를 통해 피관찰자를 평정하는 경향을 의미하며, 따라서 실제보다 더 긍정적으로 또는 더 부정적으로 평정될 수 있다.

〈표 1-10〉을 보면, 평정자가 피관찰자를 자신과 정반대로 또는 유사하게 평정하

는 근거가 피관찰자를 어떻게 지각하느냐에 따라(양명희, 임유경, 2014), 평정할 특성을 어떻게 보는가에 따라(한국교육평가학회, 2004), 피관찰자를 어떻게 지각하고 평정할 특성을 어떻게 보느냐에 따라(전남련 외, 2016) 등으로 문헌에 따라 다소 다르게 제시되어 있다. 또한 양명희와 임유경(2014)은 피관찰자를 어떻게 지각하느냐를 자신과 유사하게 지각하느냐 아니면 자신과 반대로 지각하느냐로 구분하고 있는 데 비해 다른 문헌들에서는 이에 대한 구체적인 언급이 없다.

⑥ 근접성의 오류

근접성의 오류(error of proximity)란 평정자가 멀리 떨어져 있는 문항들보다 시간적 또는 공간적으로 가까이 있는 문항들을 더 유사하게 평정하는 경향을 말한다. 근접성의 오류는 문항들 간의 상관관계를 통해 확인된 현상인데, 멀리 떨어져 있는 문항들보다 시간적 또는 공간적으로 가까이 있는 문항들 간에 더 높은 상관관계가 나타난다.

(3) 일반적 오류

관찰기록시 오류와 평정자 오류 외에 관찰자에게 나타날 수 있는 일반적 오류가 있다. 이 책에서는 관찰자와 관련된 일반적 오류로 관찰자 표류와 관찰자 기대를 살펴보기로 한다.

① 관찰자 표류

관찰자 표류(observer drift)란 시간이 흐르면서 관찰자가 관찰준거를 바꾸는 것을 말한다(Sattler, 2002). 관찰자 표류가 나타나면 관찰자료의 정확성(accuracy)과 정밀성(precision)이 떨어지게 된다(Boehm & Weinberg, 1997). 한편, 관찰에 함께 참여하는 관찰자들의 관찰자료가 시간이 흐르면서 더 유사해지는 '합의표류(consensual drift)'라는 또 다른 유형의 표류가 있다(Hartmann, 1982). 합의표류는 2명의 관찰자가 한 조가 되어 관찰을 할 때 관찰자료의 일치도를 높이기 위해 관찰자료를 수정하는 현상이라고 할 수 있는데, 관찰을 통해 자료를 수집하는 연구에서 자주 나타난다(장휘숙, 1998).

② 관찰자 기대

관찰자 기대(observer expectancy)란 관찰자가 피관찰자의 행동을 사실적으로 기록하는 것이 아니라 일어나기를 기대하는 방향으로 기록하는 것을 말한다(전남련 외, 2016). 관찰자 기대는 관찰을 통해 자료를 수집하는 연구에서 관찰자가 연구의 목적을 알고 있을 때 특히 발생할 가능성이 있다.

2) 피관찰자와 관련된 오류

(1) 반응성에 따른 오류

반응성(reactivity)이란 관찰되고 있다는 것을 알게 되면서 나타나는 행동의 변화라고 할 수 있다. 즉, 누가 자신을 보고 있다고 인식하게 되면 피관찰자는 평상시 하던 것과는 다르게 행동하게 된다. 이러한 반응성은 두 가지 형태로 나타날 수 있는데, 하나는 관찰자가 원하는 것이 무엇인가를 나름대로 파악해서 그에 맞게 행동해 주는 형태이고 다른 하나는 관찰자가 원하는 바를 알아차리고 그 반대로 행동하는 형태다(김아영, 2000).

(2) 행동표류에 따른 오류

행동표류(behavior drift)란 피관찰자의 행동이 지속되지만 관찰에서 사용되는 행동의 정의를 벗어나 표류하는 형태를 보이는 것이다(Sattler, 2002).

3) 관찰체계와 관련된 오류

(1) 복잡성에 따른 오류

관찰체계에서 복잡성(complexity)이란 관찰행동이 하위범주로 세분화되는 상태를 말한다. 너무 많은 하위범주로 구성된 관찰체계는 관찰자료의 정확성에 영향을 줄 수 있다(Sattler, 2002).

(2) 기계장치의 오작동에 따른 오류

기계장치(mechanical devices)의 오작동에 따른 오류란 관찰에서 사용되는 기계

(초시계, 계수기 등)의 정확성에 대한 점검에 실패함으로써 나타나는 오류를 말한다. 이러한 오류는 관찰자료를 기록할 때 기계에 의존하는 기계적 관찰(mechanical observation)에서 나타날 수 있다.

6. 관찰의 절차

앞서 이 장 1절의 '3) 관찰의 목적'에서 보았듯이, 특수교육에서 관찰의 목적은 평가 또는 연구를 위해서 자료를 수집하는 것이다. 평가에서는 의사결정을 내리는 데 필요한 자료를 수집하기 위해 그리고 연구에서는 연구질문에 대답하는 데 필요한 자료를 수집하기 위해 관찰이 실시되기도 한다. 이때 평가에서 내리고자 하는 의사결정이 무엇이냐에 따라 그리고 연구에서 대답하고자 하는 연구질문이 무엇이냐에 따라 관찰의 절차가 다를 수 있다. 즉, 모든 관찰에 적용되는 획일적인 절차는 없다고 할 수 있다. 따라서 다음에서는 관찰의 일반적 절차를 준비단계, 기록단계, 요약단계로 나누어 살펴보기로 한다.

1) 준비단계

준비단계란 관찰을 실시하기에 앞서 누가(who), 언제(when), 어디에서(where), 무엇을(what), 어떻게(how), 왜(why)의 육하원칙(六何原則)에 따라 미리 준비하는 단계를 말한다. 관찰의 준비단계에서는 왜 관찰하는지(관찰질문), 무엇을 관찰할 것인지(관찰행동), 어떻게 관찰할 것인지(관찰의 기록방법), 누가 관찰할 것인지(관찰자), 언제 그리고 어디에서 관찰할 것인지(관찰시간과 관찰장소)에 대해 미리 결정한다.

(1) 관찰질문 설정
관찰을 실시하기 위해서는 먼저 왜 관찰하려고 하는지 그 이유(또는 목적)를 분명히 해야 하는데, 보통 관찰의 이유는 관찰질문으로 설정된다. 예를 들어, "통합교육을 위해 일반학급에 배치된 혁주의 수업참여는 어떠한가?" 또는 "혁주의 수업 중 자리 이탈하기는 얼마나 자주 나타나는가?" 등의 관찰질문이 설정될 수 있다. 관찰질문에 따라 관찰행동, 관찰의 기록방법, 관찰자, 관찰일시, 관찰장소가 달라질 수 있기 때문에 관찰질문을 설정하는 것이 우선되어야 한다.

(2) 관찰행동 선정

관찰질문을 설정한 다음에는 필요한 경우 관찰하고자 하는 행동, 즉 관찰행동에 대한 조작적 정의를 내려야 한다. 예를 들어, 관찰질문이 "통합교육을 위해 일반학급에 배치된 혁주의 수업참여는 어떠한가?"인 경우에는 특정 관찰행동이 없지만 관찰질문이 "혁주의 수업 중 자리 이탈하기는 얼마나 자주 나타나는가?"인 경우에는 '수업 중 자리 이탈하기'라는 특정 관찰행동이 있으며 이에 대한 조작적 정의가 필요하다. 어떤 행동에 대한 조작적 정의(operational definition)란 그 행동을 관찰가능하고 구체적인 형태로 표현해 놓은 것을 말하는데, 조작적 정의에 대해서는 [보충설명 1-4]를 참고하기 바란다.

[보충설명 1-4] **관찰행동의 조작적 정의**

관찰행동에 대한 조작적 정의(operational definition)란 그 행동을 관찰가능하고 구체적인 형태로 표현해 놓은 것을 말하는데, 관찰가능하다는 것은 보거나 들을 수 있다는 것을 의미하며 구체적이라는 것은 측정이 가능하다는 것을 의미한다. 예를 들어, 관찰질문이 "혁주의 수업 중 자리 이탈하기는 얼마나 자주 나타나는가?"인 경우에 관찰행동인 '수업 중 자리 이탈하기'에 대해 "자리에서 일어서 있거나 자리를 떠나 교실 내 다른 곳으로 이동한다."라는 조작적 정의를 내릴 수 있다. 이와 같은 조작적 정의와 관련하여 몇 가지 유념할 사항을 살펴보면 다음과 같다(Miltenberger, 2005, 2016).

첫째, 행동을 정의할 때는 관찰가능한 행위를 묘사하는 능동사(active verbs)를 포함하는 것이 좋다.

둘째, 표찰은 행동이 아니다. 표찰(labels)이란 어떤 유형의 행동들에 대해 보편적으로 사용되는 일반적 명칭이다. 다시 말해, 표찰은 어떤 행동들의 군(群)을 가리키는 명칭이라고 할 수 있다. 예를 들어, 과제이탈행동(off-task behavior)이라는 표찰은 수업 중 창문 밖 내다보기, 책상에 엎드려 있기, 자리 이탈하기, 장난감 가지고 놀기 등의 행동들에 대해 보편적으로 사용되는 명칭이다. 즉, 과제이탈행동이라는 표찰은 어떤 행동군의 명칭이고, 창문 밖 내다보기, 책상에 엎드려 있기, 자리 이탈하기, 장난감 가지고 놀기 등은 특정 행동의 명칭이다. 표찰의 또 다른 예로는 공격행동(aggressive behavior), 방해행동(disruptive behavior), 자해행동(self-injurious behavior) 등이 있으며 각 표찰에는 다양한 행동이 포함된다. 이러한 표찰은 관찰되고 기록될 수 없지만 해당 표찰에 속하는

[보충설명 1-4] **계속됨**

특정 행동들은 관찰되고 기록될 수 있다. 따라서 관찰에서 관찰행동이란 이러한 특정 행동들을 말한다.

셋째, 특정 행동을 관찰하고 기록하기 위해서는 그 행동, 즉 관찰행동에 대한 조작적 정의를 내려야 한다. 왜냐하면 특정 행동에 대한 표준정의가 따로 정해져 있는 것이 아닐 뿐 아니라 아동에 따라 특정 행동의 양상이 다를 수 있기 때문이다. 예를 들어, 과제이탈행동의 일환으로 '자리 이탈하기'를 보인다 하더라도 아동에 따라 '자리에서 일어서 있다.', '자리를 떠나 교실 내 다른 곳으로 이동한다.', 또는 '자리에서 일어서 있거나 자리를 떠나 교실 내 다른 곳으로 이동한다.' 등으로 다양하게 정의될 수 있다. 즉, 특정 행동이라도 아동에 따라 그 행동을 나타내는 방식이 상이하므로 관찰행동에 대한 조작적 정의는 해당 아동에 맞추어 개별적으로 내려져야 한다.

넷째, 관찰행동에 대한 조작적 정의는 명료하고 내적 상태를 언급하거나 동기를 암시하지 않아야 한다. 예를 들어, 공격행동의 일환으로 어떤 아동이 보이는 '다른 아동을 때리기'를 정의할 때 '좌절을 느끼면 다른 아동의 머리를 손으로 친다.'라고 정의할 경우에는 내적 상태에 대한 언급이 포함되어 있으며, '장난감을 갖고 싶어서 다른 아동의 머리를 손으로 친다.'로 정의할 경우에는 동기에 대한 암시가 포함되어 있다. 이 두 경우는 '다른 아동의 머리를 손으로 친다.'라는 적절한 정의에 내적 상태나 동기에 대한 내용이 불필요하게 덧붙여진 예라고 할 수 있다.

다섯째, 관찰행동에 대한 조작적 정의가 제대로 내려졌는지 알아보는 좋은 방법은 그 정의를 숙지한 2명의 관찰자가 해당 아동을 관찰하여 관찰자간 신뢰도를 산출해 보는 것이다. 이는 관찰행동의 조작적 정의가 관찰자간 신뢰도에 영향을 미친다는 것을 의미하기도 한다. 관찰자간 신뢰도에 대해서는 이 장의 4절 '관찰의 타당도와 신뢰도'를 참고하기 바란다.

(3) 관찰의 기록방법 선택

관찰질문이 설정되고 필요한 경우 관찰행동에 대한 조작적 정의를 내리고 나면 관찰질문에 적합한 기록방법을 선택해야 한다. 앞서 2절 '관찰의 기록방법'에서 관찰자는 관찰질문에 적합한 기록방법을 선택해야 하므로 관찰의 기록방법 유형에 대한 이해가 요구된다고 언급한 바 있다. 예를 들어, 관찰질문이 "통합교육을 위해 일반학급에 배치된 혁주의 수업참여는 어떠한가?"인 경우에는 서술기록(특히 표본기록)을 선택할 수 있고, 관찰질문이 "혁주의 수업 중 자리 이탈하기는 얼마나 자주 나타나는가?"인 경우에는 간격기록(특히 전체간격기록)을 선택할 수 있다. 이때 후자의 경우 관찰행동인 '수업 중 자리 이탈하기'에 대한 조작적 정의가 필요하다.

[보충설명 1-4]에서 언급된 바와 같이 관찰행동에 대한 조작적 정의는 해당 아동에 맞추어 개별적으로 내려져야 한다. 따라서 어떤 아동의 특정 관찰행동을 정의하기 위해서는 그 행동을 구성하는 해당 아동의 말이나 행위를 정확히 파악할 필요가 있다.

관찰질문과 관찰행동에 적합한 기록방법을 선택하고 나면 그에 따른 관찰지를 개발해야 한다. 물론 상용화되어 있는 표준화된 관찰도구를 사용하는 경우도 있지만 대부분의 경우 관찰지를 개발하여 사용한다. 관찰지는 표준화된 양식이 없을 뿐 아니라 기록방법에 따른 양식의 차이도 있다. 기록방법에 따른 관찰지에 대해서는 제2부에서 다루기로 하고 관찰지의 일반적 구성에 대해 간략하게 언급하기로 한다. 관찰지는 일반적으로 크게 기본사항란, 기록란, 요약란의 세 부분으로 구성된다. 세 부분은 각각 관찰의 일반적 절차인 준비단계, 기록단계, 요약단계와 관련이 있는데 그 이유는 기본사항란의 대부분은 준비단계에서, 기록란은 기록단계에서, 요약란은 요약단계에서 작성되기 때문이다. 먼저, 기본사항란에는 일반적으로 관찰대상, 관찰일자, 관찰시간, 관찰장소, 관찰장면, 관찰영역, 관찰행동(필요한 경우에는 조작적 정의도 제시), 관찰자를 기입할 공간이 있어야 한다. 단, 기록방법에 따라 포함되는 기본사항이 다를 수 있는데, 예를 들어 일화기록의 경우 기본사항란에 관찰행동이 포함되지 않는다. 다음으로, 기록란은 선택된 기록방법에 맞게 관찰의 원자료를 기록하도록 고안되어야 한다. 마지막으로, 요약란에는 기록된 원자료를 요약할 수 있는 공간이 있어야 한다.

(4) 관찰자 선정

앞서 언급되었듯이 관찰은 평가나 연구를 위해 실시된다. 평가를 위한 관찰에서는 교사가 관찰을 실시할 수도 있고 다른 사람이 관찰을 실시할 수도 있다. 연구를 위한 관찰에서도 연구자가 관찰을 실시할 수도 있고 다른 사람이 관찰을 실시할 수도 있다. 따라서 사전에 관찰을 실시할 관찰자가 선정되어야 한다.

관찰자가 선정되고 나면 관찰자 훈련이 뒤따라야 한다. 관찰을 통해 타당하고 신뢰로운 자료를 수집하는 것은 누구나 할 수 있는 쉬운 작업이 아니다. 따라서 관찰자는 관찰과 기록 절차를 실행하는 데 필요한 훈련을 받은 사람이어야 한다. 관찰자 훈련에는 무엇을 어떻게 관찰하고 관찰한 바를 어떻게 기록하고 요약할 것인가에 대한 내용이 기본적으로 포함된다. 특히 양적 관찰에서는 관찰자간 신뢰도(일치율)를 산출해 보는 것이 좋은데, 보통 90% 이상의 일치율을 확보하는 것이 바람직하다(양명희, 임유경, 2014; Boehm & Weinberg, 1997). 관찰자간 신뢰도에 대해서는 이 장의 4절 '관찰의 타당도와 신뢰도'를 참고하기 바란다.

(5) 관찰시간 및 관찰장소 선정

관찰자는 특정 시간에 특정 장소에서 관찰행동을 기록하게 된다. 따라서 관찰행동이 잘 발생하는 시간과 장소를 고려하여 관찰시간과 관찰장소로 선정하는 것이 매우 중요하다(이승희, 2019; Miltenberger, 2016).

2) 기록단계

기록단계란 관찰행동을 관찰하면서 혹은 관찰한 후에 관찰지의 기록란을 작성하는 단계를 말한다. 즉, 기록단계는 원자료를 기록하는 단계라고 할 수 있는데, 원자료(raw data)란 수집한 원래의 자료로서 새로운 형태로 전환되기 전의 최초의 형태를 지닌 자료를 의미한다(한국교육평가학회, 2004). 기록단계에서 기록되는 원자료는 사용되는 관찰의 기록방법에 따라 양적 자료일 수도 있고 질적 자료일 수도 있다.

3) 요약단계

요약단계란 기록단계에서 기록된 원자료를 관찰질문(즉, 목적)에 맞게 새로운 형태로 요약하는 단계를 말한다. 이렇게 요약된 자료를 정보라고도 하는데, 정보(information)란 관찰이나 측정을 통하여 수집한 자료를 실제 문제에 도움이 될 수 있도록 정리한 자료를 의미한다(국립국어원, 1999). 요약단계에서는 원자료가 양적 자료이면 수량적으로 요약되고 질적 자료이면 서술적으로 요약된다. 특히 원자료가 양적 자료인 경우 관찰의 기록방법에 따라 수량적으로 요약하는 방법에 차이가 있는데, 〈표 1-11〉은 관찰의 기록방법에 따른 양적 자료의 요약방법을 제시하고 있다. 이에 대한 예는 제2부에서 기록방법별로 구체적으로 다룰 것이다.

〈표 1-11〉 관찰의 기록방법에 따른 양적 자료의 요약방법

구분		관찰의 기록방법		양적 자료의 요약방법
기본유형	서술기록	일화기록		•
		표본기록		•
		ABC기록		•
	간격기록	전체간격기록		• 백분율(percentage): 전체 간격수에 대한 행동이 발생한 것으로 기록된 간격수의 백분율
		부분간격기록		
		순간간격기록		
	사건기록	빈도기록		• 횟수(number): 관찰기간(분)에 발생한 행동의 횟수 • 비율(rate): 관찰기간에 발생한 행동의 횟수를 관찰기간(분)으로 나눈 행동의 비율
		강도기록		• 평균강도(average intensity): 관찰기간에 측정된 측정치의 합을 행동의 발생횟수로 나눈 평균
		지속시간기록		• 총지속시간(total duration): 관찰기간 동안 발생한 행동의 지속시간의 합 • 평균지속시간(average duration): 총지속시간을 행동의 발생횟수로 나눈 평균 • 지속시간백분율(percentage duration): 총관찰시간에 대한 총지속시간의 백분율
		지연시간기록		• 평균지연시간(average latency): 관찰기간에 측정된 측정치의 합을 행동의 발생횟수로 나눈 평균
	산물기록	학업산물기록		• 개수(number): 관찰기간(분, 시간)에 산출된 결과물 개수 • 비율(rate): 관찰기간에 산출된 결과물 개수를 관찰기간(분, 시간)으로 나눈 결과물의 비율
		비학업산물기록		
	평정기록	범주기록		• 백분율(percentage): 3~5개의 범주 순서대로 전체 문항수에 대한 그 범주를 선택하여 기록한 문항수의 백분율
		척도기록		• 평균(average): 각 문항에 표시된 숫자의 합을 전체 문항수로 나눈 평균
		검목표기록		• 백분율(percentage): 전체 문항수에 대한 행동의 유무 중 '유'로 기록된 문항수의 백분율
특수유형	수정유형	통제된 제시 기록		• 백분율(percentage): 제시된 전체 반응기회수에 대한 관찰행동 발생횟수의 백분율
		준거도달 시행 기록		• 횟수(number): 숙달준거에 도달하기까지 제시된 반응기회의 횟수
	결합유형	ABC-검목표기록		•
		간격-빈도기록		• 백분율(percentage): 전체 간격수에 대한 행동이 발생한 것으로 기록된 간격수의 백분율 • 횟수(number): 관찰기간(분)에 발생한 행동의 횟수 • 비율(rate): 관찰기간에 발생한 행동의 횟수를 관찰기간(분)으로 나눈 행동의 비율

제2장

관찰과 특수교육

1. 관찰과 특수교육평가

　제1장 1절의 '3) 관찰의 목적'에서 살펴보았듯이, 특수교육에 있어서 관찰의 목적 중 하나는 평가를 위해 자료를 수집하는 것인데 특수교육평가에서 관찰이 차지하는 비중은 〈표 1-2〉를 통해 확인한 바 있다. 〈표 1-2〉를 보면, 특수교육에 있어서 평가는 일련의 연속적이고 점진적인 여섯 단계(선별, 진단, 적부성, 프로그램계획 및 배치, 형성평가, 총괄평가)를 통해 이루어지며 이 여섯 단계 모두에서 자료수집방법으로 관찰이 사용될 수 있다. 또한 이 여섯 단계에서 관찰이 사용될 경우 주로 발달, 행동, 또는 학습에 대한 평가와 관련되어 있다. 이 책에서 평가(evaluation)란 앞서 언급되었듯이 수집된 자료에 근거하여 가치판단을 통해 의사결정을 내리는 과정이며 따라서 평가를 위해서는 자료를 수집하는 과정이 필요한데, 평가와 관련하여 자료를 수집하는 과정을 특히 사정(assessment)이라고 하고 자료를 수집하기 위해 사용되는 방법을 사정방법(assessment method)이라고 한다. 즉, 평가에서는 자료수집방법을 사정방법이라고 부를 수도 있는데 이러한 사정방법 중 하나가 관찰이다.

　다음에서는 사정방법으로서의 관찰이 발달평가, 행동평가, 또는 학습평가와 어떻게 관련되어 있는지에 대해 간략하게 살펴보기로 한다. 발달평가, 행동평가, 또는 학습평가에서 관찰이 어떻게 실시되는지에 대한 구체적인 설명은 제5장 '특수교육평가에서의 관찰의 적용'에서 각각 다루기로 한다.

1) 관찰과 발달평가

한국교육평가학회(2004)에 따르면 발달평가(developmental evaluation)란 '아동발달의 여러 측면을 조사하여 발달상의 현재 위치확인 및 발달의 지체 또는 장애를 조기에 감별해 내는 평가'다. 다시 말하면, 발달평가란 보통 유아들을 대상으로 발달영역별로 현재의 발달수준에 대해 평가하는 것이다. 유아기 발달영역에는 신체발달(또는 신체운동발달), 인지발달, 언어발달(또는 의사소통발달), 사회·정서발달, 자조기술발달(또는 적응행동발달)의 다섯 가지가 있다. 발달평가에서는 이 다섯 가지 발달영역의 발달이정표가 중요한 역할을 한다. 발달이정표(developmental milestone: 발달지표)란 일반적으로 유아들이 성장하면서 어떤 기술을 습득해야 하는 평균연령을 기초로 하여 유아들이 성취해야 하는 기술들을 연령별로 제시해 놓은 것을 말한다. 따라서 이러한 발달이정표를 사용하여 유아의 특정 발달영역의 발달수준 또는 발달영역별 발달수준에 대한 자료를 관찰을 통해 수집할 수 있다. 많은 관련문헌에 발달이정표가 제시되어 있는데, 이소현(2003)이 발달영역별로 소개한 발달이정표를 [부록]에 제시하였으니 참고하기 바란다.

발달이정표를 사용해 개발한 관찰자제작 관찰도구(observer-made observation instrument)로 수집한 자료에 근거하여 발달평가를 할 경우 한 가지 유념할 점이 있다. 그것은 수집된 자료가 해당 유아의 발달수준에 대한 빠른 정보를 제공하고 조기에 전문적인 평가로 안내하는 역할을 할 수도 있지만 정확한 정보를 제공하지는 못한다는 것이다. 따라서 어떤 유아의 발달영역별 발달수준에 대한 정확한 정보를 얻기 위해서는 표준화된 사정도구를 사용해야 한다. 하지만 발달평가를 위한 사정도구로 개발된 표준화된 관찰도구(standardized observation instrument)는 찾아보기 힘들며 대부분이 표준화된 검사도구다. 발달평가를 위한 표준화된 검사도구로는 「한국 영유아 발달선별검사-개정판」(대한소아과학회, 2017), 「한국판 DIAL-3(Korean Developmental Indicators for the Assessment of Learning-Third Edition:

K-DIAL-3)」(전병운, 조광순, 이기현, 이은상, 임재택, 2004), 「한국형 베일리 영유아 발달검사-3판(Korean Bayley Scales of Infant and Toddler Development-Third Edition: K-Bayley-III)」(방희정, 남민, 이순행, 2019) 등이 있으므로 이에 대해서는 관련문헌 (예: 이승희, 2019)을 참고하기 바란다.

2) 관찰과 행동평가

행동평가(behavioral evaluation)란 문자 그대로 아동의 행동에 대한 평가를 의미한다. 특수교육에서 행동평가는 주로 아동의 문제행동(problem behavior)에 대한 평가를 말하는데, [보충설명 2-1]은 아동들이 보이는 문제행동의 유형과 수준을 소개하고 있다. 장애를 가진 아동들은 유형과 수준은 다르더라도 문제행동을 보이는 경우가 많기 때문에 아동의 문제행동에 대한 중재는 특수교육에서 주요 관심사 중 하나다. 미국의 1997년 「장애인교육법(Individuals with Disabilities Education Act: IDEA 1997)」은 장애아동이 자신이나 다른 아동들의 학습을 방해하는 행동을 보이는 경우에 그 행동을 다루기 위해 기능적 행동사정(functional behavioral assessment: FBA)을 실시하고 행동중재계획(behavioral intervention plan: BIP)을 작성하여 중재와 지원을 제공하도록 명시하였다. 이처럼 문제행동을 중재하기 위해서는 먼저 문제행동에 대한 사정이 선행되어야 하는데 이러한 사정을 일반적으로 기능사정(functional assessment)이라고 한다. 기능사정이란 문제행동과 관련되어 있는 선행요인(antecedents)과 후속결과(consequences)에 대한 정보를 수집하는 과정이라고 할 수 있는데, 이러한 정보를 근거로 선행요인 및 후속결과와 문제행동의 관계에 대한 의사결정을 내리고(즉, 기능평가) 필요한 중재계획을 작성하게 된다. 다시 말해, 문제행동에 대한 중재에 앞서 문제행동에 대한 기능평가(functional evaluation)를 위해 정보를 수집하는 과정이 기능사정이다.

기능사정의 개념(문제행동과 관련되어 있는 선행요인과 후속결과에 대한 정보를 수집하는 과정)에서 알 수 있듯이, 기능사정은 응용행동분석에 근거를 두고 있는데 응용행동분석에서는 선행요인(Antecedent), 행동(Behavior), 후속결과(Consequence)의 관계를 3요인 수반성(three term contingency) 또는 A-B-C 수반성(A-B-C contingency)이라고 한다. 일반적으로 수반성(contingency)이란 행동의 발생에 대한

[보충설명 2-1] 문제행동의 유형과 수준

문제행동은 주로 파괴행동(destructive behavior), 방해행동(disruptive behavior), 분산행동(distracting behavior)의 세 가지 유형으로 분류되는데, 심각성 수준에서는 파괴행동이 가장 높고 그다음은 방해행동, 분산행동의 순이다. 아동이 둘 이상의 문제행동을 보일 경우에는 심각성의 수준에 따라 우선적으로 중재할 행동을 결정한다(송준만 외, 2016; 이소현, 박은혜, 2011). 세 가지 유형별로 문제행동을 좀 더 살펴보면 다음과 같다.

첫째, 파괴행동(destructive behavior)은 자신 또는 다른 사람의 건강이나 생명을 위협하는 행동을 말한다. 파괴행동에는 때리기, 물기, 할퀴기, 눈 찌르기, 머리 부딪치기, 음식 거부하기 등이 포함된다. 파괴행동의 경우 우선적인 중재 대상으로 고려되어야 한다.

둘째, 방해행동(disruptive behavior)은 즉각적인 해를 입히지는 않지만 학습이나 일상적인 활동을 방해하는 행동을 말한다. 방해행동에는 외현화 행동(예: 다른 사람 밀기, 물건 파손하기, 때리겠다고 다른 사람 위협하기 등)뿐만 아니라 내재화 행동(예: 말하지 않고 울기, 상호작용 거부하기 등)도 포함된다. 만약 아동이 파괴행동은 보이지 않고 방해행동을 보인다면 이를 우선적인 중재 대상으로 고려할 수 있다.

셋째, 분산행동(distracting behavior)은 경미한 방해행동으로 동일한 연령의 또래들에게서 기대되는 전형적인 행동에서는 벗어나지만 실제로 학습이나 일상적인 활동을 방해하지는 않는 행동을 말한다. 분산행동에 반향어, 틱, 상동행동 등이 포함된다. 일반적으로 분산행동은 이후에 방해행동으로 발전될 가능성이 있거나 사회적 수용에 영향을 미치는 경우 중재를 고려하게 된다.

후속결과의 종속성(dependency)을 말하며(Cooper, Heron, & Heward, 2007), 이는 행동이 발생할 때만 후속결과가 제공되는 관계를 의미한다(Miltenberger, 2016). 3요인 수반성에 따르면, 선행요인(선행사건 또는 선행자극)이 있을 때 행동이 발생하고 행동에 수반되어 제공되는 후속결과(강화물 또는 벌칙)는 향후 그 선행사건(또는 선행자극)이 해당 행동을 촉발할 가능성을 증가시키거나 감소시킨다. 이러한 3요인 수반성과 관련하여 1980년대부터 또 하나의 선행요인인 배경사건이 주목을 받기 시작하였는데, 배경사건(setting event)이란 선행사건/선행자극보다 앞서 발생하거나 그와 동시에 발생하여 선행사건/선행자극이나 후속결과에 대한 반응에 영향을 미치는 조건이나 변인이라고 할 수 있다(이승희, 2020). 따라서 기능사정에서도 선행요인과 관련하여 선행사건이나 선행자극과 더불어 배경사건에 대한 정보 수집이 요구되고 있다. 이러한 3요인 수반성은 행동수정 관련문헌(예: Alberto & Troutman, 2013; Miltenberger, 2016) 또는 행동지원 관련문헌(예: Bambara & Kern, 2005; Sugai &

Tindal, 1993)에서 주로 다루고 있으므로 구체적인 내용은 해당 문헌들을 참고하기 바란다.

기능사정을 실시하는 방식은 한 가지로 고정되어 있는 것은 아니다(Riffel, 2011). 즉, 기능사정은 반드시 따라야 하는 특정 형식이 있는 것이 아니라 각 아동의 특성과 요구에 따라 아동마다 고유한 방식으로 실시할 수 있다(김미선, 송준만, 2004). 또한 기능사정을 실시하는 방식은 문헌에 따라서도 다소 차이가 있다. 예를 들어, 기능분석(functional analysis)을 기능사정의 하위개념으로 보는 문헌(예: 양명희, 2016; Miltenberger, 2016)이 있는가 하면 그렇지 않은 문헌(예: Alberto & Troutman, 2013)도 있다. 그러나 어떤 아동을 대상으로 하든 그리고 어떤 문헌을 근거로 하든 상관없이 모든 기능사정에서 한 가지 공통점은 관찰이 활용된다는 것이다. 하지만 사용되는 관찰의 기록방법은 아동에 따라 또는 문헌에 따라 차이가 나타나기도 한다. 이 책에서는 기능분석을 기능사정의 하위개념으로 보고 기능사정에서 수행되는 정보수집방법(information-gathering methods), 즉 기능사정방법(functional assessment methods)을 간접방법, 직접방법, 실험방법(또는 기능분석)의 세 가지로 나누기로 한다. 이 세 가지 기능사정방법을 간략하게 소개하면서 관찰이 어떻게 관련되는지 살펴보면 다음과 같다.

첫째, 간접방법(indirect methods)은 아동을 직접 관찰하여 문제행동에 대한 정보를 수집하는 것이 아니라 아동 자신(단, 일반적으로 유아는 제외)이나 아동을 잘 알고 있는 사람들(예: 부모, 교사 등)을 통해 문제행동에 대한 정보를 수집하는 것이다. 간접방법에서는 주로 면접(interview)이나 검사(test)가 실시된다. 면접에서는 비구조화면접, 반구조화면접, 구조화면접의 세 가지 유형 중 한 가지 이상을 사용할 수 있다(저자주: 면접의 세 가지 유형에 대해서는 제1장 1절의 '3) 관찰의 목적'을 참고할 것). 검사에서는 표준화되거나 표준화되지 않은 척도(scale) 또는 검목표(checklist)를 사용할 수 있는데, 표준화된 척도의 예로 「동기사정척도(Motivation Assessment Scale)」(Durand & Crimmins, 1988)가 있고 표준화된 검목표의 예로는 「교직원용 기능사정검목표(Functional Assessment Checklist for Teachers and Staff: FACTS)」(March et al., 2000)가 있다. 이와 같이 간접방법에서는 관찰이 활용되지 않는다.

둘째, 직접방법(direct methods)은 아동을 일상적 생활장소에서 어떠한 통제도 없이 직접적으로 관찰하여 문제행동에 대한 정보를 수집하는 것이다. 즉, 직접방법에서는 주로 관찰이 실시된다. 이때 주로 사용되는 기록방법으로 서술기록(예: 일화기록, ABC기록)이 있다.

셋째, 실험방법(experimental methods)은 문제행동의 선행요인 및 후속결과를 조작하고 문제행동에 나타난 변화에 대한 정보를 수집하는 것이다. 실험방법은 기능분석(functional analysis)이라고도 하는데, 관련문헌에서는 기능분석이라는 용어가 주로 사용되는 경향이 있다. 실험방법에서는 선행요인과 후속결과를 조작하면서 문제행동에 대한 통제적 관찰이 실시된다. 이때 주로 사용되는 기록방법으로 간격기록과 사건기록이 있다.

이상과 같이 기능사정의 세 가지 기능사정방법(간접방법, 직접방법, 실험방법) 중 직접방법과 실험방법(또는 기능분석)은 관찰을 실시한다는 공통점이 있다. 하지만 사용되는 관찰의 기록방법에서는 차이가 있는데, 직접방법에서는 일화기록, ABC기록 등의 서술기록이 주로 사용되고 실험방법(또는 기능분석)에서는 간격기록이나 사건기록이 주로 사용된다. 이러한 직접방법과 실험방법에서 관찰이 실시되는 구체적인 예는 제5장 '특수교육평가에서의 관찰의 적용'에서 제시될 것이다. 참고로 기능평가, 기능사정, 및 기능분석의 세 가지 개념을 비교하여 추가적으로 설명하면 [보충설명 2-2]와 같다.

[보충설명 2-2] **기능평가, 기능사정, 기능분석의 개념 비교**

기능평가(functional evaluation)란 수집된 정보에 근거하여 선행요인 및 후속결과와 문제행동의 관계에 대한 의사결정을 내리는 것이라고 할 수 있는데, 이는 곧 수집된 정보에 근거하여 선행요인 및 후속결과와 문제행동의 관계에 대한 가설을 설정하는 것을 말한다. 이러한 가설이 설정되면 문제행동을 감소시키기 위하여 문제행동의 선행요인과 후속결과를 변화시키는 중재계획을 수립하게 된다.

이와 같이 기능평가를 위해서는 정보가 필요한데 이러한 정보를 수집하는 과정을 기능사정이라고 한다. 즉, 기능사정(functional assessment)이란 기능평가를 위해 문제행동과 관련되어 있는 선행요인과 후속결과에 대한 정보를 수집하는 과정이라고 할 수 있다. 기능사정에서는 간접방법(indirect methods), 직접방법(direct methods), 실험방법(experimental methods)의 세 가지 방법을 통하여 정보를 수집할 수 있는데 일반적으로 교육현장에서는 간접방법과 직접방법을 통해 수집된 정보를 근거로 기능평가, 즉 선행요인 및 후속결과와 문제행동의 관계에 대한 가설을 설정한다. 이와 같이 간접방법과 직접방법을 통해 수집된 정보에 근거하여 설정된 가설은 선행요인 및 후속결과와 문

[보충설명 2-2] 계속됨

제행동 간의 상관관계(correlation)만 입증할 뿐 기능적 관계(functional relationship)를 입증하지 못하므로(Miltenberger, 2016) 잠정적 가설(tentative hypothesis)이라고 할 수 있다.

선행요인 및 후속결과와 문제행동 간의 상관관계가 아닌 기능적 관계를 입증하기 위해서는 잠정적 가설에 제시된 선행요인 및 후속결과를 조작하여 문제행동에 미치는 영향을 알아보아야 하는데 이 방법을 실험방법 또는 기능분석이라고 한다(Miltenberger, 2016). 즉, 기능분석(functional analysis)은 세 가지 기능사정방법 중 하나로서 잠정적 가설에 제시된 선행요인 및 후속결과를 조작하고 그것이 문제행동에 미치는 영향에 대한 정보를 수집하는 것이다. 이와 같이 기능분석을 통해 수집된 정보를 근거로 또 한 번의 기능평가를 할 수 있는데, 이때는 선행요인 및 후속결과와 문제행동 간의 기능적 관계를 입증하는 확고한 가설(firm hypothesis)을 설정하게 된다.

이상의 내용을 살펴보면, 수집된 정보에 근거하여 선행요인 및 후속결과와 문제행동의 관계에 대한 가설을 설정하는 것을 기능평가라고 했을 때 기능평가에는 두 가지 방식이 있다. 하나는 간접방법과 직접방법의 두 가지 기능사정방법을 통해 수집된 정보에 근거하여 잠정적 가설을 설정하는 것이고, 다른 하나는 실험방법(기능분석)까지 포함한 세 가지 기능사정방법 모두를 통해 수집한 정보에 근거하여 확고한 가설을 설정하는 것이다. 관련연구에서는 후자의 방식을 수행하여 중재계획을 작성하지만 실제 교육현장에서는 기능분석이 포함되지 않는 전자의 방식을 수행하는 경우가 많은데, 그 이유는 기능분석이 다음과 같은 제한점을 가지고 있기 때문이다(Cone, 1997: 양명희, 2016에서 재인용). 첫째, 기능분석은 빈번하게 나타나는 행동에만 주로 사용된다. 둘째, 기능분석은 행동의 타당한 원인을 찾기 위해 많은 자료와 시간을 요하는 문제행동에는 사용하기 어렵다. 셋째, 기능분석은 심한 자해행동과 같이 위험한 행동에는 적용할 수 없다. 넷째, 기능분석은 체계적인 여러 단계의 실행과정을 거쳐야 하기 때문에 많은 시간과 경비와 인력이 요구된다.

3) 관찰과 학습평가

학습평가(learning evaluation)란 '배우고 익힌 내용의 이해도나 응용력 또는 이를 토대로 한 성과 따위에 관한 평가'를 의미한다(국립국어원, 2016). 학습평가와 관련된 용어로 학업평가(academic evaluation)가 있는데, '학교에서 공부하여 이룬 성과의 가치나 수준 따위에 관한 평가'라고 할 수 있다(국립국어원, 2016). 따라서 학습평가는 학업평가를 포함하는 더 포괄적인 개념이라고 하겠다. 다음에서는 특수교육에서 관찰이 학습평가와 어떻게 관련되어 있는지 살펴보기로 한다.

앞서 살펴본 발달평가나 행동평가와 마찬가지로 학습평가를 위해서도 자료수집이 필요한데, 학습평가를 위해서는 제1장 1절의 '3) 관찰의 목적'에서 소개한 여섯 가지 자료수집방법(검사, 관찰, 면접, 교육과정중심사정, 수행사정, 포트폴리오사정)이 모두 사용될 수 있다. 이는 곧 관찰이 특수교육에서 학습평가를 위한 자료수집방법으로 사용된다는 것을 의미한다. 학습평가를 위한 관찰에서 많이 사용되는 기록방법으로 간격기록, 사건기록, 산물기록, 평정기록 등이 있다.

또한 관찰은 다른 자료수집방법인 수행사정과 포트폴리오사정에서도 사용된다. 수행사정과 포트폴리오사정은 대안적 사정의 대표적인 예인데, 대안적 사정(alternative assessment)이란 표준화검사 혹은 선다형중심의 지필검사를 통하여 아동의 성취수준, 능력, 잠재력 등에 대한 자료를 수집하는 전통적 사정(traditional assessment)을 지양하는 일련의 사정방법을 말한다(이승희, 2019). 이러한 수행사정이나 포트폴리오사정을 실행하고자 할 때는 반드시 관찰이 필요하게 된다(김송이 외, 2009; 양명희, 임유경, 2014; 황해익, 최혜진, 정혜영, 권유선, 2014). 구체적으로 말하면, 수행사정에서는 아동의 수행성과를 관찰하여 기록하고 채점하도록 되어 있으며 포트폴리오사정에서도 아동의 작품이나 작업을 관찰하여 기록하고 채점하도록 되어 있다. 이러한 채점방법에는 일반적으로 검목표방법(checklist method), 평정척도방법(rating scale method), 총체적 채점방법(holistic scoring method)의 세 가지 유형이 있는데(Cohen & Spenciner, 2007; Gronlund, 2003; Kubiszyn & Borich, 2003), 모두 채점기준표를 만들어 채점한다. 채점기준표(rubric: 루브릭)란 수행사정과 포트폴리오사정에서 사용되는 채점지침으로서 준거항목과 다양한 성취수준을 도표화한 것을 말한다(이승희, 2019). 검목표방법은 검목표(checklist)를 활용하여 채점기준표를 만들고, 평정척도방법은 평정척도(rating scale)를 활용하여 채점기준표를 만들며, 총체적 채점방법은 개별적인 요소를 고려하기보다는 전체적으로 판단하여 단일점수를 부여하도록 채점기준표를 만든다. 이와 같이 수행사정과 포트폴리오사정에서는 관찰에 의하여 채점이 이루어지므로 신뢰도 또한 관찰에서 사용하는 방법으로 추정할 수 있다. 즉, 검목표방법에서는 검목표기록의 관찰자간 신뢰도 추정방법을, 평정척도방법에서는 척도기록의 관찰자간 신뢰도 추정방법을, 그리고 총체적 채점방법에서는 사건기록의 관찰자간 신뢰도 추정방법을 사용하여 일치율을 산출한다(저자주: 관찰의 기록방법에 따른 관찰자간 신뢰도 추정방법에 대해서는 〈표 1-9〉를 참고할 것). 이와 같이 관찰은 학습평가를 위한 수행사정과 포트폴리오사정에서 필수적으로 포함된다.

한편, 관찰은 특수교육에서 학업과 관련된 대체사정을 위해 사용되는 자료수집방법 중 하나이기도 하다. 대체사정(alternate assessment)이란 조정(accommodation)에도 불구하고 정규사정(regular assessment)에 참여할 수 없는 소수의 장애학생(즉, 학령기 장애아동)을 위해 고안된 사정을 말한다(Erickson, Ysseldyke, Thurlow, & Elliott, 1998). 대체사정은 장애학생들에 대한 교육책무성(educational accountability)을 보장하기 위한 노력의 일환으로 1997년 미국의 「장애인교육법(IDEA 1997)」에서 새롭게 등장한 개념이다(Salvia & Ysseldyke, 2007). 이후 10여 년에 걸친 지속적인 노력의 결과로 현재 미국에서는 장애학생들이 공식적인 주(州)수준 학업성취도평가에서 제외되지 않도록 법적 근거가 마련되어 있으며 장애학생을 위한 다양한 학업성취도사정 유형이 제시되어 있다. 이러한 유형에는 정규사정(regular assessments), 조정이 제공되는 정규사정(regular assessments with accommodations), 대체사정(alternate assessments)의 세 가지가 있고, 대체사정에는 학년수준 학업성취기준에 근거한 대체사정(alternate assessment based on the grade-level academic achievement standards: AA-GLAS), 수정 학업성취기준에 근거한 대체사정(alternate assessments based on the modified academic achievement standards: AA-MAS), 대체 학업성취기준에 근거한 대체사정(alternate assessments based on the alternate academic achievement standards: AA-AAS)의 세 가지 하위유형이 포함되어 있다(U.S. Department of Education, 2007). 따라서 미국에서는 다섯 가지 학업성취도사정 유형(정규사정, 조정이 제공되는 정규사정, 학년수준 학업성취기준에 근거한 대체사정, 수정 학업성취기준에 근거한 대체사정, 대체 학업성취기준에 근거한 대체사정) 가운데 한 가지를 선택하여 장애학생이 공식적인 주(州)수준 학업성취도평가에 참여하도록 하고 있다(이승희, 2010). 〈표 2-1〉은 대체사정의 세 가지 하위유형별 특성을 간략하게 비교하여 제시하고 있다. 〈표 2-1〉에 보이듯이, 관찰은 대체사정의 세 가지 하위유형 모두에서 자료수집방법(즉, 사정방법)으로 사용된다. 또한 〈표 2-1〉에는 학업기준, 학업내용기준, 학업성취기준이라는 세 가지 용어가 사용되는데, 미국의 연방법인 「아동낙오방지법(No Child Left Behind: NCLB)」은 모든 주(州)가 학업기준을 제시하고 이에 근거하여 학생들의 학업성취도를 보고하도록 요구하고 있다. 이러한 학업기준(academic standards)에는 다음과 같이 학업내용기준과 학업성취기준이 포함된다. 먼저, 학업내용기준(academic content standards)이란 학교가 학생들에게 가르치도록 기대되는 교과특유의 지식과 기술에 대한 진술을 말하는데 이러한 진술은 학생들이 알아야 하고 할 수 있어야 하는 바를 나타낸다. 그다음, 학업성취기준(academic achievement standards)이란 학생들이 학업내용기준 습득의 정도를 보여줄 수준들에 대한 진술을 말하는데 다음 네 가지 요소로 구성된다. 첫째, 학업성취의 단계별 수준이다. 미국의 NCLB Title I은 적어도 세 단계의 성취수준은 제시하도록 하고 있는데, 대부분의 주(州)가 3개 이상의 단계를 제시하고 있으며 각 단계의 명칭은 주(州)에 따라 다양하다. 예를 들어, Maryland는 distinguished, proficient, apprentice, novice의 네 단계를 그리고 Minnesota는 level IV, level III, level II, level I의 네 단계를 제시하고 있다. 둘째, 각 성취수준에 대한 기술이다. 즉, 각 수준별로 과제와 관련하여 학생들이 드러내야 할 바가 무엇인지 기술되어야 한다. 셋째, 각 성취수준에 대한 예시다. 이러한 예시는 해당 성취수준의 수행범위를 예증하여야 한다. 넷째, 각 수행수준을 명확히 분리하는 분할점수(cut scores)다. 이러한 분할점수는 일반적으로 백분율점수(percentage scores) 또는 표준점수(standard scores)로 제시된다(Cortiella, 2006). 우리나라의 경우 매년 국가수준 학업성취도평가는 실시하고 있으나 장애학생들의 참여가 법적으로 보장받지 못하고 있을 뿐 아니라 대체사정의 개념이나 유형에 대한 언급도 없는 실정이다(이승희, 2010).

　이상과 같이 관찰은 학습평가를 위한 하나의 자료수집방법으로 사용될 뿐 아니라 학습평가를 위한 수행사정과 포트폴리오사정에서도 필수적으로 포함된다. 이와 같이 학습평가에서 관찰이 실시되는 구체적인 예는 제5장 '특수교육평가에서의 관찰의 적용'에서 제시될 것이다. 한편, 미국에서는 공식적인 주(州)수준 학업성취도평가와 관련하여 소수의 장애학생을 위해 고안된 대체사정에서 관찰이 자료수집방법으로 사용되고 있다.

〈표 2-1〉 미국에서 실시되는 대체사정의 유형별 비교

특성	학년수준 학업성취기준에 근거한 대체사정 (AA-GLAS)	수정 학업성취기준에 근거한 대체사정 (AA-MAS)	대체 학업성취기준에 근거한 대체사정 (AA-AAS)
도입연도	2001년	2007년	2003년
대상학생	정규사정과 동일한 학업기준(학업내용기준 및 학업성취기준)이 적용되지만 기대되는 지식 또는 기술을 드러내는 데 있어 정규사정에서 사용되는 사정방법과는 다른 종류의 사정방법을 필요로 하는 학생	정규사정과 동일한 학업내용기준이 적용되지만 일반학생들과 동일한 기간 동안 학년수준의 학업성취를 달성하는 데 어려움이 있는 학생	가장 심한 인지적 장애를 가지고 있어 학년수준의 학업성취를 기대하기 힘든 학생
학업기준	학업내용기준은 학년수준 학업내용기준과 동일하며 학업성취기준도 학년수준 학업성취기준에 근거	학업내용기준은 학년수준 학업내용기준에 부합되어야 하지만 학업성취기준은 학년수준 학업성취기준보다 다소 관대한 수정 학업성취기준에 근거	학업내용기준은 학년수준 학업내용기준에 부합되어야 하지만 학업성취기준은 학년수준 학업성취기준보다 매우 관대한 대체 학업성취기준에 근거
사정방법	교사제작 준거참조검사, **관찰**, 교육과정중심사정, 수행사정, 포트폴리오사정 등을 적절하게 조합하여 사용	교사제작 준거참조검사, **관찰**, 교육과정중심사정, 수행사정, 포트폴리오사정 등을 적절하게 조합하여 사용하되 수정 학업성취기준을 고려하여 난이도를 조절	교사제작 준거참조검사, **관찰**, 교육과정중심사정, 수행사정, 포트폴리오사정 등을 적절하게 조합하여 사용할 수 있으나 대체 학업성취기준을 고려하여 일반적으로 **관찰**, 수행사정, 포트폴리오사정 등을 사용
공통점	• 학년수준 학업내용기준에 부합되어야 함. • 학업성취기준에 제시된 분할점수가 적용될 수 있도록 결과가 수량적 자료(예: 백분율점수, 표준점수 등)로 산출되어야 함. • 특정 유형의 대체사정 실시 여부는 주정부가 제공한 지침에 따라 학생의 IEP팀이 결정함.		

수정발췌: 이승희(2010). 국가수준학업성취도평가를 위한 장애학생의 대체사정에 대한 고찰: 미국의 관련 연방법을 중심으로. 특수교육학연구, 45(3), 189-210. (p. 204)

2. 관찰과 특수교육연구

제1장 1절의 '3) 관찰의 목적'에서 살펴보았듯이, 특수교육에 있어서 관찰의 목적 중 하나는 연구를 위해 자료를 수집하는 것이다. 특수교육분야에서는 특히 장애아동을 위한 중재와 관련된 연구가 최대 관심사 중의 하나인데, 왜냐하면 장애아동들은 장애로 인해 야기되는 발달문제나 행동문제 그리고/또는 학습문제에 대한 중재를 필요로 하기 때문이다. 또한 이러한 중재를 제공할 때는 과학적 연구에 의해 효과가 입증된 전략, 즉 증거기반실제(evidence-based practices)를 사용하도록 요구되고 있다. 따라서 특수교육분야에서는 중재전략의 효과를 검증할 수 있는 연구가 특히 중요하다고 할 수 있다. 앞서 〈표 1-3〉에서 제시하였듯이, 연구유형에는 여러 가지가 있으나 어떤 중재전략의 효과를 검증해 줄 수 있는 유일한 연구유형은 실험연구다. 그리고 이러한 실험연구에서 가장 많이 사용되는 자료수집방법이 관찰이다.

다음에서는 증거기반실제와 실험연구에 대해 간략하게 살펴보기로 한다. 실험연구에서 자료수집방법으로 관찰이 어떻게 사용되는지에 대한 구체적인 설명은 제6장 '특수교육연구에서의 관찰의 적용'에서 다루기로 한다.

1) 증거기반실제

일반적으로 증거기반실제(evidence-based practice)란 직업과 관련된 실행은 과학적 증거에 근거를 두고 있어야 한다는 발상을 말한다(Wikipedia, 2020). 증거기반실제는 의학분야에서 'evidence-based medicine'이라는 용어로 1990년대 초반에 출현한 개념인데(Sackett, Rosenberg, Gray, Haynes, & Richardson, 1996), 이후 정신건강이나 교육 등의 다른 분야로 확산되었다. 미국의 경우, 2001년에 연방법인「아동낙오방지법(No Child Left Behind Act: NCLB)」에서 '과학적 기반의 연구(scientifically based research)'를 강조하면서 교사들로 하여금 교실에서 과학적 기반의 연구에 의해 효과가 입증된 교수전략을 사용하도록 요구하였으며(Odom et al., 2005), 이러한 기조는 2004년「장애인교육법(IDEA)」에도 반영되었다. 이처럼 미국에서는 효과가 있는 것으로 입증된 교수전략(또는 중재전략), 즉 증거기반실제를 사용할 것을 교사들에게 법적으로 요구하고 있다.

특수교육에서의 증거기반실제(evidence-based practices: EBPs)란 과학적인 연구를 통하여 일정한 준거를 충족시킴으로써 그 효과가 입증된 중재전략이라고 할 수 있다. 이전의 최상의 실제(best practices)나 연구기반의 실제(research-based practices) 등의 개념과는 달리 증거기반실제는 그 효과를 입증하고자 하는 관련연구들이 사전에 설정된 엄격한 준거를 충족시켜야만 한다(Cook & Cook, 2011). 비록 증거기반실제를 위한 구체적인 준거는 특수교육분야 내에서도 다양할 수 있지만 증거기반실제로 입증되기 위해서는 일반적으로 관련연구들의 연구설계(research design), 질(quality), 양(quantity)을 포함하는 몇 가지 차원에 걸친 준거가 충족되어야 한다(Cook & Odom, 2013). 이때 연구설계란 주로 다음에서 살펴볼 실험연구와 관련이 있는데 실험연구에는 집단설계와 단일대상설계가 있다. 참고로 자폐스펙트럼장애를 가진 아동들을 위한 증거기반실제를 소개해 보면 [보충설명 2-3]과 같다.

[보충설명 2-3] **자폐스펙트럼장애를 가진 아동들을 위한 증거기반실제**

미국 국립자폐스펙트럼장애전문발달센터(National Professional Development Center on Autism Spectrum Disorders: NPDC)는 2014년에 자폐스펙트럼장애(autism spectrum disorder: ASD)를 가진 아동들을 위한 27가지 증거기반실제를 제시한 바 있다(Wong et al., 2014). Wong 등(2014)에 의하면 1990년부터 2011년까지 전문학술지에 발표된 ASD 중재관련 논문 29,105편 중 연령(출생-22세), 중재의 개념적 틀(행동적, 발달적, 교육적), 연구설계의 양호도 등을 근거로 456편의 논문을 선정한 후, 선정된 456편의 논문을 검토하여 사전에 설정된 '증거기반실제 준거(criteria for qualification as an evidence-based practice)'의 충족 여부를 살펴본 결과 증거기반실제가 27가지로 나타났다. 이러한 27가지 증거기반실제와 각 증거기반실제의 효과를 검증한 논문의 연구설계와 수를 정리해 보면 다음과 같다.

※ ASD관련 증거기반실제(Wong et al., 2014)

No	증거기반실제	관련 실험연구	
		집단설계 (n)	단일대상설계 (n)
1	antecedent-based interventions(선행사건기반중재)	0	32
2	cognitive behavioral intervention(인지적 행동중재)	3	1

[보충설명 2-3] 계속됨

No	증거기반실제	관련 실험연구	
		집단설계 (n)	단일대상 설계 (n)
3	differential reinforcement of alternative, incompatible, or other behavior(대안/상반/타행동 차별강화)	0	26
4	discrete trial teaching(불연속시행교수)	0	13
5	exercise(신체운동)	3	3
6	extinction(소거)	0	11
7	functional behavior assessment(기능적 행동사정)	0	10
8	functional communication training(기능적 의사소통훈련)	0	12
9	modeling(모델링)	1	4
10	naturalistic intervention(자연적 중재)	0	10
11	parent-implemented intervention(부모실행중재)	8	12
12	peer-mediated instruction and intervention(또래매개 교습 및 중재)	0	15
13	picture exchange communication system(그림교환의 사소통체계)	2	4
14	pivotal response training(중심축반응훈련)	1	7
15	prompting(촉진)	1	32
16	reinforcement(강화)	0	43
17	response interruption/redirection(반응차단/전환)	0	10
18	scripting(스크립팅)	1	8
19	self-management(자기관리)	0	10
20	social narratives(사회적 담화)	0	17
21	social skills training(사회성기술훈련)	7	8
22	structured play groups(구조화된 놀이집단)	2	2
23	task analysis(과제분석)	0	8
24	technology-aided instruction and intervention(공학활용교습 및 중재)	9	11
25	time delay(시간지연)	0	12
26	video modeling(비디오모델링)	1	31
27	visual supports(시각적 지원)	0	18

2) 실험연구

실험연구(experimental research)란 변수를 조작하여 변수들 간의 인과관계를 규명하는 연구라고 할 수 있다(〈표 1-3〉 참조). 〈표 1-3〉에 제시된 여러 가지 연구유형 중에서 실험연구는 두 가지 특징을 갖는데, 첫째는 특정 변수에 직접 영향을 주려고 시도하는 유일한 연구유형이라는 것이고 둘째는 인과관계(cause-and-effect relationships)에 관한 가설을 검증할 수 있는 유일한 연구방법이라는 것이다. 실험연구에서 연구자는 하나 이상의 독립변수(independent variable)가 하나 이상의 종속변수(dependent variable)에 주는 영향에 관심이 있는데 독립변수는 처치변수(treatment variable), 종속변수는 결과변수(outcome variable)라고도 한다. 다른 연구유형들과 구별되는 실험연구의 가장 큰 특징은 연구자가 독립변수를 조작한다는 것이다. 즉, 연구대상에게 어떤 처치(즉, 독립변수)를 실행하고 이 처치가 연구대상의 어떤 특성(즉, 종속변수)에서 변화를 초래하는지를 밝히는 것이다. 교육연구에서 흔히 조작되는 독립변수로는 교수방법, 과제유형, 학습자료, 학생에게 주는 보상, 교사의 질문유형 등이 있고, 종속변수로는 학업성취도, 교과목에 대한 흥미, 집중정도, 동기 등이 있다(Fraenkel & Wallen, 1996). 특수교육연구에서는 조작되는 독립변수가 주로 중재전략이며 종속변수는 주로 발달이나 행동 또는 학습과 관련된 특성들이다. 따라서 어떤 중재전략이 장애아동의 발달이나 행동 또는 학습에 긍정적인 영향을 초래하는 증거기반실제로 간주되기 위해서는 엄격하게 설계된 다수의 실험연구를 통해 인과관계, 즉 효과가 입증되어야 한다. 실험연구에는 집단설계와 단일대상설계의 두 가지 유형이 있는데(Fraenkel & Wallen, 1996), [보충설명 2-3]에서도 각 증거기반실제의 효과를 검증한 논문들이 집단설계 그리고/또는 단일대상설계로 나타나 있다. 다음에서는 실험연구의 두 가지 유형을 간략하게 살펴보기로 한다. 앞서 밝혔듯이, 이 책은 전반적으로 평가를 위한 관찰에 초점을 두고 있으므로 실험연구에 대한 구체적인 내용은 교육연구방법 관련문헌(예: 성태제, 2016; Fraenkel & Wallen, 1996)을 참고하기 바란다.

(1) 집단설계

실험연구의 한 유형인 집단설계(group designs)는 하나의 집단이나 둘 이상의 집단을 대상으로 독립변수와 종속변수 간의 인과관계를 규명하는 연구라고 할 수 있다. 하나의 집단을 대상으로 할 때는 그 집단에 검증하고자 하는 중재전략(즉, 독립변수)을 실행하여 중재전략 실행 전후의 종속변수 측정치를 비교하는 데 비해, 둘 이상의 집단을 대상으로 할 때는 한 집단[실험집단(experimental group)]에만 검증하고자 하는 중재전략(즉, 처치)을 실행하고 나머지 집단[통제집단(control group) 또는 비교집단(comparison group)]에는 처치를 하지 않거나 다른 처치를 한 다음 집단 간 종속변수 측정치를 비교한다. 단, 집단설계에서 둘 이상의 집단을 대상으로 할 경우 중재전략 실행 유무 외에는 집단 간 동질성(equivalence)이 확보되어야 한다(Fraenkel & Wallen, 1996). 또한 집단의 크기에 대한 절대적인 규칙은 없지만, 각 집단을 5명에서 15명 사이로 구성하는 것이 적합하며 집단의 수가 적을수록 집단의 크기는 커지는 것이 일반적이다(성태제, 2016). 그러나 특수교육에서는 모집단의 이질성이나 연구대상 확보의 제한성 등의 이유로 집단설계가 자주 사용되지 않는 경향이 있다(Fraenkel & Wallen, 1996; Heflin & Alaimo, 2007). 이러한 경향은 [보충설명 2-3]에도 나타나 있는데, 각 증거기반실제의 효과를 검증한 논문들이 집단설계보다는 주로 단일대상설계에 편중되어 있음을 알 수 있다.

집단설계에는 다양한 하위유형이 있는데 하위유형에 따라 양호한 설계도 있고 그렇지 못한 설계도 있다. 즉, 하위유형에 따라 연구설계의 질(quality)에 차이가 있을 수 있다는 것인데 연구설계의 질은 내적 타당도 저해요인을 얼마나 통제하는가에 좌우된다. 실험연구에서 내적 타당도(internal validity)란 종속변수에서의 변화 또는 차이가 중재전략(즉, 독립변수)에 기인하는 정도를 말한다. 집단설계의 하위유형의 예를 간단히 소개하면 다음과 같다.

① 약한 실험설계

약한 실험설계(weak experimental designs)란 내적 타당도의 저해요인을 잘 통제하지 못하는 설계를 말한다. 따라서 약한 실험설계의 연구에서는 독립변수의 효과를 입증하기 어렵다. 단일집단 사전-사후검사 설계(one-group pretest-posttest design)나 정적집단 비교설계(static-group comparison design) 등은 약한 실험설계에 해당한다(Fraenkel & Wallen, 1996).

② 진 실험설계

진 실험설계(true experimental designs)란 내적 타당도 저해요인을 강력하게 통제하는 기법인 임의배정(random assignment)을 사용하는 설계를 말한다. 진 실험설계로는 임의배정 사후검사 통제집단 설계(randomized posttest-only control group design), 임의배정 사전-사후검사 통제집단 설계(randomized pretest-posttest control group design), 임의배정 솔로몬 네집단 설계(randomized Solomon four-group design) 등이 있다(Fraenkel & Wallen, 1996).

③ 준 실험설계

준 실험설계(quasi-experimental designs)란 임의배정 대신 다른 기법을 사용하여 내적 타당도 저해요인을 통제하는 설계를 말한다. 준 실험설계로는 대응설계(matching-only design), 균형설계(counterbalanced design), 시계열설계(time-series design) 등이 있다(Fraenkel & Wallen, 1996).

(2) 단일대상설계

실험연구의 한 유형인 단일대상설계(single-subject designs)는 명칭 그대로 1명의 연구대상(subject)을 상대로 독립변수와 종속변수 간의 인과관계를 규명하는 연구라고 할 수 있다. 즉, 1명의 아동에게 중재전략(즉, 독립변수)을 실행한 후 그 아동이 보인 종속변수에서의 변화를 연구하는 것이다. 이러한 단일대상설계는 본래 특수교육분야에서 발전하였는데(Fraenkel & Wallen, 1996), 그 이유는 앞서 밝혔듯이 특수교육에서는 모집단의 이질성이나 연구대상 확보의 제한성 등으로 인해 집단설계를 사용하는 데 어려움이 있기 때문이다.

단일대상설계에도 다양한 하위유형이 있는데, 집단설계와 마찬가지로 단일대상설계도 내적 타당도 저해요인의 통제 정도에 따라 연구의 질이 좌우된다. 단일대상설계의 대표적 하위유형인 반전설계와 중다기초선설계를 간단히 소개하면 다음과 같다.

① 반전설계

반전설계(reversal designs)란 실험기간 중 하나 혹은 그 이상의 단계에서 중재전략(처치)을 제거하여 중재전략의 효과를 입증하는 설계를 말한다. 즉, 반전(reversal)이란 중재전략 실행 이전의 상태로 되돌아가는 것을 의미한다. 반전설계에는 A-B-A 설계(A-B-A design), A-B-A-B 설계(A-B-A-B design) 등이 있는데, 이때 A는 중재전략이 실행되지 않는 기초선 단계이고 B는 중재전략이 실행되는 처치단계를 가리킨다.

② 중다기초선설계

반전설계는 반전(즉, 중재전략 실행 이전의 상태로 되돌아가는 것)이 불가능하거나 비윤리적일 때 사용할 수 없다는 제한점이 있다. 이러한 경우 반전선계의 대안으로 사용할 수 있는 것이 중다기초선설계다(Fraenkel & Wallen, 1996). 중다기초선설계(multiple-baseline designs)란 여러 개의 기초선을 측정하면서 순차적으로 중재전략을 실행하고 그 외의 조건은 동일하게 함으로써 종속변수의 변화가 오직 중재전략에 의한 변화라는 것을 입증하는 설계를 말한다. 이러한 중다기초선설계로는 행동간 중다기초선설계(multiple-baseline across behaviors design), 상황간 중다기초선설계(multiple-baseline across settings design), 대상자간 중다기초선설계(multiple-baseline across subjects design) 등이 있다.

제2부
관찰의 기록방법: 유형

제3장

관찰의 기록방법: 기본유형

앞서 제1장 2절의 '2) 관찰의 기록방법 유형'에서는 관찰의 기록방법을 기본유형과 특수유형으로 구분하였다(〈표 1-5〉 참조). 기본유형(basic types)이란 단독으로 사용되거나 수정 또는 결합하여 사용될 수 있는 유형을 말하는데, 이 장에서는 기본유형으로 분류되는 관찰의 기록방법을 각각 구체적으로 살펴보기로 한다. 〈표 3-1〉은 이 장에서 살펴볼 기록방법들을 요약하여 제시하고 있다.

〈표 3-1〉 관찰의 기록방법: 기본유형

기록방법		내용
서술기록	일화기록	특정한 시간이나 장소에 제한 없이 관찰자가 기록할 만한 가치가 있다고 느꼈던 어떤 짧은 내용의 사건, 즉 일화(逸話)에 대해 간략하게 서술하는 기록.
	표본기록	일정한 시간 또는 미리 정해진 활동이 끝날 때까지 사건이 발생한 순서대로 상세하게 이야기식으로 서술하는 기록.
	ABC기록	관심을 두는 행동(예: 공격적 행동, 친사회적 행동 등)이 잘 발생할 만한 상황에서 일정한 시간 동안 관찰하면서 해당 행동이 발생할 때마다 그 행동(B: behavior)을 중심으로 행동이 발생하기 직전 사건인 선행사건(A: antecedent)과 행동이 발생한 직후의 사건인 후속사건(C: consequence)을 시간의 흐름에 따라 사실적으로 서술하는 기록.

〈표 3-1〉 계속됨

기록방법		내용
간격기록	전체간격기록	전체관찰시간을 일정한 간격으로 나눈 후 행동이 간격의 처음부터 끝까지 나타났을 때 해당 간격에 행동이 발생했다고 기록하는 것.
	부분간격기록	전체관찰시간을 일정한 간격으로 나눈 후 행동이 간격의 어느 한 순간에 한 번이라도 나타났을 때 해당 간격에 행동이 발생했다고 기록하는 것.
	순간간격기록	전체관찰시간을 일정한 간격으로 나눈 후 행동이 각 간격의 한 순간(예: 마지막 순간)에 나타났을 때 해당 간격에 행동이 발생했다고 기록하는 것.
사건기록	빈도기록	관찰기간 동안 행동이 발생한 횟수를 기록하는 것.
	강도기록	관찰기간 동안 행동이 발생할 때마다 행동의 강도를 기록하는 것.
	지속시간기록	관찰기간 동안 행동이 발생할 때마다 행동의 지속시간을 기록하는 것.
	지연시간기록	관찰기간 동안 행동이 발생할 때마다 행동의 지연시간을 기록하는 것.
산물기록	학업산물기록	학업적 행동을 관찰행동으로 하는 산물기록.
	비학업산물기록	비학업적 행동을 관찰행동으로 하는 산물기록.
평정기록	범주기록	연속적으로 기술된 몇 개의 질적 차이가 있는 범주 중 관찰행동을 가장 잘 나타내는 범주를 선택하여 기록하는 것.
	척도기록	행동의 정도를 몇 개의 숫자로 표시해 놓은 척도, 즉 숫자척도에 관찰행동을 가장 잘 나타내는 숫자를 선택하여 기록하는 것.
	검목표기록	일련의 행동이나 특성들의 목록, 즉 검목표(checklist)에 해당 행동이나 특성의 유무를 기록하는 것.

1. 서술기록

서술기록(narrative recording)이란 특정 사건이나 행동의 전모를 이야기하듯 있는 그대로 사실적으로 묘사하는 방법이다. 〈표 1-5〉에 보이듯이 서술기록에는 일화기록, 표본기록, ABC기록의 세 가지 유형이 있는데 각각 살펴보면 다음과 같다.

1) 일화기록

일화기록(anecdotal recording)이란 특정한 시간이나 장소의 제한 없이 관찰자가 기록할 만한 가치가 있다고 느꼈던 어떤 짧은 내용의 사건, 즉 일화(逸話)에 대해 간략하게 서술하는 기록이라고 할 수 있다(Cohen & Spenciner, 2007). 따라서 일화기록은 사건이 발생한 후에 기록하게 되므로 과거형으로 서술되는데, 사건이 발생한 후 가능한 한 빠른 시간 내에 기록하는 것이 바람직하다(Gronlund & Linn, 1990). 또한 일화를 기록할 때 관찰자의 주관적 해석이 개입되어서는 안 되며 관찰자가 보고 들은 것만 객관적으로 기술하여야 한다(Cohen & Spenciner, 2007).

이러한 일화기록을 위한 표준화된 관찰지 양식은 없는데, 한 가지 예를 제시해 보면 〈그림 3-1〉과 같다. 〈그림 3-2〉는 〈그림 3-1〉을 이용하여 작성한 일화기록의 예를 보여 주고 있다.

〈그림 3-1〉 **일화기록 관찰지 양식의 예**

관찰대상: 성명(　　　　) 성별(　) 생년월일(　　　　　) 현재연령(　　)
관찰일자:
관찰시간:
관찰장소:
관찰장면:
관 찰 자:

기　록:
요　약:

〈그림 3-2〉 **일화기록의 예**

관찰대상: 성명(김준서) 성별(남) 생년월일(2008년 2월 6일) 현재연령(8년 3개월)
관찰일자: 2016년 5월 6일
관찰시간: 오후 1:30~1:38
관찰장소: 통합학급
관찰장면: 수학시간
관 찰 자: 이혜림

기 록:

교사가 학생들에게 "지금부터 각자 수학 연습문제를 푸세요."라고 지시하였다. 준서는 책상 위에 머리를 대고 자신의 장난감 자동차를 책상 가장자리에 굴리고 있었다. 교사가 준서에게 다가가 장난감을 빼앗으며 "연습문제를 풀어야지!"라고 말하였다. 준서는 울기 시작하였다. 교사가 "도와줄까?"라고 물었다. 준서는 발로 책상 다리를 치면서 "아냐, 아냐, 가 버려."라고 하며 점점 더 크게 소리를 질렀다.

요 약:

준서는 수업시간에 독립적인 과제를 수행하도록 요구될 때 과제수행을 피하기 위해 종종 책상 위에 머리를 대고 엎드려 울거나 소리를 지른다.

2) 표본기록

표본기록(specimen recording)이란 일정한 시간 또는 미리 정해진 활동이 끝날 때까지 사건이 발생한 순서대로 상세하게 이야기식으로 서술하는 기록으로서 진행기록(running recording)이라고도 한다. 표본기록은 서술기록이라는 점에서 일화기록과 비슷하지만 세 가지 점에서 일화기록과 차이가 있다. 첫째, 일화기록과는 달리 표본기록은 사전에 관찰시간과 관찰장소를 선정한다. 둘째, 관찰자가 관찰대상의 의미 있는 행동을 선택하여 기록하는 일화기록과는 달리 표본기록은 정해진 시간 내에 발생하는 관찰대상의 모든 행동과 주변 상황을 상세하게 서술한다. 셋째, 사건이 발생한 후에 기록되는 일화기록과는 달리 표본기록은 사건들이 진행되는 동안 기록하게 되므로 현재형으로 서술된다. 이때 사건의 발생 순서대로 기록하되 사건이 바뀔 때마다 시간을 기록하게 되는데, 관찰시간은 보통 10분 내외가 적당하며

30분을 초과하지 않도록 한다. 그러나 일화기록과 마찬가지로 객관적인 사실만 기록하고 관찰자의 해석이나 주관적인 판단을 기록해서는 안 되며, 꼭 필요한 경우에는 관찰지의 오른쪽 한 면을 이용하여 보충설명이나 관찰자의 해석을 별도로 기록함으로써 객관적인 자료와 구분하도록 한다(전남련 외, 2016).

이러한 표본기록을 위한 표준화된 관찰지 양식은 없는데, 한 가지 예를 제시해 보면 〈그림 3-3〉과 같다. 〈그림 3-4〉는 〈그림 3-3〉을 이용하여 작성한 표본기록의 예를 보여 주고 있다.

〈그림 3-3〉 **표본기록 관찰지 양식의 예**

관찰대상: 성명(   ) 성별(   ) 생년월일(   ) 현재연령(   )
관찰일자:
관찰시간:
관찰장소:
관찰장면:
관 찰 자:

시 간	기 록	주 석

요 약:

〈그림 3-4〉 **표본기록의 예**

관찰대상: 성명(최시현) 성별(남) 생년월일(2012년 11월 08일) 현재연령(1년 10개월)
관찰일자: 2014년 09월 11일
관찰시간: 오전 9:25~9:40
관찰장소: ○○어린이집
관찰장면: 자유선택활동 시간
관 찰 자: 전세미

시 간	기 록	주 석
9:25	시현이는 블록영역에서 스펀지블록을 가지고 놀다가 옆에 앉은 영훈이와 같은 파란색 스펀지블록을 잡게 되자 자기가 가지려고 뺏는다. 영훈이가 "내꺼~"라고 울며 그 스펀지를 빼앗아 간다. 이를 쳐다보던 시현이가 영훈이의 얼굴을 왼손으로 꼬집는다. 교사가 다가가 시현이의 손을 잡고 쳐다보자 시현이는 뒤로 넘어가며 소리를 지르고 운다. 교사가 "친구를 꼬집으면 안 돼요!"라고 말해도 울기만 한다. 그러다 시현이가 울음을 그치고 교사는 다른 친구를 살피러 간다.	• 놀이상황: 블록영역 • 놀이친구: 주영훈 정은지
9:29	시현이는 다시 스펀지블록을 가지고 논다. 옆에서 종이블록을 가지고 놀고 있는 은지를 쳐다보더니 은지가 늘어놓은 종이블록을 하나 가져가려고 한다. 은지가 "아 아앙~" 하며 싫다는 표현을 하자 시현이가 갑자기 손을 뻗어 은지의 얼굴을 꼬집고 은지는 울어 버린다. 교사가 시현에게 다시 와서 "친구 얼굴을 꼬집으면 안 된다고 했지요!"라고 말하자 또 뒤로 넘어가며 소리를 지르고 운다. 교사가 바로 앉히려고 해도 시현이는 계속 소리를 지르며 울고 교사의 얼굴을 쳐다보지 않은 채 이쪽저쪽 다른 친구들만 쳐다본다.	
9:34	교사가 "시현이는 선생님하고 놀아야겠다."라고 하면서 시현이를 한쪽으로 데리고 와 앉히자 계속해서 눈물을 흘리며 교사의 무릎에 얼굴을 묻으려고만 한다. 교사가 다른 친구를 살피러 일어나자 시현이도 따라 일어나 가려고 한다. 교사가 "시현이는 앉아 있어야지요."라고 말하자 또 소리 지르고 울면서 자신이 앉아 있던 자리로 돌아가 앉아서 교사 쪽을 바라보며 운다.	

요 약:
• 시현이는 자신이 원하는 대로만 놀려고 하고 마음대로 되지 않으면 친구를 꼬집는다.
• 시현이는 교사가 자신의 잘못을 지적하면 소리를 지르며 운다.
• 시현이는 교사와 이야기할 때 눈을 마주치지 않고 피한다.

수정발췌: 전남련 외(2016). 아동관찰 및 행동연구(개정판). 경기도 파주: 양서원. (p. 47)

3) ABC기록

ABC기록(ABC recording: antecedent-behavior-consequence recording)이란 관심을 두는 행동(예: 공격적 행동, 친사회적 행동 등)이 잘 발생할 만한 상황에서 일정한 시간 동안 관찰하면서 해당 행동이 발생할 때마다 그 행동(B: behavior)을 중심으로 행동이 발생하기 직전 사건인 선행사건(A: antecedent)과 행동이 발생한 직후의 사건인 후속사건(C: consequence)을 시간의 흐름에 따라 사실적으로 서술하는 기록이다(Miltenberger, 2016)(저자주: 선행사건과 후속사건의 영어를 각각 antecedent와 consequence보다는 'antecedent event'와 'consequent event'로 이해하는 것이 더 적절할 수 있는데, 이에 대해서는 [보충설명 3-1]을 참고할 것). 관찰시간 동안 기록하지만 해당 행동이 발생하고 나면 기록하게 되므로 ABC기록은 과거형으로 서술된다. 이때 해당 행동이 발생하는 순서대로 기록하되 행동이 나타날 때마다 시간을 기록하게 되는데(Miltenberger, 2016), 관찰시간은 보통 10분 내외가 적당하며 30분을 초과하지 않도록 한다. 일화기록과 표본기록에서와 마찬가지로 객관적인 사실만 기록하되 네 칸으로 나누어 관찰내용을 기록한다(양명희, 임유경, 2014; Miltenberger, 2016). 첫째 칸에는 행동이 발생한 시간을 기록한다. 둘째 칸에는 행동이 발생하기 직전에 일어난 사건인 선행사건을 기록하는데, 여기에는 행동이 발생하기 전에 아동에게 누군가가 말이나 행동으로 상호작용한 내용을 기록한다. 셋째 칸에는 관찰자가 보거나 들은 아동의 행동을 기록한다. 넷째 칸에는 행동이 발생한 직후에 일어난 사건인 후속사건을 기록하는데, 여기에는 아동의 행동에 대해 누군가가 반응한 내용을 기록한다. ABC기록에서 한 가지 유념할 사항은 행동과 관련된 선행사건과 후속사건에 대한 객관적인 정보를 얻을 수 있지만 이러한 정보는 상관관계만 입증할 뿐 기능적 관계는 입증해 주지 않는다는 것이다(Miltenberger, 2016).

이러한 ABC기록을 위한 표준화된 관찰지 양식은 없는데, 한 가지 예를 제시해 보면 〈그림 3-5〉와 같다. 〈그림 3-6〉은 〈그림 3-5〉를 이용하여 작성한 ABC기록의 예를 보여 주고 있다.

[보충설명 3-1] Antecedent와 Consequence의 개념

응용행동분석에서는 antecedent, behavior, consequence의 관계를 3요인 수반성 (three term contingency) 또는 A-B-C 수반성(A-B-C contingency)이라고 하는데, antecedent와 consequence에 대한 번역이 문헌에 따라 다소 다양하게 나타나고 있다. 이와 관련하여 이승희(2020)는 antecedent와 consequence의 개념을 다음과 같이 정리한 바 있다.

먼저, antecedent를 '선행요인'으로 번역할 수 있는데, 선행요인에는 배경사건, 선행사건, 선행자극이 포함된다. 선행요인, 배경사건, 선행사건, 선행자극은 각각 다음과 같이 정의할 수 있다(이승희, 2020).

- 선행요인(antecedent)이란 어떤 행동이 발생하는 맥락, 즉 어떤 행동에 앞서 나타나는 조건(condition)이나 변인(variable), 사건(event), 또는 자극(stimulus)을 말한다.
- 배경사건(setting event)은 선행사건/선행자극보다 앞서 발생하거나 그와 동시에 발생하여 선행사건/선행자극이나 후속결과에 대한 반응에 영향을 미치는 조건이나 변인을 말한다.
- 선행사건(antecedent event)은 어떤 행동이 발생하기 직전에 일어나 그 행동을 촉발하는 사건을 말하며 어떤 주체에 의한 행위나 상태로 묘사된다. 선행사건 안에는 선행자극이 있을 수 있는데, 예를 들어 학생의 어떤 행동 직전에 교사가 과제를 내 주었다면 '교사가 학생에게 과제를 내 주었다.'는 선행사건이고 '과제'는 선행자극이다.
- 선행자극(antecedent stimulus)은 어떤 행동이 발생하기 직전에 나타나 그 행동을 촉발하는 자극, 즉 유발자극(triggering stimulus)을 말한다.

다음으로, consequence는 '후속결과'로 번역될 수 있는데 후속결과에는 후속사건과 후속자극이 포함된다. 후속결과, 후속사건, 후속자극은 각각 다음과 같이 정의할 수 있다 (이승희, 2020).

- 후속결과(consequence)란 어떤 행동에 뒤따라 나타나는 사건 또는 자극을 말한다.
- 후속사건(consequent event)은 어떤 행동이 발생한 직후에 그 행동에 수반하여 일어난 사건을 말하며 어떤 주체에 의한 행위나 상태로 묘사된다. 후속사건 안에는 후속자극이 있을 수 있는데, 예를 들어 학생이 어떤 행동을 한 직후 그 행동에 대해 교사가 칭찬을 했다면 '교사가 학생에게 칭찬을 해 주었다.'는 후속사건이고 '칭찬'은 후속자극이다.
- 후속자극(consequent stimulus)은 어떤 행동이 발생한 직후에 그 행동에 수반하여 나타난 자극을 말한다. 강화물(reinforcer)과 벌칙(punisher)은 후속자극에 해당된다.

〈그림 3-5〉 ABC기록 관찰지 양식의 예

관찰대상: 성명(　　　　) 성별(　　) 생년월일(　　　　　　) 현재연령(　　　　　)
관찰일자:
관찰시간:
관찰장소:
관찰장면:
관 찰 자:

시간	선행사건(A)	행동(B)	후속사건(C)

요 약:

〈그림 3-6〉 ABC기록의 예

관찰대상: 성명(양지호) 성별(남) 생년월일(2011년 4월 19일) 현재연령(5년 2개월)
관찰일자: 2016년 6월 20일
관찰시간: 오전 11:00~11:20
관찰장소: ○○특수어린이집
관찰장면: 자유선택활동 시간
관찰행동: 공격적 행동
관 찰 자: 송보라

시간	선행사건(A)	행동(B)	후속사건(C)
11:07	블록을 가지고 놀고 있는 건우에게 다가가서 지호가 "내가 파란색 할 거야." 하면서 건우의 블록을 잡자 건우가 "싫어!"라고 하였다.	지호는 건우가 들고 있는 블록을 빼앗아 건우의 머리를 때렸다.	건우가 울면서 "선생님!" 하고 불렀다. 교사가 다가와 "무슨 일이야?"라고 묻자 건우는 "지호가 때렸어요."라고 하였다. 교사가 지호에게 "친구들과 사이좋게 놀아야지! 건우에게 사과하세요."라고 하자 지호는 건우에게 "미안해."라고 하고 다른 영역으로 갔다.
11:15	아기인형을 유모차에 앉히고 있는 효주에게 다가가서 지호가 "내가 밀 거야."라고 하면서 유모차 손잡이를 잡았다. 효주가 "안 돼. 내가 먼저 시작했어."라고 하였다.	지호는 효주의 손을 깨물고 유모차를 빼앗았다.	효주가 쭈그리고 앉아 훌쩍거렸다. 찬규가 "선생님! 효주가 울어요."라고 하자 지호는 유모차를 놓고 다른 영역으로 갔다. 교사가 효주에게 다가가 "무슨 일이야?"라고 물었다.

요 약:

• 지호는 친구들의 거절을 수용하는 데 어려움이 있다.
• 지호는 교사가 다가오면 공격적 행동을 멈추는 경향이 있다.

자료출처: 이승희(2019). 특수교육평가(제3판). 서울: 학지사. (p. 135)

2. 간격기록

간격기록(interval recording)이란 관찰행동을 관찰기간 동안 일정한 간격으로 여러 회에 걸쳐 관찰하여 그 행동의 발생여부를 기록하는 방법으로서 시간표집(time sampling)(Sattler, 2002) 또는 시간기반기록(time-based recording)(Sugai & Tindal, 1993)이라고도 한다. 간격기록은 서술기록과는 달리 다음과 같은 사전준비를 필요로 한다. 첫째, 관찰행동이 간격기록에 적절한가를 판단해야 한다. 간격기록은 시작과 끝이 반드시 명백할 필요는 없으나 외형적으로 관찰가능하고 매 10~15초 정도로 꽤 빈번히 나타나는 행동(예: 자리 이탈하기, 미소 짓기, 틱, 상동행동)에 유용하다(Sattler, 2002). 둘째, 관찰행동이 결정되면 그 행동에 대한 조작적 정의를 내려야 한다(저자주: 조작적 정의에 대해서는 [보충설명 1-4]를 참고할 것). 셋째, 전체관찰시간을 결정한다. 전체관찰시간은 보통 10~30분 정도가 적절하며 경우에 따라 더 길 수도 있다(Sattler, 2002). 넷째, 관찰간격, 즉 1회 관찰시간을 결정해야 한다. 관찰간격은 5~10초(Cooper et al., 2007) 또는 5~30초(Alberto & Troutman, 2013) 등으로 추천되는데 일반적으로 관찰행동의 특성(예: 빈도, 지속시간)에 따라 5~30초 범위 내에서 결정한다(Cohen & Spenciner, 2007; Sattler, 2002). 다섯째, 간격기록의 유형을 결정한다. 유형은 관찰행동의 특성(예: 빈도, 지속시간)과 관찰하고자 하는 아동의 수에 따라 달라질 수 있다(McLean, Wolery, & Bailey, 2004; Sattler, 2002). 〈표 1-5〉에 보이듯이 간격기록에는 전체간격기록, 부분간격기록, 그리고 순간간격기록의 세 가지 유형이 있는데(McLean et al., 2004; Sugai & Tindal, 1993), 각각의 유형을 살펴보면 다음과 같다.

1) 전체간격기록

전체간격기록(whole interval recording)은 전체관찰시간을 일정한 간격으로 나눈 후 행동이 간격의 처음부터 끝까지 나타났을 때 해당 간격에 행동이 발생했다고 기록하는 것이다. 따라서 행동이 한 간격에서 부분적으로 나타난다면 그 간격에서는 행동이 발생하지 않은 것으로 기록한다. 그러므로 전체간격기록은 자리 이탈하기와 같이 어느 정도 지속성을 보이는 행동에 적절하며(Sattler, 2002), 만약 틱과 같이 순간적으로 나타나는 행동을 대상으로 하게 되면 행동발생이 과소추정될 수도 있다(McLean et al., 2004). 행동발생의 유(有)와 무(無)는 ○와 × 또는 1과 0 등으로 부호화하여 기록한다. 관찰결과는 전체 간격수에 대한 행동이 발생한 것으로 기록된 간격수의 백분율(percentage)을 계산하여 나타낸다(〈표 1-11〉 참조). 또한 관찰자간 신뢰도(일치율)는 일치된 간격수를 전체 간격수로 나눈 후 100을 곱하여 산출한다 (〈표 1-9〉 참조).

이러한 전체간격기록을 위한 표준화된 관찰지 양식은 없는데, 한 가지 예를 제시해 보면 〈그림 3-7〉과 같다. 〈그림 3-8〉과 〈그림 3-9〉는 〈그림 3-7〉을 이용하여 동일한 관찰대상에 대해 2명의 관찰자가 작성한 전체간격기록의 예를 각각 보여 주고 있다. 〈그림 3-8〉과 〈그림 3-9〉의 관찰결과에 대한 관찰자간 신뢰도(일치율)를 산출해 보면 90%[(36÷40)×100]다.

〈그림 3-7〉 전체간격기록 관찰지 양식의 예

관찰대상: 성명(　　　) 성별(　) 생년월일(　　　　　) 현재연령(　　　)
관찰일자:
관찰시간:
관찰장소:
관찰장면:
관 찰 자:

관찰기록지시: 각 관찰간격의 처음부터 끝까지 행동이 발생하면 ○, 행동이 발생하지 않으면
　　　　　　×로 표시하시오.

관찰시간	관찰간격(15초)	행동발생 유무	관찰시간	관찰간격(15초)	행동발생 유무
1분	15초		6분	15초	
	15초			15초	
	15초			15초	
	15초			15초	
2분	15초		7분	15초	
	15초			15초	
	15초			15초	
	15초			15초	
3분	15초		8분	15초	
	15초			15초	
	15초			15초	
	15초			15초	
4분	15초		9분	15초	
	15초			15초	
	15초			15초	
	15초			15초	
5분	15초		10분	15초	
	15초			15초	
	15초			15초	
	15초			15초	

요　약:

⟨그림 3-8⟩ **전체간격기록의 예(관찰자 A)**

관찰대상: 성명(강연우) 성별(남) 생년월일(2009년 6월 15일) 현재연령(7년 5개월)

관찰일자: 2016년 11월 18일

관찰시간: 오전 10:10~10:20

관찰장소: 통합학급

관찰장면: 국어시간

관찰행동: 수업 중 자리 이탈하기(조작적 정의: 자리에서 일어서 있거나 자리를 떠나 교실 내 다른 곳으로 이동한다.)

관 찰 자: 현민송(관찰자 A)

관찰기록지시: 각 관찰간격의 처음부터 끝까지 행동이 발생하면 ○, 행동이 발생하지 않으면 ×로 표시하시오.

관찰시간	관찰간격(15초)	행동발생 유무	관찰시간	관찰간격(15초)	행동발생 유무
1분	15초	×	6분	15초	×
	15초	×		15초	×
	15초	×		15초	×
	15초	×		15초	○
2분	15초	×	7분	15초	○
	15초	×		15초	○
	15초	○		15초	○
	15초	×		15초	○
3분	15초	×	8분	15초	×
	15초	×		15초	×
	15초	○		15초	×
	15초	○		15초	×
4분	15초	×	9분	15초	○
	15초	×		15초	○
	15초	×		15초	○
	15초	○		15초	○
5분	15초	○	10분	15초	○
	15초	○		15초	○
	15초	○		15초	×
	15초	×		15초	×

요 약:

- $(18 \div 40) \times 100 = 45\%$
- 시간이 경과할수록 자리 이탈하기가 더 자주 나타나는 경향이 있다.

수정발췌: 이승희(2019). **특수교육평가**(제3판). 서울: 학지사. (p. 138)

⟨그림 3-9⟩ **전체간격기록의 예(관찰자 B)**

관찰대상: 성명(강연우) 성별(남) 생년월일(2009년 6월 15일) 현재연령(7년 5개월)

관찰일자: 2016년 11월 18일

관찰시간: 오전 10:10~10:20

관찰장소: 통합학급

관찰장면: 국어시간

관찰행동: 수업 중 자리 이탈하기(조작적 정의: 자리에서 일어서 있거나 자리를 떠나 교실 내 다른 곳으로 이동한다.)

관 찰 자: 김민정(관찰자 B)

관찰기록지시: 각 관찰간격의 처음부터 끝까지 행동이 발생하면 ○, 행동이 발생하지 않으면 ×로 표시하시오.

관찰시간	관찰간격(15초)	행동발생 유무	관찰시간	관찰간격(15초)	행동발생 유무
1분	15초	×	6분	15초	×
	15초	×		15초	×
	15초	×		15초	×
	15초	×		15초	○
2분	15초	×	7분	15초	○
	15초	×		15초	○
	15초	○		15초	○
	15초	×		15초	○
3분	15초	×	8분	15초	×
	15초	×		15초	×
	15초	×		15초	×
	15초	×		15초	×
4분	15초	×	9분	15초	○
	15초	×		15초	○
	15초	×		15초	○
	15초	○		15초	○
5분	15초	○	10분	15초	○
	15초	○		15초	○
	15초	○		15초	○
	15초	×		15초	○

요 약:

• (18÷40)×100 = 45%

• 시간이 경과할수록 자리 이탈하기가 더 자주 나타나는 경향이 있다.

2) 부분간격기록

부분간격기록(partial interval recording)은 전체관찰시간을 일정한 간격으로 나눈 후 행동이 간격의 어느 한 순간에 한 번이라도 나타났을 때 해당 간격에 행동이 발생했다고 기록하는 것이다. 부분간격기록에서는 한 간격에서 행동이 몇 번 발생하는가 또는 얼마나 오래 지속되는가에 상관없이 발생의 유무만 기록하면 된다. 따라서 일단 한 간격에서 행동이 발생했다고 기록하고 나면 해당 간격의 나머지 시간 동안에는 행동을 관찰하지 않아도 된다(Miltenberger, 2016). 이와 같은 부분간격기록은 미소짓기와 같이 순간적으로 지나가는 행동에 적절하지만(Sattler, 2002) 행동발생을 과대추정하는 경향을 보일 수도 있다(McLean et al., 2004). 전체간격기록과 마찬가지로 행동발생의 유(有)와 무(無)는 ○와 × 또는 1과 0 등으로 부호화하여 기록되며, 관찰결과는 전체 간격수에 대한 행동이 발생한 것으로 기록된 간격수의 백분율(percentage)을 계산하여 나타낸다(〈표 1-11〉 참조). 또한 관찰자간 신뢰도(일치율)도 전체간격기록과 마찬가지로 일치된 간격수를 전체 간격수로 나눈 후 100을 곱하여 산출한다(〈표 1-9〉 참조).

이러한 부분간격기록을 위한 표준화된 관찰지 양식은 없는데, 한 가지 예를 제시해 보면 〈그림 3-10〉과 같다. 〈그림 3-11〉과 〈그림 3-12〉는 〈그림 3-10〉을 이용하여 동일한 관찰대상에 대해 2명의 관찰자가 작성한 부분간격기록의 예를 각각 보여 주고 있다. 〈그림 3-11〉과 〈그림 3-12〉의 관찰결과에 대한 관찰자간 신뢰도(일치율)를 산출해 보면 90%[(36÷40)×100]다.

〈그림 3-10〉 부분간격기록 관찰지 양식의 예

관찰대상: 성명(　　　　　) 성별(　　) 생년월일(　　　　　　　　) 현재연령(　　　　　　)
관찰일자:
관찰시간:
관찰장소:
관찰장면:
관찰행동:
관 찰 자:

관찰기록지시: 각 관찰간격의 어느 한 순간에 한 번이라도 행동이 발생하면 ○, 행동이 발생하
　　　　　　지 않으면 ×로 표시하시오.

관찰시간	관찰간격(15초)	행동발생 유무	관찰시간	관찰간격(15초)	행동발생 유무
1분	15초		6분	15초	
	15초			15초	
	15초			15초	
	15초			15초	
2분	15초		7분	15초	
	15초			15초	
	15초			15초	
	15초			15초	
3분	15초		8분	15초	
	15초			15초	
	15초			15초	
	15초			15초	
4분	15초		9분	15초	
	15초			15초	
	15초			15초	
	15초			15초	
5분	15초		10분	15초	
	15초			15초	
	15초			15초	
	15초			15초	
요 약:					

〈그림 3-11〉 **부분간격기록의 예(관찰자 A)**

관찰대상: 성명(지근원) 성별(남) 생년월일(2004년 5월 12일) 현재연령(12년 6개월)
관찰일자: 2016년 11월 19일
관찰시간: 오후 4:10~4:20
관찰장소: 통합학급
관찰장면: 영어시간
관찰행동: 수업 중 소리 지르기(조작적 정의: 수업 중 손으로 무릎을 치며 대화수준 이상의 고
        음 소리를 낸다.)
관 찰 자: 박금주(관찰자 A)

관찰기록지시: 각 관찰간격의 어느 한 순간에 한 번이라도 행동이 발생하면 ○, 행동이 발생하
         지 않으면 ×로 표시하시오.

관찰시간	관찰간격(15초)	행동발생 유무	관찰시간	관찰간격(15초)	행동발생 유무
1분	15초	○	6분	15초	×
	15초	×		15초	○
	15초	○		15초	○
	15초	×		15초	×
2분	15초	×	7분	15초	○
	15초	○		15초	×
	15초	○		15초	○
	15초	×		15초	×
3분	15초	×	8분	15초	×
	15초	×		15초	×
	15초	○		15초	○
	15초	×		15초	○
4분	15초	○	9분	15초	×
	15초	×		15초	×
	15초	×		15초	○
	15초	○		15초	○
5분	15초	×	10분	15초	×
	15초	×		15초	○
	15초	○		15초	×
	15초	○		15초	○

요 약:
- (20÷40)×100 = 50%
- 전체관찰시간 동안 손으로 무릎을 치며 소리 지르는 행동이 1분당 적어도 2회씩 일관되게
  나타난다.

수정발췌: 이승희(2019). 특수교육평가(제3판). 서울: 학지사. (p. 139)

〈그림 3-12〉 **부분간격기록의 예(관찰자 B)**

관찰대상: 성명(지근원) 성별(남) 생년월일(2004년 5월 12일) 현재연령(12년 6개월)

관찰일자: 2016년 11월 19일

관찰시간: 오후 4:10~4:20

관찰장소: 통합학급

관찰장면: 영어시간

관찰행동: 수업 중 소리 지르기(조작적 정의: 수업 중 손으로 무릎을 치며 대화수준 이상의 고음 소리를 낸다.)

관 찰 자: 이예진(관찰자 B)

관찰기록지시: 각 관찰간격의 어느 한 순간에 한 번이라도 행동이 발생하면 ○, 행동이 발생하지 않으면 ×로 표시하시오.

관찰시간	관찰간격(15초)	행동발생 유무	관찰시간	관찰간격(15초)	행동발생 유무
1분	15초	×	6분	15초	×
	15초	×		15초	○
	15초	×		15초	○
	15초	×		15초	×
2분	15초	×	7분	15초	○
	15초	×		15초	×
	15초	×		15초	○
	15초	×		15초	×
3분	15초	×	8분	15초	×
	15초	×		15초	×
	15초	○		15초	○
	15초	○		15초	○
4분	15초	○	9분	15초	×
	15초	×		15초	×
	15초	×		15초	○
	15초	○		15초	○
5분	15초	×	10분	15초	×
	15초	×		15초	○
	15초	○		15초	×
	15초	○		15초	○

요 약:

- (16÷40)×100 = 40%
- 시간이 어느 정도 흐르면 손으로 무릎을 치며 소리 지르는 행동을 1분당 적어도 2회씩 고르게 보인다.

3) 순간간격기록

순간간격기록(momentary interval recording)은 전체관찰시간을 일정한 간격으로 나눈 후 행동이 각 간격의 한 순간(예: 마지막 순간)에 나타났을 때 해당 간격에 행동이 발생했다고 기록하는 것이다(Sattler, 2002). 따라서 순간간격기록에서는 각 간격에서 한 순간에만 관찰하면 된다(Miltenberger, 2016). 이러한 특성으로 인해 순간간격기록은 여러 명의 아동을 관찰할 때 유용하다. 예를 들어, 4명의 아동을 관찰하고자 할 때 1분을 주기로 하여 각 15초의 마지막 순간에 각 아동을 관찰하면서 10분 동안 관찰을 실시한다면 각 아동에 대한 10회의 관찰기록을 얻을 수 있다. 이와 같은 순간간격기록은 빈번하면서도 다소 안정된 비율로 나타나는 행동(예: 엄지손가락 빨기, 상동행동)에 적절하지만(Sattler, 2002), 지속시간이 너무 짧은 행동에는 부적절할 수 있다(McLean et al., 2004). 전체간격기록 및 부분간격기록과 마찬가지로 행동발생의 유(有)와 무(無)는 ○와 × 또는 1과 0 등으로 부호화하여 기록되며, 관찰결과는 전체간격수에 대한 행동이 발생한 것으로 기록된 간격수의 백분율(percentage)을 계산하여 나타낸다(〈표 1-11〉 참조). 또한 관찰자간 신뢰도(일치율)도 전체간격기록 및 부분간격기록과 마찬가지로 일치된 간격수를 전체 간격수로 나눈 후 100을 곱하여 산출한다(〈표 1-9〉 참조).

이러한 순간간격기록을 위한 표준화된 관찰지 양식은 없는데, 한 가지 예를 제시해 보면 〈그림 3-13〉과 같다. 〈그림 3-14〉와 〈그림 3-15〉는 〈그림 3-13〉을 이용하여 동일한 관찰대상에 대해 2명의 관찰자가 작성한 순간간격기록의 예를 각각 보여 주고 있다. 〈그림 3-14〉와 〈그림 3-15〉의 관찰결과에 대한 관찰자간 신뢰도(일치율)를 산출해 보면 90%[(36÷40)×100]다.

〈그림 3-13〉 순간간격기록 관찰지 양식의 예

관찰대상: 성명(　　　　) 성별(　　) 생년월일(　　　　　　) 현재연령(　　　　　)
관찰일자:
관찰시간:
관찰장소:
관찰장면:
관찰행동:
관 찰 자:

관찰기록지시: 각 관찰간격의 마지막 순간에 행동이 발생하면 ○, 행동이 발생하지 않으면 ×로
　　　　　　표시하시오.

관찰시간	관찰간격(15초)	행동발생 유무	관찰시간	관찰간격(15초)	행동발생 유무
1분	15초		6분	15초	
	15초			15초	
	15초			15초	
	15초			15초	
2분	15초		7분	15초	
	15초			15초	
	15초			15초	
	15초			15초	
3분	15초		8분	15초	
	15초			15초	
	15초			15초	
	15초			15초	
4분	15초		9분	15초	
	15초			15초	
	15초			15초	
	15초			15초	
5분	15초		10분	15초	
	15초			15초	
	15초			15초	
	15초			15초	
요　약:					

〈그림 3-14〉 순간간격기록의 예(관찰자 A)

관찰대상: 성명(오나현) 성별(여) 생년월일(2011년 6월 17일) 현재연령(5년 5개월)
관찰일자: 2016년 11월 21일
관찰시간: 오후 1:30~1:40
관찰장소: ○○특수어린이집
관찰장면: 자유선택활동 시간
관찰행동: 상동행동(조작적 정의: 손 또는 몸을 반복해서 흔들거나 제자리에 서서 빙빙 돌거나
　　　　　　물건을 계속 돌린다.)
관 찰 자: 강희원(관찰자 A)

관찰기록지시: 각 관찰간격의 마지막 순간에 행동이 발생하면 ○, 행동이 발생하지 않으면 ×로
　　　　　　 표시하시오.

관찰시간	관찰간격(15초)	행동발생 유무	관찰시간	관찰간격(15초)	행동발생 유무
1분	15초	×	6분	15초	×
	15초	×		15초	○
	15초	×		15초	○
	15초	○		15초	○
2분	15초	○	7분	15초	×
	15초	×		15초	×
	15초	×		15초	×
	15초	×		15초	○
3분	15초	×	8분	15초	○
	15초	○		15초	○
	15초	○		15초	○
	15초	○		15초	×
4분	15초	×	9분	15초	×
	15초	×		15초	×
	15초	×		15초	○
	15초	○		15초	○
5분	15초	○	10분	15초	○
	15초	○		15초	○
	15초	×		15초	○
	15초	×		15초	×

요 약:

• (20÷40)×100 = 50%
• 시간이 경과할수록 상동행동이 좀 더 자주 나타나는 경향이 있다.

수정발췌: 이승희(2019). 특수교육평가(제3판). 서울: 학지사. (p. 141)

〈그림 3-15〉 순간간격기록의 예(관찰자 B)

관찰대상: 성명(오나현) 성별(여) 생년월일(2011년 6월 17일) 현재연령(5년 5개월)
관찰일자: 2016년 11월 21일
관찰시간: 오후 1:30~1:40
관찰장소: ○○특수어린이집
관찰장면: 자유선택활동 시간
관찰행동: 상동행동(조작적 정의: 손 또는 몸을 반복해서 흔들거나 제자리에 서서 빙빙 돌거나
         물건을 계속 돌린다.)
관 찰 자: 주아인(관찰자 B)

관찰기록지시: 각 관찰간격의 마지막 순간에 행동이 발생하면 ○, 행동이 발생하지 않으면 ×로
            표시하시오.

관찰시간	관찰간격(15초)	행동발생 유무	관찰시간	관찰간격(15초)	행동발생 유무
1분	15초	×	6분	15초	×
	15초	×		15초	○
	15초	×		15초	○
	15초	○		15초	○
2분	15초	○	7분	15초	○
	15초	×		15초	○
	15초	×		15초	×
	15초	×		15초	○
3분	15초	×	8분	15초	○
	15초	○		15초	○
	15초	○		15초	○
	15초	○		15초	○
4분	15초	×	9분	15초	×
	15초	×		15초	○
	15초	×		15초	○
	15초	○		15초	○
5분	15초	○	10분	15초	○
	15초	○		15초	○
	15초	×		15초	○
	15초	×		15초	×

요 약:
• (24÷40)×100 = 60%
• 시간이 경과할수록 상동행동이 지속적으로 나타나는 경향이 있다.

3. 사건기록

사건기록(event recording)이란 관찰기간 동안 지속적으로 관찰하여 관찰행동이 발생할 때마다 그 행동의 어떤 차원을 기록하는 방법으로서 사건표집(event sampling)(Sattler, 2002) 또는 사건기반기록(event-based recording)(Sugai & Tindal, 1993)이라고도 한다. 즉, 사건기록에서는 행동을 하나의 사건으로 간주하는데 (Sattler, 2002), 이는 사건기록으로 관찰하는 행동은 시작과 끝이 분명한 불연속 행동(discrete behavior)이기 때문이다. 간격기록과 마찬가지로 사건기록도 많은 사전준비를 필요로 하는데, 사건기록의 준비단계에서는 다음과 같은 사항이 필요하다. 첫째, 관찰행동이 사건기록에 적절한가를 판단해야 한다. 간격기록과는 달리 사건기록에서는 행동의 시작과 끝이 명백해야 하며, 또한 사건기록은 매우 빈번하게 나타나거나 지속시간이 다양한 행동에는 부적절하다(Sattler, 2002). 예를 들어, 손뼉치기와 같은 상동행동은 너무 자주 나타나 행동의 발생을 분리하기 어려울 수 있으며, 엄지손가락 빨기와 같은 행동은 나타날 때마다 유지되는 시간이 매우 다를 수 있다. 사건기록에 적절한 행동의 예로는 질문하기, 화장실 가기, 발작하기(having seizures), 공격성 보이기 등이 있다. 둘째, 관찰행동이 결정되면 그 행동에 대한 조작적 정의를 내려야 한다(저자주: 조작적 정의에 대해서는 [보충설명 1-4]를 참고할 것). 셋째, 관찰시간을 결정해야 하는데, 간격기록과 마찬가지로 10~30분 정도가 적절하며 경우에 따라 더 길 수도 있다(Sattler, 2002). 넷째, 사건기록의 유형을 결정한다. 유형은 관찰행동의 어떤 차원을 선택하는가에 따라 달라질 수 있으며, 한 가지혹은 그 이상의 차원을 선택할 수도 있다(Miltenberger, 2016). 간격기록에서는 관찰간격, 즉 1회 관찰시간을 단위로 하여 행동의 발생유무를 기록하는 데 비해 사건기록에서는 관찰행동 그 자체를 단위로 하여 행동이 발생할 때마다 사전에 선택된 차원을 기록하게 된다. 사건기록에서 일반적으로 기록하는 행동의 차원(dimension)에는 빈도, 강도, 지속시간, 지연시간이 있다. 이러한 차원에 따라 사건기록은 〈표 1-5〉에 보이듯이 빈도기록, 강도기록, 지속시간기록, 지연시간기록의 네 가지 유형으로 나뉘는데(Miltenberger, 2016; Sattler, 2002), 각각의 유형을 살펴보면 다음과 같다.

1) 빈도기록

　빈도기록(frequency recording)은 관찰기간 동안 행동이 발생한 횟수를 기록하는 것인데, 행동의 1회 발생이란 행동이 한번 시작하여 끝나는 것을 의미한다(Miltenberger, 2016). 관찰행동의 발생횟수가 행동에 대한 중요한 정보가 될 때 행동의 빈도를 측정하게 된다. 예를 들어, 욕하기나 물건던지기 같은 공격적 행동은 흔히 횟수로 기록한다. 관찰결과는 두 가지 방법으로 나타낼 수 있다(〈표 1-11〉 참조). 첫째, 관찰기간(분)과 함께 그 기간에 발생한 행동의 횟수(number)를 제시한다(예: 20분의 관찰기간 동안 4회)(Sattler, 2002). 둘째, 관찰기간 동안 발생한 행동의 횟수를 관찰기간(분)으로 나눈 행동의 비율(rate)로 나타내기도 한다(예: 20분의 관찰기간 동안 4회 발생했을 경우, 4÷2＝0.2)(Martin & Pear, 2003; Miltenberger, 2016). 또한 관찰자간 신뢰도(일치율)는 작은 수치를 큰 수치로 나눈 후 100을 곱하여 산출한다(〈표 1-9〉 참조).

　이러한 빈도기록을 위한 표준화된 관찰지 양식은 없는데, 한 가지 예를 제시해 보면 〈그림 3-16〉과 같다. 〈그림 3-17〉과 〈그림 3-18〉은 〈그림 3-16〉을 이용하여 동일한 관찰대상에 대해 2명의 관찰자가 작성한 빈도기록의 예를 각각 보여 주고 있다. 〈그림 3-17〉과 〈그림 3-18〉의 관찰결과에 대한 관찰자간 신뢰도(일치율)를 산출해 보면 83%[(5÷6)×100]다.

　참고로 빈도기록은 앞서 살펴본 간격기록과 비교해 볼 때 관찰행동에 대한 조작적 정의를 내려야 하고 양적 자료를 제공한다는 등의 공통점이 있으나 주목할 만한 차이점도 있다. [보충설명 3-2]는 간격기록과 사건기록을 비교하면서 특히 간격기록과 빈도기록의 차이점을 요약하여 제시하고 있다.

〈그림 3-16〉 빈도기록 관찰지 양식의 예

관찰대상: 성명(   ) 성별(   ) 생년월일(   ) 현재연령(   )
관찰일자:
관찰시간:
관찰장소:
관찰장면:
관찰행동:
관 찰 자:

관찰기록지시: 관찰행동이 발생할 때마다 빗줄표(/)로 표시하시오.

관찰시간	관찰행동 발생
요 약:	

〈그림 3-17〉 빈도기록의 예(관찰자 A)

관찰대상: 성명(김민기) 성별(남) 생년월일(2003년 9월 13일) 현재연령(13년 2개월)
관찰일자: 2016년 11월 22일
관찰시간: 오후 2:10~2:40
관찰장소: 운동장
관찰장면: 체육시간
관찰행동: 다른 아동 때리기(조작적 정의: 다른 아동의 머리나 등을 손으로 친다.)
관 찰 자: 김지웅(관찰자 A)

관찰기록지시: 관찰행동이 발생할 때마다 빗줄표(/)로 표시하시오.

관찰시간	관찰행동 발생
30분	ﷻ /

요 약:

• 횟수: 30분 동안 6회
• 비율: 6÷30 = 0.2(1분당 0.2회 또는 5분당 1회)

수정발췌: 이승희(2019). 특수교육평가(제3판). 서울: 학지사. (p. 144)

〈그림 3-18〉 **빈도기록의 예(관찰자 B)**

관찰대상: 성명(김민기) 성별(남) 생년월일(2003년 9월 13일) 현재연령(13년 2개월)
관찰일자: 2016년 11월 22일
관찰시간: 오후 2:10∼2:40
관찰장소: 운동장
관찰장면: 체육시간
관찰행동: 다른 아동 때리기(조작적 정의: 다른 아동의 머리나 등을 손으로 친다.)
관 찰 자: 이세진(관찰자 B)

관찰기록지시: 관찰행동이 발생할 때마다 빗줄표(/)로 표시하시오.

관찰시간	관찰행동 발생
30분	₩₩₩

요 약:

• 횟수: 30분 동안 5회
• 비율: 5÷30 = 0.17(1분당 0.17회 또는 6분당 1회)

[보충설명 3-2] **간격기록과 사건기록의 비교**

간격기록은 행동이 일어날 때마다 기록하는 것이 아니라 미리 정해진 관찰간격에서 그 행동이 발생했는지의 여부를 기록하며, 전체간격기록, 부분간격기록, 순간간격기록의 세 가지 유형이 있다. 이에 비해 사건기록은 행동이 일어날 때마다 기록하는 것으로 미리 정해진 그 행동의 어떤 차원(빈도, 강도, 지속시간, 또는 지연시간)을 기록하며, 기록하는 차원에 따라 빈도기록, 강도기록, 지속시간기록, 지연시간기록의 네 가지 유형이 있다. 이와 같이 간격기록과 사건기록 간에는 차이가 있으나, 특히 간격기록과 빈도기록의 차이점을 좀 더 구체적으로 살펴보면 다음과 같다.

첫째, 간격기록의 기록단위는 시간이지만 빈도기록의 기록단위는 행동이다. 간격기록에서는 관찰간격(즉, 시간)이 기록단위이고 빈도기록에서는 행동 그 자체가 기록단위이다.

둘째, 간격기록은 각 관찰간격에서의 행동의 발생유무에만 관심이 있을 뿐 행동의 횟수에는 관심을 두지 않지만 빈도기록에서는 행동의 횟수가 주 관심사다. 간격기록의 경우, 전체간격기록에서는 특정 관찰간격에서 행동이 발생했더라도 그 간격에서 부분적으로 나타났다면 그 간격에서는 행동이 발생하지 않은 것으로 기록되고, 부분간격기록에서는 특정 관찰간격에서 행동이 2회 발생했더라도 그 간격에서는 행동이 발생한 것으로만 기록되며, 순간간격기록에서는 특정 관찰간격에서 2회 발생했더라도 사전에 결정된 순간에 나타나지 않았다면 그 간격에서는 행동이 발생하지 않은 것으로 기록된다. 그러나 빈도기록에서는 행동이 나타날 때마다 그 행동이 발생한 것으로 기록된다.

셋째, 간격기록은 ○와 × 또는 1과 0 등으로 부호화하여 행동의 발생유무를 기록하는 데 비해 빈도기록에서는 빗줄표(/)로 행동의 발생횟수를 기록한다.

넷째, 간격기록에서는 관찰결과를 전체 간격수에 대한 행동이 발생한 것으로 기록된 간격수의 백분율(percentage)을 계산하여 제시하는 데 비해 빈도기록에서는 관찰기간(분)과 함께 그 기간에 발생한 행동의 횟수(number) 또는 관찰기간 동안 발생한 행동의 횟수를 관찰기간(분)으로 나눈 행동의 비율(rate)로 제시한다.

다섯째, 간격기록은 행동이 얼마나 자주(how often) 발생하는지, 즉 행동-시간의 관계에 대한 정보를 제공한다면 빈도기록은 행동이 얼마나 여러 번(how many times) 발생하는지, 즉 행동의 횟수에 대한 정보를 제공한다.

이상과 같은 간격기록과 빈도기록의 차이점을 요약해 보면 다음과 같다.

※ 간격기록과 빈도기록의 차이점

비교항목	간격기록	빈도기록
기록단위	시간	행동
기록내용	행동의 발생유무	행동의 발생횟수
기록방식	○와 × 또는 1과 0 등으로 행동의 발생유무 부호화	빗줄표(/)로 행동의 발생횟수 표시
자료요약	전체 간격수에 대한 행동이 발생한 것으로 기록된 간격수의 백분율(percentage)	관찰기록(분)과 함께 그 기간에 발생한 행동의 횟수(number) 또는 관찰기간 동안 발생한 행동의 횟수를 관찰기간(분)으로 나눈 행동의 비율(rate)
제공정보	행동이 얼마나 자주(how often) 발생하는지에 대한 정보(즉, 행동-시간의 관계)	행동이 얼마나 여러 번(how many times) 발생하는지에 대한 정도(즉, 행동의 횟수)

2) 강도기록

강도기록(intensity recording)은 관찰기간 동안 행동이 발생할 때마다 행동의 강도를 기록하는 것이다. 행동의 강도(intensity of behavior)란 행동의 힘, 에너지, 발휘력 등의 정도를 의미하며 행동의 크기(magnitude of behavior)라고도 한다(Miltenberger, 2016). 행동의 강도를 측정할 때는 관찰기간 동안 행동이 발생할 때마다 보통 특수도구를 사용하게 된다. 예를 들어, 관심대상이 목소리 크기라면 음성측정기(voice meter)를 사용하여 데시벨 수준을 측정할 수 있고, 관심대상이 손의 쥐는 힘이라면 악력계(dynamometer)를 사용하여 악력을 측정할 수 있다. 강도기록은 빈도기록에 비해 자주 사용되지는 않지만 행동의 힘(force)이나 크기(magnitude)가 중요한 정보일 때 유용한 방법이다(Bailey, 1977). 교육이나 심리측정에서는 행동의 강도를 측정할 때 특수도구(예: 음성측정기, 악력계 등)보다는 흔히 척도기록(scale recording)을 사용하기도 한다(Miltenberger, 2016)(저자주: 척도기록에 대해서는 이 장 5절의 '2) 척도기록'을 참고할 것). 관찰결과는 관찰기간 동안 측정된 측정치의 합을 행동의 발생횟수로 나눈 평균으로 나타낼 수 있다(〈표 1-11〉 참조). 또한 관찰자간 신뢰도(일치율)는 빈도기록과 마찬가지로 작은 수치를 큰 수치로 나눈 후 100을 곱하여 산출한다(〈표 1-9〉 참조).

이러한 강도기록을 위한 표준화된 관찰지 양식은 없는데, 한 가지 예를 제시해 보면 〈그림 3-19〉와 같다. 〈그림 3-20〉과 〈그림 3-21〉은 〈그림 3-19〉를 이용하여 동일한 관찰대상에 대해 2명의 관찰자가 작성한 강도기록의 예를 각각 보여 주고 있다. 〈그림 3-20〉과 〈그림 3-21〉의 관찰결과에 대한 관찰자간 신뢰도(일치율)를 산출해 보면 91%[(2.0÷2.2)×100]다.

〈그림 3-19〉 강도기록 관찰지 양식의 예

관찰대상: 성명(　　　　　) 성별(　　　) 생년월일(　　　　　　　　　) 현재연령(　　　　　　　)
관찰일자:
관찰시간:
관찰장소:
관찰장면:
관찰행동:
관 찰 자:

관찰기록지시: 관찰행동이 발생할 때마다 다음과 같이 1~3으로 판단하여 해당 칸에 ✓로 표시
　　　　　하시오.

관찰시간	관찰행동			
	발생횟수	약하게	보통으로	심하게
		1	2	3
	1			
	2			
	3			
	4			
	5			
	6			
	7			
	8			
	9			
	10			
요　약:				

〈그림 3-20〉 **강도기록의 예(관찰자 A)**

관찰대상: 성명(김민기) 성별(남) 생년월일(2003년 9월 13일) 현재연령(13년 2개월)
관찰일자: 2016년 11월 22일
관찰시간: 오후 2:10~2:40
관찰장소: 운동장
관찰장면: 체육시간
관찰행동: 다른 아동 때리기(조작적 정의: 다른 아동의 머리나 등을 손으로 친다.)
관 찰 자: 김지웅(관찰자 A)

관찰기록지시: 관찰행동이 발생할 때마다 다음과 같이 1~3으로 판단하여 해당 칸에 ✓로 표시
하시오.

관찰시간	관찰행동			
	발생횟수	약하게	보통으로	심하게
		1	2	3
30분	1	✓		
	2		✓	
	3	✓		
	4		✓	
	5			✓
	6			✓
	7			
	8			
	9			
	10			

요 약:

• (1+2+1+2+3+3)÷6 = 2.0

수정발췌: 이승희(2019). 특수교육평가(제3판). 서울: 학지사. (p. 145)

〈그림 3-21〉 강도기록의 예(관찰자 B)

관찰대상: 성명(김민기) 성별(남) 생년월일(2003년 9월 13일) 현재연령(13년 2개월)
관찰일자: 2016년 11월 22일
관찰시간: 오후 2:10~2:40
관찰장소: 운동장
관찰장면: 체육시간
관찰행동: 다른 아동 때리기(조작적 정의: 다른 아동의 머리나 등을 손으로 친다.)
관 찰 자: 이세진(관찰자 B)

관찰기록지시: 관찰행동이 발생할 때마다 다음과 같이 1~3으로 판단하여 해당 칸에 ✓로 표시
하시오.

관찰시간	관찰행동			
	발생횟수	약하게	보통으로	심하게
		1	2	3
30분	1	✓		
	2		✓	
	3		✓	
	4			✓
	5			✓
	6			
	7			
	8			
	9			
	10			

요 약:

• (1+2+2+3+3)÷5 = 2.2

3) 지속시간기록

지속시간기록(duration recording)은 관찰기간 동안 행동이 발생할 때마다 행동의 지속시간을 기록하는 것이다. 행동의 지속시간(duration of behavior)이란 행동이 시작되어 끝날 때까지의 전체 시간을 의미한다(Miltenberger, 2016). 행동의 지속시간을 측정할 때는 일반시계도 사용할 수 있으나 측정의 정확성을 위해 초시계(stopwatch)를 사용하는 것이 바람직하다. 행동이 얼마나 오래 지속되었는지가 중요한 정보일 때 행동의 지속시간을 측정하게 되는데, 예를 들어 성질부리기(temper tantruming)와 같은 행동에서는 지속시간이 중요할 수 있다. 관찰결과는 총지속시간(total duration), 평균지속시간(average duration), 그리고 지속시간백분율(percentage duration)의 세 가지 방법으로 나타낼 수 있다(McLean et al., 2004)(〈표 1-11〉 참조). 총지속시간은 관찰기간 동안 발생한 행동의 지속시간을 합하여 산출하고, 평균지속시간은 총지속시간을 행동의 발생횟수로 나누어 산출하며, 지속시간백분율은 총지속시간을 총관찰시간으로 나눈 후 100을 곱하여 산출한다. 또한 관찰자간 신뢰도(일치율)는 빈도기록 및 강도기록과 마찬가지로 작은 수치를 큰 수치로 나눈 후 100을 곱하여 산출한다(〈표 1-9〉 참조).

이러한 지속시간기록을 위한 표준화된 관찰지 양식은 없는데, 한 가지 예를 제시해 보면 〈그림 3-22〉와 같다. 〈그림 3-23〉과 〈그림 3-24〉는 〈그림 3-22〉를 이용하여 동일한 관찰대상에 대해 2명의 관찰자가 작성한 지속시간기록의 예를 각각 보여 주고 있다. 〈그림 3-23〉과 〈그림 3-24〉의 관찰결과에 대한 관찰자간 신뢰도(일치율)를 산출해 보면 97%[(350÷360)×100]다.

〈그림 3-22〉 **지속시간기록 관찰지 양식의 예**

관찰대상: 성명(   ) 성별(   ) 생년월일(   ) 현재연령(   )
관찰일자:
관찰시간:
관찰장소:
관찰장면:
관찰행동:
관 찰 자:

관찰기록지시: 관찰행동이 발생할 때마다 행동의 시작시간과 종료시간을 해당 칸에 기록하시오.

관찰시간	관찰행동			
	발생횟수	시작	종료	지속시간
	1	시 분 초	시 분 초	초
	2	시 분 초	시 분 초	초
	3	시 분 초	시 분 초	초
	4	시 분 초	시 분 초	초
	5	시 분 초	시 분 초	초
	6	시 분 초	시 분 초	초
	7	시 분 초	시 분 초	초
	8	시 분 초	시 분 초	초
	9	시 분 초	시 분 초	초
	10	시 분 초	시 분 초	초

요 약:

〈그림 3-23〉 지속시간기록의 예(관찰자 A)

관찰대상: 성명(한수진) 성별(여) 생년월일(2012년 7월 10일) 현재연령(4년 4개월)
관찰일자: 2016년 11월 23일
관찰시간: 오전 8:30~9:00
관찰장소: ○○특수어린이집
관찰장면: 등원시간(어머니와 떨어질 때)
관찰행동: 성질부리기(조작적 정의: 소리 내어 울거나 소리를 지르거나 바닥에 누워 바닥을 발로 찬다.)
관 찰 자: 유보람(관찰자 A)

관찰기록지시: 관찰행동이 발생할 때마다 행동의 시작시간과 종료시간을 해당 칸에 기록하시오.

관찰시간	관찰행동			
	발생횟수	시작	종료	지속시간
30분	1	8시 35분 25초	8시 38분 25초	180초
	2	8시 42분 5초	8시 45분 5초	180초
	3	시 분 초	시 분 초	초
	4	시 분 초	시 분 초	초
	5	시 분 초	시 분 초	초
	6	시 분 초	시 분 초	초
	7	시 분 초	시 분 초	초
	8	시 분 초	시 분 초	초
	9	시 분 초	시 분 초	초
	10	시 분 초	시 분 초	초

요 약:

• 총지속시간: 180초+180초 = 360초 → 6분
• 평균지속시간: (180초+180초)÷2 = 180초 → 3분
• 지속시간백분율: (360초÷1800초)×100 = 20% → (6분÷30분)×100 = 20%

수정발췌: 이승희(2019). 특수교육평가(제3판). 서울: 학지사. (p. 147)

〈그림 3-24〉 지속시간기록의 예(관찰자 B)

관찰대상: 성명(한수진) 성별(여) 생년월일(2012년 7월 10일) 현재연령(4년 4개월)
관찰일자: 2016년 11월 23일
관찰시간: 오전 8:30~9:00
관찰장소: ○○특수어린이집
관찰장면: 등원시간(어머니와 떨어질 때)
관찰행동: 성질부리기(조작적 정의: 소리 내어 울거나 소리를 지르거나 바닥에 누워 바닥을 발로 찬다.)
관 찰 자: 오혜령(관찰자 B)

관찰기록지시: 관찰행동이 발생할 때마다 행동의 시작시간과 종료시간을 해당 칸에 기록하시오.

관찰시간	관찰행동			
	발생횟수	시작	종료	지속시간
30분	1	8시 35분 35초	8시 38분 25초	170초
	2	8시 42분 5초	8시 45분 5초	180초
	3	시 분 초	시 분 초	초
	4	시 분 초	시 분 초	초
	5	시 분 초	시 분 초	초
	6	시 분 초	시 분 초	초
	7	시 분 초	시 분 초	초
	8	시 분 초	시 분 초	초
	9	시 분 초	시 분 초	초
	10	시 분 초	시 분 초	초

요　약:

• 총지속시간: 170초＋180초 = 350초
• 평균지속시간: (170초＋180초)÷2 = 175초
• 지속시간백분율: (350초÷1800초)×100 = 19.4%

4) 지연시간기록

　지연시간기록(latency recording)은 관찰기간 동안 행동이 발생할 때마다 행동의 지연시간을 기록하는 것이다. 행동의 지연시간(latency of behavior)이란 자극이 주어지고 행동이 발생하기까지의 시간을 의미한다(Miltenberger, 2016). 지속시간기록에서와 마찬가지로 행동의 지연시간을 측정할 때는 보통 일반시계나 초시계를 사용하는데, 지속시간이 행동개시로부터 행동종료까지의 시간이라면 지연시간은 어떤 자극으로부터 행동이 개시되기까지의 시간이라고 할 수 있다. 따라서 행동이 얼마나 오래 지속되는가가 중요한 정보일 때는 행동의 지속시간을 측정하고, 어떤 자극이 주어진 후 행동이 개시되기까지 시간이 얼마나 걸리는지가 중요한 정보일 때는 행동의 지연시간을 측정한다. 행동의 지연시간은 지시를 따르는 능력을 측정할 때 특히 유용한데(Alessi, 1988), 수업시간에 과제를 시작하라는 지시가 주어진 이후부터 과제를 시작하는 시점까지의 시간을 측정하는 경우가 그 예다. 관찰결과는 관찰기간 동안 측정된 측정치의 합을 행동의 발생횟수로 나눈 평균으로 나타낼 수 있다(〈표 1-11〉 참조). 또한 관찰자간 신뢰도(일치율)는 빈도기록, 강도기록, 및 지속시간기록과 마찬가지로 작은 수치를 큰 수치로 나눈 후 100을 곱하여 산출한다(〈표 1-9〉 참조).

　이러한 지연시간기록을 위한 표준화된 관찰지 양식은 없는데, 한 가지 예를 제시해 보면 〈그림 3-25〉와 같다. 〈그림 3-26〉과 〈그림 3-27〉은 〈그림 3-25〉를 이용하여 동일한 관찰대상에 대해 2명의 관찰자가 작성한 지연시간기록의 예를 각각 보여 주고 있다. 〈그림 3-26〉과 〈그림 3-27〉의 관찰결과에 대한 관찰자간 신뢰도(일치율)를 산출해 보면 88%[(7÷8)×100]다.

〈그림 3-25〉 **지연시간기록 관찰지 양식의 예**

관찰대상: 성명(　　　　) 성별(　　) 생년월일(　　　　　　　) 현재연령(　　　　)
관찰일자:
관찰시간:
관찰장소:
관찰장면:
관찰행동:
관 찰 자:

관찰기록지시: 관찰행동이 발생할 때마다 자극의 종료시간과 행동의 시작시간을 해당 칸에 기
　　　　　　록하시오.

관찰시간	관찰행동			
	발생횟수	자극종료	행동시작	지연시간
	1	시　분　초	시　분　초	초
	2	시　분　초	시　분　초	초
	3	시　분　초	시　분　초	초
	4	시　분　초	시　분　초	초
	5	시　분　초	시　분　초	초
	6	시　분　초	시　분　초	초
	7	시　분　초	시　분　초	초
	8	시　분　초	시　분　초	초
	9	시　분　초	시　분　초	초
	10	시　분　초	시　분　초	초
요　약:				

〈그림 3-26〉 **지연시간기록의 예(관찰자 A)**

관찰대상: 성명(김예빈) 성별(여) 생년월일(2008년 2월 5일) 현재연령(8년 7개월)

관찰일자: 2016년 9월 5일

관찰시간: 오후 1:10~1:40

관찰장소: 통합학급

관찰장면: 수학시간

관찰행동: 지시 따르기(조작적 정의: 수업시간에 "각자 연습문제를 푸세요."라고 교사가 지시하면 연습문제를 풀기 시작한다.)

관 찰 자: 서민경(관찰자 A)

관찰기록지시: 관찰행동이 발생할 때마다 자극의 종료시간과 행동의 시작시간을 해당 칸에 기록하시오.

관찰시간	관찰행동			
	발생횟수	자극종료	행동시작	지연시간
30분	1	1시 20분 10초	1시 20분 20초	10초
	2	1시 28분 9초	1시 28분 15초	6초
	3	1시 35분 5초	1시 35분 10초	5초
	4	시 분 초	시 분 초	초
	5	시 분 초	시 분 초	초
	6	시 분 초	시 분 초	초
	7	시 분 초	시 분 초	초
	8	시 분 초	시 분 초	초
	9	시 분 초	시 분 초	초
	10	시 분 초	시 분 초	초

요 약:

• (10초＋6초＋5초)÷3 = 7초

수정발췌: 이승희(2019). 특수교육평가(제3판). 서울: 학지사. (p. 148)

〈그림 3-27〉 **지연시간기록의 예(관찰자 B)**

관찰대상: 성명(김예빈) 성별(여) 생년월일(2008년 2월 5일) 현재연령(8년 7개월)
관찰일자: 2016년 9월 5일
관찰시간: 오후 1:10~1:40
관찰장소: 통합학급
관찰장면: 수학시간
관찰행동: 지시 따르기(조작적 정의: 수업시간에 "각자 연습문제를 푸세요."라고 교사가 지시하
면 연습문제를 풀기 시작한다.)
관 찰 자: 김서연(관찰자 B)

관찰기록지시: 관찰행동이 발생할 때마다 자극의 종료시간과 행동의 시작시간을 해당 칸에 기
록하시오.

관찰시간	관찰행동			
	발생횟수	자극종료	행동시작	지연시간
30분	1	1시 20분 10초	1시 20분 22초	12초
	2	1시 28분 9초	1시 28분 16초	7초
	3	1시 35분 5초	1시 35분 10초	5초
	4	시 분 초	시 분 초	초
	5	시 분 초	시 분 초	초
	6	시 분 초	시 분 초	초
	7	시 분 초	시 분 초	초
	8	시 분 초	시 분 초	초
	9	시 분 초	시 분 초	초
	10	시 분 초	시 분 초	초

요 약:

• (12초＋7초＋5초)÷3 = 8초

4. 산물기록

산물기록(product recording)이란 행동이 낳은 산물(産物)의 개수(number)를 세어 행동발생의 추정치를 기록하는 방법이다. 산물기록에서 산물(product)은 행동으로 야기된 어떤 유형(有形)의 실재적 결과물(tangible outcome)을 의미하며, 영구적 산물(permanent product) 또는 결과물(outcome)이라고도 한다. 따라서 산물기록을 영구적 산물 기록(permanent product recording)(Alberto & Troutman, 2013; Miltenberger, 2016; Sugai & Tindal, 1993) 또는 결과물 기록(outcome recording)(Alberto & Troutman, 2013)으로 부르기도 한다. 산물기록은 준비단계에서 다음과 같은 사항을 필요로 한다. 첫째, 관찰행동이 산물기록에 적절한가를 판단해야 한다. 그 이유는 모든 행동이 결과물을 남기는 것은 아니기 때문인데, 결과물을 남기지 않는 행동(예: 질문하기, 자리 이탈하기 등)은 산물기록에 적절하지 않다. 둘째, 관찰행동이 결정되면 그 행동에 대한 조작적 정의를 내려야 한다. 앞서 [보충설명 1-4]에 제시되었듯이, 관찰행동에 대한 조작적 정의란 그 행동을 관찰가능하고 구체적인 형태로 표현해 놓은 것을 말한다. 산물기록에서의 조작적 정의는 관찰행동을 관찰가능하고 구체적인 형태로 표현하되 그 행동의 결과물 측면에서 내려져야 한다. 예를 들어, 수학시간에 '수업 중 과제 수행하기'라는 관찰행동을 산물기록으로 관찰하고자 할 때 '각자 연습문제지를 풀라고 교사가 지시했을 때 혼자서 완전히 또는 부분적으로 푼 연습문제' 그리고/또는 '각자 연습문제지를 풀라고 교사가 지시했을 때 혼자서 정확하게 푼 연습문제'로 조작적 정의를 내릴 수 있다. 셋째, 직접적 관찰을 할 것인지 또는 간접적 관찰을 할 것인지를 결정한다[저자주: 직접적 관찰과 간접적 관찰에 대해서는 제1장 3절의 '2) 관찰의 유형'에서 '(7) 관찰실시의 직접성 여부에 따른 분류'를 참고할 것]. 산물기록은 행동 그 자체가 아닌 행동의 결과물을 통해 행동을 관찰하는 것이므로 간접적 관찰로 분류하는 문헌(예: Miltenberger, 2016)도 있다. 그러나 관찰자가 결과물을 산출하는 관찰대상의 행동을 직접 보았다면 그 산물기록은 직접적 관찰이라고 할 수 있다(Sugai & Tindal, 1993). 넷째, 관찰시간을 결정해야 하는데, 산물기록에서 관찰시간이란 결과물이 산출될 시간을 말한다(Sugai & Tindal, 1993). 앞서 살펴본 간격기록과 사건기록에서는 관찰시간이 보통 10~30분 정도가 적절하며 경우에 따라 더 길 수도 있는 데 비해 산물기록의 경우에는 관찰시간이 좀 더 다양하게 설정될 수 있다(예: 등교부터 하교까지, 특정 수업시간, 특정 수업시간의 일부 등). 관찰시간이 길수록 그 산물기록은 간접적 관찰일 가능성이 높다. 이와 같은 산물기록은 관찰행동이 학업적 행동(academic behaviors)인 경우가 대부분이지만 비학업적 행동(nonacademic behaviors)인 경우도 있다(Alberto & Troutman, 2013; Sugai & Tindal, 1993). 따라서 이 책에서는 〈표 1-5〉에 보이듯이 산물기록을 관찰행동에 따라 학업산물기록(academic product recording)과 비학업산물기록(nonacademic product recording)의 두 가지 유형으로 나누는데, 각각의 유형을 살펴보면 다음과 같다.

참고로 'product'는 산물, 결과, 또는 성과 등으로 번역될 수 있는데, 이 책에서는 '산물'로 번역하기로 한다. 그 이유는 '결과' 또는 '성과'로 번역하였을 경우 수행사정이나 포트폴리오사정과 혼동할 수 있는 여지가 있기 때문인데, 이에 대해서는 [보충설명 3-3]을 참고하기 바란다.

[보충설명 3-3] **산물기록과 수행사정/포트폴리오사정의 비교**

앞서 제2장 1절의 '3) 관찰과 학습평가'에서 학습평가가 학업평가를 포함하는 더 포괄적인 개념이라고 설명하고 특수교육에서 관찰이 학습평가와 어떻게 관련되어 있는지 살펴보았다. 그 내용에 따르면 특수교육에서는 학습평가를 위한 자료수집방법으로 검사, 면접, 교육과정중심사정, 수행사정, 포트폴리오사정과 더불어 관찰이 사용되는데 학습평가에서 많이 사용되는 관찰의 기록방법으로 간격기록, 사건기록, 산물기록, 평정기록 등이 있다고 하였다. 이와 같이 산물기록(product recording)은 관찰의 기록방법 중 하나이며 행동으로 야기된 산물(産物), 즉 결과물의 개수를 세어 행동의 발생 추정치를 기록하는 방법이다. 따라서 산물기록에서는 결과물을 남기는 행동일 경우에만 관찰이 가능하며 이 행동에 대한 조작적 정의도 결과물 측면에서 내려야 한다. 이러한 산물기록은 관찰행동이 비학업적 행동인 경우도 있지만 학업적 행동인 경우가 대부분이다.

또한 제2장 1절의 '3) 관찰과 학습평가'에서는 관찰이 다른 자료수집방법인 수행사정과 포트폴리오사정에서도 사용된다고 하였다. 수행사정(performance assessment)은 과제를 수행하는 과정이나 결과를 통하여 아동의 지식, 태도, 또는 기능에 대한 자료를 수집하는 방법이라고 할 수 있다. 수행사정에서는 수행의 과정(process) 혹은 결과(product)에 초점을 두거나 또는 과정과 결과 모두에 초점을 둘 수도 있다. 포트폴리오사정(portfolio assessment)은 아동의 성취를 평가하기 위하여 아동 그리고/또는 교사가 선택한 아동의 작업이나 작품의 수집에 의존하는 자료수집방법이다. 포트폴리오사

[보충설명 3-3] **계속됨**

정에서 아동의 성취를 평가하기 위하여 수집된 아동의 작업집이나 작품집을 포트폴리오(portfolio)라고 하는데, 포트폴리오는 과정포트폴리오(process portfolio)와 결과포트폴리오(product portfolio)의 두 가지 유형으로 분류되기도 한다. 이와 같은 수행사정이나 포트폴리오사정을 실행하고자 할 때는 반드시 관찰이 필요하게 되는데, 수행사정에서는 아동의 수행성과를 관찰하여 기록하고 채점하며 포트폴리오사정에서도 아동의 작품이나 작업을 관찰하여 기록하고 채점한다. 이러한 채점방법에는 일반적으로 검목표방법, 평정척도방법, 총체적 채점방법의 세 가지 유형이 있는데, 모두 채점기준표를 만들어 채점한다. 채점기준표(rubric: 루브릭)란 수행사정과 포트폴리오사정에서 사용되는 채점지침으로서 준거항목과 다양한 성취수준을 도표화한 것을 말한다.

　이상과 같은 산물기록과 수행사정/포트폴리오사정에 대한 내용과 관련하여 세 가지 유의할 사항을 제시해 보면 다음과 같다. 첫째, 관찰에서의 산물기록(product recording), 수행사정에서의 과정(process) 혹은 결과(product), 포트폴리오사정에서의 과정포트폴리오(process portfolio)와 결과포트폴리오(product portfolio)에서 알 수 있듯이 'product'라는 용어가 산물기록, 수행사정, 포트폴리오사정 모두에서 사용되고 있다. 그러나 그 내용에서는 차이가 있는데 산물기록에서의 product는 조작적으로 정의된 관찰행동이 낳은 결과물을 말하고, 수행사정에서의 product는 과제와 같은 수행성과를 말하며, 포트폴리오사정에서의 product portfolio는 작업집이나 작품집의 유형을 말한다. 따라서 혼동을 피하기 위하여 이 책에서는 관찰의 기록방법인 'product recording'에서의 'product'를 '결과'나 '성과'가 아닌 '산물(産物)'로 번역하였다. 둘째, 산물기록, 수행사정, 포트폴리오사정이 모두 관찰과 관련이 있다. 그러나 그 내용에서는 차이가 있는데, 산물기록에서는 조작적으로 정의된 관찰행동의 결과물을 관찰하여 그 개수를 산물기록 관찰지에 기록하고, 수행사정에서는 수행의 결과를 관찰하여 채점기록표를 작성하며, 포트폴리오사정에서는 작업(또는 작품)을 관찰하여 채점기록표를 작성한다. 즉, 산물기록에서는 관찰행동의 결과물을 관찰하여 개수를 기록하는 데 비해 수행사정과 포트폴리오사정에서는 각각 수행의 결과와 작업(또는 작품)을 관찰하여 채점기준표를 통해 채점한다. 셋째, 산물기록은 관찰행동이 학업적 행동인 경우가 대부분이지만 비학업적 행동인 경우도 있다. 이에 비해 수행사정과 포트폴리오사정은 주로 학습(또는 학업)과 관련하여 실시된다.

1) 학업산물기록

학업산물기록(academic product recording)은 학업적 행동을 관찰행동으로 하는 산물기록이라고 할 수 있다. 학업적 행동(academic behaviors)이란 학업수행(academic performance)과 관련된 행동을 말하는데, 수업 중 과제 수행하기, 수학문제 풀기, 낱말 받아쓰기 등이 그 예다. 관찰결과는 두 가지 방법으로 나타낼 수 있다(〈표 1-11〉 참조). 첫째, 관찰기간(분 또는 시간)과 함께 그 기간에 산출된 결과물 개수(number)를 제시한다(예: 30분의 관찰기간 동안 4개). 둘째, 관찰기간 동안 산출된 결과물 개수를 관찰기간(분, 시간)으로 나눈 결과물의 비율(rate)로 나타내기도 한다(예: 3시간의 관찰기간 동안 12개 산출되었을 경우, 12÷3=4). 또한 관찰자간 신뢰도(일치율)는 작은 수치를 큰 수치로 나눈 후 100을 곱하여 산출한다(〈표 1-9〉 참조).

이러한 학업산물기록을 위한 표준화된 관찰지 양식은 없는데, 한 가지 예를 제시해 보면 〈그림 3-28〉과 같다. 〈그림 3-29〉와 〈그림 3-30〉은 〈그림 3-28〉을 이용하여 동일한 관찰대상에 대해 2명의 관찰자가 작성한 학업산물기록의 예를 각각 보여 주고 있다. 〈그림 3-29〉와 〈그림 3-30〉의 관찰결과에 대한 관찰자간 신뢰도(일치율)를 산출해 보면 100%[(5÷5)×100]다.

〈그림 3-28〉 **학업산물기록 관찰지 양식의 예**

관찰대상: 성명(   ) 성별(   ) 생년월일(   ) 현재연령(   )
관찰일자:
관찰시간:
관찰장소:
관찰장면:
관찰행동:
관 찰 자:

관찰기록지시:

관찰시간	결과물 개수
요 약:	

〈그림 3-29〉 **학업산물기록의 예(관찰자 A)**

관찰대상: 성명(김지환) 성별(남) 생년월일(2007년 2월 5일) 현재연령(9년 7개월)
관찰일자: 2016년 9월 8일
관찰시간: 오후 1:30~1:40
관찰장소: 통합학급
관찰장면: 수학시간
관찰행동: 수업 중 과제 수행하기(조작적 정의: 각자 연습문제지를 풀라고 교사가 지시했을 때
　　　　　혼자서 완전히 또는 부분적으로 푼 연습문제)
관 찰 자: 이강민(관찰자 A)

관찰기록지시: 각자 연습문제지를 풀라고 교사가 지시한 후 10분 동안 혼자서 완전히 또는 부
　　　　　　분적으로 푼 연습문제의 개수를 기록하시오.

관찰시간	결과물 개수
10분	5개

요　약:

• 개수: 10분 동안 5개
• 비율: 5÷10 = 0.5(1분당 0.5개 또는 2분당 1개)

〈그림 3-30〉 **학업산물기록의 예(관찰자 B)**

관찰대상: 성명(김지환) 성별(남) 생년월일(2007년 2월 5일) 현재연령(9년 7개월)
관찰일자: 2016년 9월 8일
관찰시간: 오후 1:30～1:40
관찰장소: 통합학급
관찰장면: 수학시간
관찰행동: 수업 중 과제 수행하기(조작적 정의: 각자 연습문제지를 풀라고 교사가 지시했을 때 혼자서 완전히 또는 부분적으로 푼 연습문제)
관 찰 자: 고성욱(관찰자 B)

관찰기록지시: 각자 연습문제지를 풀라고 교사가 지시한 후 10분 동안 혼자서 완전히 또는 부분적으로 푼 연습문제의 개수를 기록하시오.

관찰시간	결과물 개수
10분	5개

요 약:

• 개수: 10분 동안 5개
• 비율: 5÷10 = 0.5(1분당 0.5개 또는 2분당 1개)

2) 비학업산물기록

비학업산물기록(nonacademic product recording)은 비학업적 행동을 관찰행동으로 하는 산물기록이라고 할 수 있다. 비학업적 행동(nonacademic behaviors)이란 학업수행과 관련된 학업적 행동이 아닌 일련의 행동을 총칭하는 용어다. 비학업적 행동들도 결과물을 산출하는데, 예를 들어 물건 던지기, 물건 빼앗기, 책장 찢기는 각각 던져진 물건, 뺏은 물건, 찢어진 책장이 그 결과물이 된다. 관찰결과는 학업산물기록에서와 같이 두 가지 방법으로 나타낼 수 있다(〈표 1-11〉 참조). 첫째, 관찰기간(분 또는 시간)과 함께 그 기간에 산출된 결과물 개수(number)를 제시한다(예: 30분의 관찰기간 동안 4개). 둘째, 관찰기간 동안 산출된 결과물 개수를 관찰기간(분, 시간)으로 나눈 결과물의 비율(rate)로 나타내기도 한다(예: 3시간의 관찰기간 동안 12개 산출되었을 경우, 12÷3=4). 관찰자간 신뢰도(일치율) 또한 학업산물기록에서와 같이 작은 수치를 큰 수치로 나눈 후 100을 곱하여 산출한다(〈표 1-9〉 참조).

이러한 비학업산물기록을 위한 표준화된 관찰지 양식은 없는데, 한 가지 예를 제시해 보면 〈그림 3-31〉과 같다. 〈그림 3-32〉와 〈그림 3-33〉은 〈그림 3-31〉을 이용하여 동일한 관찰대상에 대해 2명의 관찰자가 작성한 비학업산물기록의 예를 각각 보여 주고 있다. 〈그림 3-32〉와 〈그림 3-33〉의 관찰결과에 대한 관찰자간 신뢰도(일치율)를 산출해 보면 100%[(6÷6)×100]다.

⟨그림 3-31⟩ **비학업산물기록 관찰지 양식의 예**

관찰대상: 성명(   ) 성별(   ) 생년월일(   ) 현재연령(   )
관찰일자:
관찰시간:
관찰장소:
관찰장면:
관찰행동:
관 찰 자:

관찰기록지시:

관찰시간	결과물 개수
요 약:	

〈그림 3-32〉 비학업산물기록의 예(관찰자 A)

관찰대상: 성명(조현오) 성별(남) 생년월일(2006년 2월 5일) 현재연령(10년 2개월)
관찰일자: 2016년 4월 11일
관찰시간: 오후 1:10~1:40
관찰장소: 통합학급
관찰장면: 국어시간
관찰행동: 수업 중 학용품 던지기(조작적 정의: 관찰대상 책상의 각 모서리로부터 30cm 이내에
　　　　떨어져 있는 연필, 지우개, 볼펜, 자, 풀 등의 학용품)
관 찰 자: 이승윤(관찰자 A)

관찰기록지시: 관찰대상이 자신의 책상 주위(각 모서리로부터 30cm 이내)에 던진 학용품의 개
　　　　　　수를 기록하시오.

관찰시간	결과물 개수
30분	6개

요 약:

• 개수: 30분 동안 6개
• 비율: 6÷30 = 0.2(1분당 0.2개 또는 5분당 1개)

〈그림 3-33〉 비학업산물기록의 예(관찰자 B)

관찰대상: 성명(조현오) 성별(남) 생년월일(2006년 2월 5일) 현재연령(10년 2개월)
관찰일자: 2016년 4월 11일
관찰시간: 오후 1:10~1:40
관찰장소: 통합학급
관찰장면: 국어시간
관찰행동: 수업 중 학용품 던지기(조작적 정의: 관찰대상 책상의 각 모서리로부터 30cm 이내에
　　　　　떨어져 있는 연필, 지우개, 볼펜, 자, 풀 등의 학용품)
관 찰 자: 장지현(관찰자 B)

관찰기록지시: 관찰대상이 자신의 책상 주위(각 모서리로부터 30cm 이내)에 던진 학용품의 개
　　　　　　수를 기록하시오.

관찰시간	결과물 개수
30분	6개

요 약:

• 개수: 30분 동안 6개
• 비율: 6÷30 = 0.2(1분당 0.2개 또는 5분당 1개)

5. 평정기록

평정기록(rating recording)이란 관찰행동을 관찰한 후 사전에 준비된 평정수단(범주, 척도, 또는 검목표)을 사용하여 행동의 양상, 정도, 또는 유무를 판단해 기록하는 방법이다. 관찰하면서 기록하는 간격기록이나 사건기록과는 달리 평정기록은 관찰을 한 후 기록하게 되는데, 관찰시간은 간격기록이나 사건기록과 마찬가지로 보통 10~30분 정도가 적절하며 경우에 따라 더 길 수도 있다(Sattler, 2002). 특히 평정기록이 발달평가를 위한 비공식적 관찰로 실시되는 경우에는 관찰시간을 1~7일로 다소 길게 설정하기도 한다. 평정기록은 평정수단에 따라 〈표 1-5〉에 보이듯이 범주기록, 척도기록, 검목표기록의 세 가지 유형이 있는데, 각각의 유형을 살펴보면 다음과 같다.

1) 범주기록

범주기록(category recording)은 연속적으로 기술된 몇 개의 질적 차이가 있는 범주 중 관찰행동을 가장 잘 나타내는 범주를 선택하여 기록하는 것이다(황해익, 2000; Boehm & Weinberg, 1997; Cohen & Spenciner, 2007). 범주기록에서는 관찰행동을 보통 3~5개의 범주로 나누어 기술하게 되는데(이은해, 1995; 황해익, 2000), 다수의 문항이 포함될 경우 문항별 범주의 개수는 동일하게 하는 것이 바람직하며 다음과 같은 세 가지 사항을 유의할 필요가 있다. 첫째, 각 범주의 진술문은 가능한 한 행동적으로 명료하게 기술되어야 한다(황해익, 2000). 둘째, 관찰행동이 반드시 한 범주에 해당될 수 있어야 한다(Boehm & Weinberg, 1997; McLean et al., 2004). 셋째, 관찰행동은 어느 한 범주에만 해당되어야 한다(Boehm & Weinberg, 1997; McLean et al., 2004). 즉, 범주기록에서 범주는 명료하고(clear) 철저하며(exhaustive) 상호배타적(mutually exclusive)이어야 한다. 관찰결과는 3~5개의 범주 순서대로 전체 문항수에 대한 그 범주를 선택하여 기록한 문항수의 백분율(percentage)을 계산하여 나타낼 수 있다(〈표 1-11〉 참조). 또한 관찰자간 신뢰도(일치율)는 같은 범주를 선택하여 기록한 문항수를 전체 문항수로 나눈 후 100을 곱하여 산출한다(〈표 1-9〉 참조).

 이러한 범주기록을 위한 표준화된 관찰지 양식은 없는데, 한 가지 예를 제시해 보면 〈그림 3-34〉와 같다. 〈그림 3-35〉와 〈그림 3-36〉은 〈그림 3-34〉를 이용하여 동일한 관찰대상에 대해 2명의 관찰자가 작성한 범주기록의 예를 각각 보여 주고 있다. 〈그림 3-35〉와 〈그림 3-36〉의 관찰결과에 대한 관찰자간 신뢰도(일치율)를 산출해 보면 80%[(4÷5)×100]다.

〈그림 3-34〉 **범주기록 관찰지 양식의 예**

관찰대상: 성명(   ) 성별(   ) 생년월일(   ) 현재연령(   )
관찰일자:
관찰장소:
관찰영역:
관 찰 자:

관찰기록지시: 각 문항별로 관찰행동을 가장 잘 진술한 범주의 기록란에 ✓로 표시하시오.

관찰행동		범주	기록
1		1)	
		2)	
		3)	
		4)	
2		1)	
		2)	
		3)	
		4)	
3		1)	
		2)	
		3)	
		4)	
4		1)	
		2)	
		3)	
		4)	
5		1)	
		2)	
		3)	
		4)	
요 약:			

〈그림 3-35〉 **범주기록의 예(관찰자 A)**

관찰대상: 성명(이지현) 성별(여) 생년월일(2011년 2월 13일) 현재연령(5년 2개월)
관찰일자: 2016년 4월 13일
관찰장소: ○○특수어린이집
관찰영역: 사회 · 정서발달
관 찰 자: 박혜원(관찰자 A)

관찰기록지시: 각 문항별로 관찰행동을 가장 잘 진술한 범주의 기록란에 ✓로 표시하시오.

관찰행동		범주	기록
1	자신의 감정 표현하기	1) 자신의 감정을 잘 표현하지 않는다.	
		2) 자신의 감정을 표현하나, 상황에 부적절한 경우가 많다.	✓
		3) 상황에 따른 자신의 감정을 표현하나, 단순하게 표현한다.	
		4) 상황에 따른 자신의 감정을 풍부하게 표현한다.	
2	자신의 감정 조절하기	1) 자신의 감정을 조절하지 못한다.	
		2) 교사가 도와주면 자신의 감정을 조절한다.	✓
		3) 자신의 감정을 대부분 스스로 조절한다.	
		4) 자신의 감정을 조절하고 적절하게 표현한다(예: 속상한 이유나 상황 설명하기 등).	
3	친구와 함께 놀이하기	1) 교사가 도와주면 친구와 어울린다.	
		2) 좋아하는 한두 명의 친구와 논다.	
		3) 여러 명의 친구와 논다.	✓
		4) 다양한 친구와 협력하여 논다.	
4	친구와 갈등 해결하기	1) 친구와 갈등이 있을 때 대처하지 않고 피한다.	✓
		2) 친구와 갈등이 있을 때 부적절한 방법으로 표현한다(예: 공격적 행동, 울기, 소리 지르기 등).	
		3) 친구와 갈등이 있을 때 자신의 입장만 주장한다.	
		4) 친구와 갈등이 있을 때 서로의 입장을 고려하여 해결책을 찾는다.	
5	규칙 지키기	1) 교사가 지시할 때만 규칙을 지킨다.	
		2) 스스로 규칙을 지키기도 하나, 지키지 않는 경우가 더 많다.	
		3) 스스로 규칙을 지키는 편이나, 가끔 지키지 못할 때도 있다.	✓
		4) 스스로 규칙을 잘 지킨다.	

요 약:

• 범주 1): (1÷5)×100 = 20%
• 범주 2): (2÷5)×100 = 40%
• 범주 3): (2÷5)×100 = 40%
• 범주 4): (0÷5)×100 = 0%

⟨그림 3-36⟩ **범주기록의 예(관찰자 B)**

관찰대상: 성명(이지현) 성별(여) 생년월일(2011년 2월 13일) 현재연령(5년 2개월)
관찰일자: 2016년 4월 13일
관찰장소: ○○특수어린이집
관찰영역: 사회 · 정서발달
관 찰 자: 최신영(관찰자 B)

관찰기록지시: 각 문항별로 관찰행동을 가장 잘 진술한 범주의 기록란에 ✔로 표시하시오.

관찰행동		범주	기록
1	자신의 감정 표현하기	1) 자신의 감정을 잘 표현하지 않는다.	
		2) 자신의 감정을 표현하나, 상황에 부적절한 경우가 많다.	✔
		3) 상황에 따른 자신의 감정을 표현하나, 단순하게 표현한다.	
		4) 상황에 따른 자신의 감정을 풍부하게 표현한다.	
2	자신의 감정 조절하기	1) 자신의 감정을 조절하지 못한다.	
		2) 교사가 도와주면 자신의 감정을 조절한다.	✔
		3) 자신의 감정을 대부분 스스로 조절한다.	
		4) 자신의 감정을 조절하고 적절하게 표현한다(예: 속상한 이유나 상황 설명하기 등).	
3	친구와 함께 놀이하기	1) 교사가 도와주면 친구와 어울린다.	
		2) 좋아하는 한두 명의 친구와 논다.	
		3) 여러 명의 친구와 논다.	
		4) 다양한 친구와 협력하여 논다.	✔
4	친구와 갈등 해결하기	1) 친구와 갈등이 있을 때 대처하지 않고 피한다.	✔
		2) 친구와 갈등이 있을 때 부적절한 방법으로 표현한다(예: 공격적 행동, 울기, 소리 지르기 등).	
		3) 친구와 갈등이 있을 때 자신의 입장만 주장한다.	
		4) 친구와 갈등이 있을 때 서로의 입장을 고려하여 해결책을 찾는다.	
5	규칙 지키기	1) 교사가 지시할 때만 규칙을 지킨다.	
		2) 스스로 규칙을 지키기도 하나, 지키지 않는 경우가 더 많다.	
		3) 스스로 규칙을 지키는 편이나, 가끔 지키지 못할 때도 있다.	✔
		4) 스스로 규칙을 잘 지킨다.	

요 약:

• 범주 1): (1÷5)×100 = 20%
• 범주 2): (2÷5)×100 = 40%
• 범주 3): (2÷5)×100 = 20%
• 범주 4): (0÷5)×100 = 20%

2) 척도기록

척도기록(scale recording)은 행동의 정도를 몇 개의 숫자로 표시해 놓은 척도, 즉 숫자척도(numerical scale)에 관찰행동을 가장 잘 나타내는 숫자를 선택하여 기록하는 것이다. 척도기록에서는 보통 3점, 5점, 또는 7점 척도가 사용되는데 일반적으로 5점 척도가 가장 많이 사용된다. 숫자척도에서 숫자를 배정할 때 유의할 점은 가장 긍정적인 척도치에 가장 큰 숫자를 배정하는 것이다(전남련 외, 2016). 한편, 척도기록에서 사용되는 숫자척도는 등간척도로 간주되는데, 등간척도(interval scale)는 동일한 측정단위 간격에 동일한 수적 차이를 부여하는 속성(즉, 동간성)이 있다. 심리측정자료에서는 점수가 변화하는 정도와 행동상에서의 변화의 정도가 동등하다는 경험적 지지가 부족하기 때문에 숫자척도를 서열척도로 분류하는 문헌(예: 서경희 외, 2003; Sattler, 2001)도 있지만 리커트척도(Likert scale) 형식의 숫자척도는 흔히 등간척도로 간주된다(양옥승, 1997; McLoughlin & Lewis, 2008). 이와 관련하여 성태제(2016)는 한 문항의 리커트척도로 측정된 점수는 서열척도에 해당되지만 다수 문항의 리커트척도로 측정된 점수는 등간척도에 해당된다고 본다. 등간척도로 간주된 척도기록의 관찰자료는 통계적 분석이 가능하게 되며, 따라서 척도기록의 관찰결과는 각 문항에 표시된 숫자의 합을 전체 문항수로 나눈 평균(average)으로 나타낼 수 있다(〈표 1-11〉 참조). 또한 관찰자간 신뢰도(일치율)는 같은 숫자를 선택하여 기록한 문항수를 전체 문항수로 나눈 후 100을 곱하여 산출한다(〈표 1-9〉 참조).

이러한 척도기록을 위한 표준화된 관찰지 양식은 없는데, 한 가지 예를 제시해 보면 〈그림 3-37〉과 같다. 〈그림 3-38〉과 〈그림 3-39〉는 〈그림 3-37〉을 이용하여 동일한 관찰대상에 대해 2명의 관찰자가 작성한 척도기록의 예를 각각 보여 주고 있다. 〈그림 3-38〉과 〈그림 3-39〉의 관찰결과에 대한 관찰자간 신뢰도(일치율)를 산출해 보면 90%[(9÷10)×100]다.

〈그림 3-37〉 **척도기록 관찰지 양식의 예**

관찰대상: 성명(   ) 성별(   ) 생년월일(   ) 현재연령(   )
관찰일자:
관찰장소:
관찰영역:
관 찰 자:

관찰기록지시: 각 문항별로 관찰행동에 대해 다음과 같이 1~5로 판단하여 해당 숫자에 ○로
             표시하시오.

	관찰행동	아주 못함	못함	보통	잘함	아주 잘함
1		1	2	3	4	5
2		1	2	3	4	5
3		1	2	3	4	5
4		1	2	3	4	5
5		1	2	3	4	5
6		1	2	3	4	5
7		1	2	3	4	5
8		1	2	3	4	5
9		1	2	3	4	5
10		1	2	3	4	5
요 약:						

〈그림 3-38〉 **척도기록의 예(관찰자 A)**

관찰대상: 성명(유효신) 성별(여) 생년월일(2011년 3월 17일) 현재연령(5년 2개월)
관찰일자: 2016년 5월 25일
관찰장소: ○○특수어린이집
관찰영역: 사회 · 정서발달(친사회적 행동)
관 찰 자: 김유영(관찰자 A)

관찰기록지시: 각 문항별로 관찰행동에 대해 다음과 같이 1~5로 판단하여 해당 숫자에 ○로
표시하시오.

	관찰행동	아주 못함	못함	보통	잘함	아주 잘함
1	친구의 감정을 이해하고 말로 위로한다.	1	②	3	4	5
2	친구의 감정을 이해하고 행동이나 신체적 접촉을 통해 위로한다.	1	2	③	4	5
3	장난감 등을 친구와 나누어 쓴다.	1	2	3	4	⑤
4	친구에게 양보를 한다.	1	2	③	4	5
5	친구를 도와준다.	1	2	③	4	5
6	친구의 부탁을 들어준다.	1	2	3	④	5
7	자신보다 어려운 상황에 놓여 있는 친구에게 동정심을 보인다.	1	2	3	④	5
8	친구를 위해 주변정리를 해 준다.	1	②	3	4	5
9	우는 친구에게 다가가 안심시켜 준다.	1	2	③	4	5
10	친구에게 관용을 베푼다.	①	2	3	4	5

요 약:

• $[(1×1)+(2×2)+(3×4)+(4×2)+(5×1)]÷10 = 3$

〈그림 3-39〉 **척도기록의 예(관찰자 B)**

관찰대상: 성명(유효신) 성별(여) 생년월일(2011년 3월 17일) 현재연령(5년 2개월)
관찰일자: 2016년 5월 25일
관찰장소: ○○특수어린이집
관찰영역: 사회 · 정서발달(친사회적 행동)
관 찰 자: 허주연(관찰자 B)

관찰기록지: 각 문항별로 관찰행동에 대해 다음과 같이 1~5로 판단하여 해당 숫자에 ○로
표시하시오.

	관찰행동	아주 못함	못함	보통	잘함	아주 잘함
1	친구의 감정을 이해하고 말로 위로한다.	1	②	3	4	5
2	친구의 감정을 이해하고 행동이나 신체적 접촉을 통해 위로한다.	1	2	③	4	5
3	장난감 등을 친구와 나누어 쓴다.	1	2	3	④	5
4	친구에게 양보를 한다.	1	2	③	4	5
5	친구를 도와준다.	1	2	③	4	5
6	친구의 부탁을 들어준다.	1	2	3	④	5
7	자신보다 어려운 상황에 놓여 있는 친구에게 동정심을 보인다.	1	2	3	④	5
8	친구를 위해 주변정리를 해 준다.	1	②	3	4	5
9	우는 친구에게 다가가 안심시켜 준다.	1	2	③	4	5
10	친구에게 관용을 베푼다.	①	2	3	4	5

요 약:

• [(1×1)＋(2×2)＋(3×4)＋(4×3)＋(5×0)]÷10 = 2.9

3) 검목표기록

검목표기록(checklist recording)은 일련의 행동이나 특성들의 목록, 즉 검목표(checklist)에 해당 행동이나 특성의 유무를 기록하는 것이다. 행동의 정도를 나타내는 척도기록과는 달리 검목표기록은 보통 행동의 유무만 나타낸다. 일련의 행동이나 특성들의 목록인 검목표를 작성할 때 다음과 같은 세 가지 사항을 유의할 필요가 있다(Cohen & Spenciner, 2007). 첫째, 각 문항은 간결하면서도 구체적이고 이해하기 쉬워야 한다. 둘째, 각 문항은 대등한 문장형태로 구성되어야 한다. 즉, 모든 문항 간에 단어배열, 주어, 서술어 등이 상응해야 한다. 셋째, 긍정적인 측면에서 행동을 기술한다. 즉, '~을(를) 할 수 없다.'가 아니라 '~을(를) 할 수 있다.'로 기술해야 한다. 관찰결과는 전체 문항수에 대한 행동의 유무 중 '유'로 기록된 문항수의 백분율(percentage)을 계산하여 나타낼 수 있다(〈표 1-11〉 참조). 또한 관찰자간 신뢰도(일치율)는 같은 표시를 한 문항수를 전체 문항수로 나눈 후 100을 곱하여 산출한다(〈표 1-9〉 참조).

이러한 검목표기록을 위한 표준화된 관찰지 양식은 없는데, 한 가지 예를 제시해 보면 〈그림 3-40〉과 같다. 〈그림 3-41〉과 〈그림 3-42〉는 〈그림 3-40〉을 이용하여 동일한 관찰대상에 대해 2명의 관찰자가 작성한 검목표기록의 예를 각각 보여 주고 있다. 〈그림 3-41〉과 〈그림 3-42〉의 관찰결과에 대한 관찰자간 신뢰도(일치율)를 산출해 보면 90%[(9÷10)×100]다.

〈그림 3-40〉 검목표기록 관찰지 양식의 예

관찰대상: 성명(　　　　　) 성별(　　) 생년월일(　　　　　　　　) 현재연령(　　　　　　)
관찰일자:
관찰장소:
관찰영역:
관 찰 자:

관찰기록지시: 각 문항별로 관찰행동이 나타나면 ＋, 나타나지 않으면 －로 기록란에 표시하
　　　　　　시오.

	관찰행동	기록
1		
2		
3		
4		
5		
6		
7		
8		
9		
10		
요　약:		

〈그림 3-41〉 **검목표기록의 예(관찰자 A)**

관찰대상: 성명(정수린) 성별(여) 생년월일(2013년 2월 5일) 현재연령(3년 7개월)
관찰일자: 2016년 9월 8일
관찰장소: ○○특수어린이집
관찰영역: 신체발달
관 찰 자: 김희경(관찰자 A)

관찰기록지시: 각 문항별로 관찰행동이 나타나면 +, 나타나지 않으면 −로 기록란에 표시하
시오.

	관찰행동	기록
1	선 위로 걸을 수 있다.	+
2	한 발로 5~10초간 서 있을 수 있다.	+
3	한 발로 뛸 수 있다.	−
4	도움 없이 미끄럼틀을 탈 수 있다.	−
5	페달을 돌리며 세발자전거를 탈 수 있다.	−
6	장난감 못을 박을 수 있다.	+
7	동그라미를 보고 그릴 수 있다.	+
8	종이를 접을 수 있다.	−
9	장난감의 태엽을 감을 수 있다.	−
10	선을 따라 가위로 자를 수 있다.	−

요 약:

• (4÷10)×100 = 40%

〈그림 3-42〉 **검목표기록의 예(관찰자 B)**

관찰대상: 성명(정수린) 성별(여) 생년월일(2013년 2월 5일) 현재연령(3년 7개월)
관찰일자: 2016년 9월 8일
관찰장소: ○○특수어린이집
관찰영역: 신체발달
관 찰 자: 조은재(관찰자 B)

관찰기록지시: 각 문항별로 관찰행동이 나타나면 +, 나타나지 않으면 −로 기록란에 표시하
　　　　　　　시오.

	관찰행동	기록
1	선 위로 걸을 수 있다.	+
2	한 발로 5~10초간 서 있을 수 있다.	+
3	한 발로 뛸 수 있다.	−
4	도움 없이 미끄럼틀을 탈 수 있다.	−
5	페달을 돌리며 세발자전거를 탈 수 있다.	−
6	장난감 못을 박을 수 있다.	+
7	동그라미를 보고 그릴 수 있다.	+
8	종이를 접을 수 있다.	+
9	장난감의 태엽을 감을 수 있다.	−
10	선을 따라 가위로 자를 수 있다.	−

요　약:

• (5÷10)×100 = 50%

제4장

관찰의 기록방법: 특수유형

앞서 제1장 2절의 '2) 관찰의 기록방법 유형'에서는 관찰의 기록방법을 기본유형과 특수유형으로 구분하였다(〈표 1-5〉 참조). 특수유형(special types)이란 기본유형이 수정되거나 두 가지 기본유형이 결합된 유형을 말하는데, 기본유형을 살펴본 제3장에 이어 이 장에서는 특수유형으로 분류되는 관찰의 기록방법을 각각 구체적으로 살펴보기로 한다. 〈표 4-1〉은 이 장에서 살펴볼 기록방법들을 요약하여 제시하고 있다.

〈표 4-1〉 관찰의 기록방법: 특수유형

기록방법		내용
수정유형	통제된 제시 기록	사전에 일정 수로 설정된 행동의 기회를 제시하면서 행동의 발생여부를 기록하는 것.
	준거도달 시행 기록	사전에 설정된 준거에 도달할 때까지 행동의 기회를 제공하면서 행동의 발생여부를 기록하는 것.
결합유형	ABC-검목표기록[1]	선행요인(A), 행동(B), 후속결과(C)별로 작성된 검목표에 행동이 발생할 때마다 그 행동의 선행요인, 해당 행동, 그 행동의 후속결과를 '✓'로 표시하여 기록하는 것.
	간격-빈도기록	전체관찰시간을 일정한 간격으로 나눈 후 관찰간격별로 관찰행동이 발생하는 횟수를 기록하는 것.

[1] ABC기록에서는 A(antecedent)와 C(consequence)가 각각 선행사건과 후속사건으로 번역되었으나 ABC-검목표기록에서는 A(antecedent)와 C(consequence)를 각각 선행요인과 후속결과로 번역하기로 한다. 이에 대해서는 [보충설명 3-1]을 참고하기 바란다.

1. 수정유형

수정유형(modified types)이란 앞서 제3장에서 살펴본 기본유형이 수정된 유형을 말한다. 기본유형들은 다양하게 수정될 수 있으나 현재 관련문헌에서 찾아볼 수 있는 수정유형으로는 통제된 제시 기록과 준거도달 시행 기록의 두 가지 유형이 있다. 이 두 가지 유형을 각각 살펴보면 다음과 같다.

1) 통제된 제시 기록

통제된 제시 기록(controlled presentations recording)은 사전에 일정 수(number)로 설정된 행동의 기회를 제시하면서 행동의 발생여부를 기록하는 것이다. 기본유형 중 하나인 빈도기록(frequency recording)을 수정한 형태라고 할 수 있는데(〈표 1-5〉 참조), 빈도기록과의 차이는 행동의 기회가 통제된다는 점이다. 문헌에 따라 통제된 제시(controlled presentations)(Alberto & Troutman, 2013; Sugai & Tindal, 1993) 또는 기회백분율(percentage of opportunities)(Miltenberger, 2016)로 부르기도 한다(〈표 1-4〉 참조). 통제된 제시 기록의 기본 절차는 다음과 같다(Sugai & Tindal, 1993).

1. 제시될 행동의 기회를 정의한다(예: 교사의 한 자리수 덧셈에 대한 구두질문). 행동의 기회를 반응기회(response opportunity) 또는 시행(trial)이라고 한다.

2. 관찰행동을 정의한다(예: 교사의 한 자리수 덧셈에 대한 구두질문에 정답을 말한다).

3. 제시될 반응기회(시행)의 수(number)를 설정한다.

4. 설정된 수(number)의 반응기회(시행)를 제시할 시간을 선정한다.

5. 선정된 시간에 반응기회(시행)를 제시한다.

6. 반응기회(시행)를 제시할 때마다 관찰행동의 발생여부를 기록한다.

통제된 제시 기록의 관찰결과는 제시된 전체 반응기회수(시행수)에 대한 관찰행동 발생횟수의 백분율(percentage)을 계산하여 나타낼 수 있다(〈표 1-11〉 참조). 또한 관찰자간 신뢰도(일치율)는 같은 표시를 한 반응기회수(시행수)를 전체 반응기회수(시행수)로 나눈 후 100을 곱하여 산출한다(〈표 1-9〉 참조).

이러한 통제된 제시 기록을 위한 표준화된 관찰지 양식은 없는데, 한 가지 예를 제시해 보면 〈그림 4-1〉과 같다. 〈그림 4-2〉와 〈그림 4-3〉은 〈그림 4-1〉을 이용하여 동일한 관찰대상에 대해 2명의 관찰자가 작성한 통제된 제시 기록의 예를 각각 보여 주고 있다. 〈그림 4-2〉와 〈그림 4-3〉의 관찰결과에 대한 관찰자간 신뢰도(일치율)를 산출해 보면 관찰일자별로 모두 100%[(10÷10)×100]이고, 평균도 100%다.

〈그림 4-1〉 **통제된 제시 기록 관찰지 양식의 예**

관찰대상: 성명(   ) 성별(   ) 생년월일(   ) 현재연령(   )

관찰일자:

관찰시간:

관찰장소:

관찰장면:

반응기회:

관찰행동:

관 찰 자:

관찰기록지시:

관찰일자	관찰시간	반응기회									
		1	2	3	4	5	6	7	8	9	10
요 약:											

〈그림 4-2〉 **통제된 제시 기록의 예(관찰자 A)**

관찰대상: 성명(현준호) 성별(남) 생년월일(2008년 2월 10일) 현재연령(8년 2개월)
관찰일자: 2016년 4월 11일, 2016년 4월 13일, 2016년 4월 15일
관찰시간: 오후 1:10~1:40
관찰장소: 통합학급
관찰장면: 수학시간
반응기회: 교사의 한 자리수 덧셈에 대한 구두질문(예: "3 더하기 5는?")
관찰행동: 교사의 한 자리수 덧셈에 대한 구두질문에 정답 말하기
관 찰 자: 김문정(관찰자 A)

관찰기록지시: 반응기회(교사의 한 자리수 덧셈에 대한 구두질문)가 제시되었을 때 정답을 말
　　　　　　하면 ○, 오답을 말하면 ×로 표시하시오.

관찰일자	관찰시간	반응기회									
		1	2	3	4	5	6	7	8	9	10
2016. 4. 11.	30분	×	×	○	○	×	○	×	○	×	×
2016. 4. 13.	30분	×	○	○	×	○	×	○	×	○	×
2016. 4. 15.	30분	×	○	×	○	○	×	○	○	×	○

요　약:

• 2016. 4. 11: $(4 \div 10) \times 100 = 40\%$
• 2016. 4. 13: $(5 \div 10) \times 100 = 50\%$
• 2016. 4. 15: $(6 \div 10) \times 100 = 60\%$

〈그림 4-3〉 **통제된 제시 기록의 예(관찰자 B)**

관찰대상: 성명(현준호) 성별(남) 생년월일(2008년 2월 10일) 현재연령(8년 2개월)

관찰일자: 2016년 4월 11일, 2016년 4월 13일, 2016년 4월 15일

관찰시간: 오후 1:10~1:40

관찰장소: 통합학급

관찰장면: 수학시간

반응기회: 교사의 한 자리수 덧셈에 대한 구두질문(예: "3 더하기 5는?")

관찰행동: 교사의 한 자리수 덧셈에 대한 구두질문에 정답 말하기

관 찰 자: 최정화(관찰자 B)

관찰기록지시: 반응기회(교사의 한 자리수 덧셈에 대한 구두질문)가 제시되었을 때 정답을 말
　　　　　　하면 ○, 오답을 말하면 ×로 표시하시오.

관찰일자	관찰시간	반응기회									
		1	2	3	4	5	6	7	8	9	10
2016. 4. 11.	30분	×	×	○	○	×	○	×	○	×	×
2016. 4. 13.	30분	×	○	○	×	○	×	○	×	○	×
2016. 4. 15.	30분	×	○	×	○	○	×	○	○	×	○

요 약:

• 2016. 4. 11: (4÷10)×100 = 40%
• 2016. 4. 13: (5÷10)×100 = 50%
• 2016. 4. 15: (6÷10)×100 = 60%

2) 준거도달 시행 기록

준거도달 시행 기록(trials to criterion recording)은 사전에 설정된 준거에 도달할 때까지 행동의 기회를 제공하면서 행동의 발생여부를 기록하는 것이다. 기본유형 중 하나인 빈도기록(frequency recording)을 수정한 형태라고 할 수 있는데(〈표 1-5〉참조), 빈도기록과의 차이는 행동의 기회가 통제되고 숙달준거가 설정된다는 점이다. 참고로 Sugai와 Tindal(1993)은 준거도달 시행 기록을 빈도기록과 통제된 제시 기록의 특수형태라고 하였는데, 이 경우 기본유형(빈도기록)과 수정유형(통제된 제시 기록)이 결합된 하나의 결합유형으로 볼 수도 있다. 준거도달 시행 기록의 기본 절차는 다음과 같다(Sugai & Tindal, 1993).

1. 제시될 행동의 기회를 정의한다(예: 교사의 한 자리수 뺄셈에 대한 구두질문). 행동의 기회를 반응기회(response opportunity) 또는 시행(trial)이라고 한다.
2. 관찰행동을 정의한다(예: 교사의 한 자리수 뺄셈에 대한 구두질문에 정답을 말한다).
3. 숙달준거(criterion for mastery)를 설정한다(예: 교사의 한 자리수 뺄셈에 대한 구두질문에 연속 3회 정답 말하기).
4. 반응기회(시행)를 제시할 시간을 선정한다.
5. 선정된 시간에 반응기회(시행)를 제시한다.
6. 설정된 숙달준거에 도달할 때까지 반응기회(시행)를 제시하고 관찰행동의 발생여부를 기록한다.

준거도달 시행 기록의 관찰결과는 숙달준거에 도달하기까지 제시된 반응기회(시행)의 횟수(number)로 나타낸다(〈표 1-11〉참조). 또한 관찰자간 신뢰도(일치율)는 작은 수치를 큰 수치로 나눈 후 100을 곱하여 산출한다(〈표 1-9〉참조).

이러한 준거도달 시행 기록을 위한 표준화된 관찰지 양식은 없는데, 한 가지 예를 제시해 보면 〈그림 4-4〉와 같다. 〈그림 4-5〉와 〈그림 4-6〉은 〈그림 4-4〉를 이용하여 동일한 관찰대상에 대해 2명의 관찰자가 작성한 준거도달 시행 기록의 예를 각각 보여 주고 있다. 〈그림 4-5〉와 〈그림 4-6〉의 관찰결과에 대한 관찰자간 신뢰도(일치율)를 산출해 보면 관찰일자별로 모두 100%[(9÷9)×100, (8÷8)×100, (6÷6)×100]이고, 평균도 100%다.

〈그림 4-4〉 **준거도달 시행 기록 관찰지 양식의 예**

관찰대상: 성명(   ) 성별(   ) 생년월일(   ) 현재연령(   )
관찰일자:
관찰시간:
관찰장소:
관찰장면:
반응기회:
숙달준거:
관찰행동:
관 찰 자:

관찰기록지시:

관찰일자	관찰시간	반응기회									
		1	2	3	4	5	6	7	8	9	10
요 약:											

〈그림 4-5〉 **준거도달 시행 기록의 예(관찰자 A)**

관찰대상: 성명(강지혁) 성별(남) 생년월일(2008년 1월 9일) 현재연령(8년 3개월)

관찰일자: 2016년 4월 18일, 2016년 4월 20일, 2016년 4월 22일

관찰시간: 오후 1:10~1:40

관찰장소: 통합학급

관찰장면: 수학시간

반응기회: 교사의 한 자리수 뺄셈에 대한 구두질문(예: "5 빼기 3은?")

숙달준거: 교사의 한 자리수 뺄셈에 대한 구두질문에 연속 3회 정답 말하기

관찰행동: 교사의 한 자리수 뺄셈에 대한 구두질문에 정답 말하기

관 찰 자: 김문정(관찰자 A)

관찰기록지시: 숙달준거에 도달할 때까지 반응기회(교사의 한 자리수 뺄셈에 대한 구두질문)가
제시되었을 때 정답을 말하면 ○, 오답을 말하면 ×로 표시하시오.

관찰일자	관찰시간	반응기회									
		1	2	3	4	5	6	7	8	9	10
2016. 4. 18.	30분	×	×	○	×	○	×	○	○	○	•
2016. 4. 20.	30분	×	○	○	×	×	○	○	○	•	•
2016. 4. 22.	30분	×	○	×	○	○	○	•	•	•	•

요 약:

• 2016. 4. 18: 9회
• 2016. 4. 20: 8회
• 2016. 4. 22: 6회

〈그림 4-6〉 **준거도달 시행 기록의 예(관찰자 B)**

관찰대상: 성명(강지혁) 성별(남) 생년월일(2008년 1월 9일) 현재연령(8년 3개월)
관찰일자: 2016년 4월 18일, 2016년 4월 20일, 2016년 4월 22일
관찰시간: 오후 1:10~1:40
관찰장소: 통합학급
관찰장면: 수학시간
반응기회: 교사의 한 자리수 뺄셈에 대한 구두질문(예: "5 빼기 3은?")
숙달준거: 교사의 한 자리수 뺄셈에 대한 구두질문에 연속 3회 정답 말하기
관찰행동: 교사의 한 자리수 뺄셈에 대한 구두질문에 정답 말하기
관 찰 자: 최정화(관찰자 B)

관찰기록지시: 숙달준거에 도달할 때까지 반응기회(교사의 한 자리수 뺄셈에 대한 구두질문)가
제시되었을 때 정답을 말하면 ○, 오답을 말하면 ×로 표시하시오.

관찰일자	관찰시간	반응기회									
		1	2	3	4	5	6	7	8	9	10
2016. 4. 18.	30분	×	×	○	×	○	×	○	○	○	•
2016. 4. 20.	30분	×	○	○	×	×	○	○	○	•	•
2016. 4. 22.	30분	×	○	×	○	○	○	•	•	•	•

요 약:

• 2016. 4. 18: 9회
• 2016. 4. 20: 8회
• 2016. 4. 22: 6회

2. 결합유형

결합유형(combined types)이란 앞서 제3장에서 살펴본 기본유형 중 두 가지가 결합된 유형을 말한다. 기본유형들은 다양하게 결합될 수 있으나 현재 관련문헌에서 찾아볼 수 있는 결합유형으로는 ABC-검목표기록과 간격-빈도기록의 두 가지 유형이 있다. 이 두 가지 유형을 각각 살펴보면 다음과 같다.

1) ABC-검목표기록

ABC-검목표기록(ABC-checklist recording)은 선행요인(A), 행동(B), 후속결과(C)별로 작성된 검목표에 행동이 발생할 때마다 그 행동의 선행요인, 해당 행동, 그 행동의 후속결과를 '✓'로 표시하여 기록하는 것이다. ABC기록과 검목표기록이 결합된 형태라고 할 수 있으며(〈표 1-5〉 참조), 따라서 ABC기록의 특성과 검목표기록의 특성이 통합되어 있다(양명희, 임유경, 2014). 제3장 1절 '서술기록'에서 살펴보았듯이, ABC기록(ABC recording)은 관심을 두는 행동이 발생할 때마다 그 행동(B)을 중심으로 행동이 발생하기 직전 사건인 선행사건(A)과 행동이 발생한 직후의 사건인 후속사건(C)을 흐름에 따라 사실적으로 서술하여 기록하는 것이다. 또한 제3장 5절 '평정기록'에서 살펴보았듯이, 검목표기록(checklist recording)은 일련의 행동이나 특성들의 목록, 즉 검목표(checklist)에 해당 행동이나 특성의 유무를 기록하는 것이다. ABC-검목표기록을 실시하기 위해서는 면접이나 평소의 관찰을 통해 관찰대상의 문제행동(B)과 가능성 있는 선행요인(A) 및 후속결과(C) 각각에 대한 검목표기 포함된 관찰지를 준비해야 하는데(Miltenberger, 2016), 이는 검목표 내용이 관찰대상마다 다르게 작성되어야 한다는 것을 의미한다(양명희, 임유경, 2014). 관찰결과는 검목표에 '✓'로 표시된 행동(B)과 그 행동의 선행요인(A) 및 후속결과(C)에 대한 서술적 요약으로 제시한다.

이러한 ABC-검목표기록을 위한 표준화된 양식은 없는데, 한 가지 예를 제시해 보면 〈그림 4-7〉과 같다. 〈그림 4-8〉은 〈그림 4-7〉을 이용하여 작성한 ABC-검목표기록의 예를 보여 주고 있다.

〈그림 4-7〉 ABC-검목표기록 관찰지 양식의 예

관찰대상: 성명(   ) 성별(   ) 생년월일(   ) 현재연령(   )
관찰일자:
관찰시간:
관찰장소:
관 찰 자:

관찰기록지시: 관찰행동이 나타날 때마다 시간을 기록하고 그 행동의 선행요인, 해당 행동(B),
　　　　　　 그리고 그 행동의 후속결과(C)를 ✓로 표시하시오.

시간	선행요인(A)						행동(B)				후속결과(C)				

요 약:

〈그림 4-8〉 ABC-검목표기록의 예

관찰대상: 성명(이한준) 성별(남) 생년월일(2012년 2월 10일) 현재연령(4년 4개월)
관찰일자: 2016년 6월 16일
관찰시간: 오전 9:00~11:00
관찰장소: ○○어린이집
관 찰 자: 오연화

관찰기록지시: 관찰행동이 나타날 때마다 시간을 기록하고 그 행동의 선행요인, 해당 행동(B), 그리고 그 행동의 후속결과(C)를 ✓로 표시하시오.

시간	선행요인(A)						행동(B)				후속결과(C)					
	교사가 다른 아동 도움	교사의 접근	집단 활동	일대일 시간			소리 지르기	다른 아동 때리기			교사의 관심	교사의 무시	또래의 관심	또래의 무시	물건 획득	
9:20	✓						✓				✓					
9:50	✓						✓				✓					
10:11			✓					✓							✓	
10:27				✓				✓							✓	
10:45	✓						✓				✓					
10:54	✓						✓				✓					

요 약:
• 한준이의 소리 지르기 직전에는 교사가 다른 아동을 돌보고 있고 직후에는 교사의 관심이 주어지는 경향이 있다.
• 집단 활동이나 일대일 시간에 보이는 한준이의 다른 아동 때리기는 물건을 획득하는 결과로 이어지는 양상을 보인다.

수정발췌: Miltenberger, R. G. (2016). *Behavior modification: Principles and procedures* (6th ed.). Boston, MA: Cengage Learning. (p. 256)

2) 간격-빈도기록

간격-빈도기록(interval-frequency recording)은 전체관찰시간을 일정한 간격으로 나눈 후 관찰간격별로 관찰행동이 발생하는 횟수를 기록하는 것으로서 간격 내 빈도 기록(frequency-within-interval recording)이라고도 한다(Miltenberger, 2016). 간격기록과 빈도기록이 결합된 형태라고 할 수 있으며(〈표 1-5〉 참조), 따라서 관찰행동이 얼마나 자주 발생하는지에 대한 정보와 더불어 관찰행동이 얼마나 여러 번 발생하는지에 대한 정보를 제공해 준다(Miltenberger, 2016). 제3장 2절 '간격기록'에서 살펴보았듯이, 간격기록은 관찰기간 동안 일정한 간격으로 관찰행동을 관찰하여 그 행동의 발생여부를 기록하는 것이다. 또한 제3장 3절의 '1) 빈도기록'에서 살펴보았듯이, 빈도기록은 관찰기간 동안 행동이 발생한 횟수를 기록하는 것이다. 다시 말하면, 간격기록은 각 관찰간격에서의 행동의 발생유무가 주 관심사지만 빈도기록은 행동의 횟수가 주 관심사다. 따라서 간격기록은 행동이 얼마나 자주 발생하는지, 즉 행동-시간의 관계에 대한 정보를 제공한다면 빈도기록은 행동이 얼마나 여러 번 발생하는지, 즉 행동의 횟수에 대한 정보를 제공한다(【보충설명 3-2】 참조). 관찰결과는 세 가지 방법으로 나타낼 수 있다. 첫째, 전체 간격수에 대한 행동이 발생한 것으로 기록된 간격수의 백분율(percentage)을 계산하여 제시한다. 둘째, 관찰기간(분)과 함께 그 기간에 발생한 행동의 횟수(number)를 제시한다. 셋째, 관찰기간 동안 발생한 행동의 횟수를 관찰기간(분)으로 나눈 행동의 비율(rate)로 나타내기도 한다. 첫 번째 방법은 간격기록의 관찰자료 요약방법이고, 두 번째와 세 번째 방법은 빈도기록의 관찰자료 요약방법이다(〈표 1-11〉 참조). 또한 관찰자간 신뢰도(일치율)는 각 간격의 일치율을 구하고 모두 합하여 전체 간격수로 나누어 산출한다(Miltenberger, 2016)(〈표 1-9〉 참조).

이러한 간격-빈도기록을 위한 표준화된 관찰지 양식은 없는데, 한 가지 예를 제시해 보면 〈그림 4-9〉와 같다. 〈그림 4-10〉과 〈그림 4-11〉은 〈그림 4-9〉를 이용하여 동일한 관찰대상에 대해 2명의 관찰자가 작성한 간격-빈도기록의 예를 각각 보여 주고 있다. 〈그림 4-10〉과 〈그림 4-11〉의 관찰결과에 대한 관찰자간 신뢰도(일치율)를 산출해 보면 95%[(100%＋100%＋100%＋100%＋100%＋100%＋100%＋100%＋100%＋100%＋100%＋50%＋100%＋100%＋100%＋100%＋100%＋50%＋100%)÷20]다.

〈그림 4-9〉 **간격-빈도기록 관찰지 양식의 예**

관찰대상: 성명(   ) 성별(   ) 생년월일(   ) 현재연령(   )
관찰일자:
관찰시간:
관찰장소:
관찰장면:
관찰행동:
관 찰 자:

관찰기록지시: 각 관찰간격에 관찰행동이 발생할 때마다 빗줄표(/)로 표시하시오.

관찰시간	관찰간격(30초)	관찰행동 발생	관찰시간	관찰간격(30초)	관찰행동 발생
1분	30초		6분	30초	
	30초			30초	
2분	30초		7분	30초	
	30초			30초	
3분	30초		8분	30초	
	30초			30초	
4분	30초		9분	30초	
	30초			30초	
5분	30초		10분	30초	
	30초			30초	
요 약:					

〈그림 4-10〉 간격-빈도기록의 예(관찰자 A)

관찰대상: 성명(허예준) 성별(남) 생년월일(2004년 5월 11일) 현재연령(12년 5개월)
관찰일자: 2016년 10월 19일
관찰시간: 오후 4:10~4:20
관찰장소: 운동장
관찰장면: 체육시간
관찰행동: 다른 아동 때리기(조작적 정의: 다른 아동의 머리나 등을 손으로 친다.)
관 찰 자: 김민서(관찰자 A)

관찰기록지시: 각 관찰간격에 관찰행동이 발생할 때마다 빗줄표(/)로 표시하시오.

관찰시간	관찰간격(30초)	관찰행동 발생	관찰시간	관찰간격(30초)	관찰행동 발생
1분	30초		6분	30초	
	30초			30초	
2분	30초	/	7분	30초	//
	30초			30초	
3분	30초		8분	30초	
	30초	/		30초	//
4분	30초		9분	30초	
	30초	/		30초	
5분	30초		10분	30초	//
	30초	/		30초	

요 약:

- $(10 \div 20) \times 100 = 50\%$
- 횟수: 10분 동안 10회
- 비율: $10 \div 10 = 1$(1분당 1회)

〈그림 4-11〉 간격-빈도기록의 예(관찰자 B)

관찰대상: 성명(허예준) 성별(남) 생년월일(2004년 5월 11일) 현재연령(12년 5개월)

관찰일자: 2016년 10월 19일

관찰시간: 오후 4:10~4:20

관찰장소: 운동장

관찰장면: 체육시간

관찰행동: 다른 아동 때리기(조작적 정의: 다른 아동의 머리나 등을 손으로 친다.)

관 찰 자: 이하랑(관찰자 B)

관찰기록지시: 각 관찰간격에 관찰행동이 발생할 때마다 빗줄표(/)로 표시하시오.

관찰시간	관찰간격(30초)	관찰행동 발생	관찰시간	관찰간격(30초)	관찰행동 발생
1분	30초		6분	30초	
	30초			30초	
2분	30초	/	7분	30초	/
	30초			30초	
3분	30초		8분	30초	
	30초	/		30초	//
4분	30초		9분	30초	
	30초	/		30초	
5분	30초		10분	30초	/
	30초	/		30초	

요 약:

• (8÷20)×100 = 40%

• 횟수: 10분 동안 8회

• 비율: 8÷10 = 0.4(1분당 0.8회)

제5장
특수교육평가에서의 관찰의 적용

앞서 제2장 1절 '관찰과 특수교육평가'에서 관찰이 발달평가, 행동평가, 또는 학습평가와 어떻게 관련되어 있는지 간략하게 살펴보았다. 이 장에서는 이러한 발달평가, 행동평가, 또는 학습평가에서 관찰이 어떻게 실시되는지에 대해 살펴보기로 한다. 단, 이 장에서 예로 제시되는 관찰에서는 관찰자간 신뢰도(일치율) 산출에 대한 설명은 생략하기로 하는데, 필요한 경우 〈표 1-9〉 또는 제2부를 참고하기 바란다.

앞서 언급되었듯이, 이 책에서 평가란 수집된 자료에 근거하여 가치판단을 내리는 과정을 의미한다. 따라서 발달평가, 행동평가, 또는 학습평가에서 관찰을 통해 자료수집을 하게 되면 수집된 관찰자료에 근거하여 어떤 판단을 내리는 평가를 하게 되는데, 평가에는 향후 지도 전략이나 방안에 대한 제안도 포함되는 것이 좋다.

1. 발달평가

제2장 1절의 '1) 관찰과 발달평가'에서 언급하였듯이, 발달평가란 보통 유아들을 대상으로 발달영역별로 현재의 발달수준에 대해 평가하는 것을 말하는데, 유아기

발달영역에는 신체발달(또는 신체운동발달), 인지발달, 언어발달(또는 의사소통발달), 사회 · 정서발달, 자조기술발달(또는 적응행동발달)의 다섯 가지가 있다. 이러한 발달평가에서는 다섯 가지 발달영역별 발달이정표를 참고하여 개발된 관찰자제작 관찰도구를 통해 특정 발달영역의 발달수준 또는 발달영역별 발달수준에 대한 자료를 수집할 수 있다. 다음에서는 특정 발달영역에 대한 평가와 전반적 발달영역에 대한 평가에서 관찰이 자료수집방법으로 실시된 예를 각각 제시해 보고자 한다.

이와 같이 발달이정표를 참고하여 개발된 관찰자제작 관찰도구를 통해 수집된 자료로 발달평가를 할 경우 두 가지 유념할 사항이 있다. 첫째, 발달이정표는 연령별로 평균적인 발달 특성을 제시한 것이기 때문에 특정 행동이 해당 연령에 나타나지 않는다고 해서 발달이 정상이 아니라고 판단해서는 안 된다는 것이다. 유아들의 발달은 개인차가 있어서 어떤 유아는 9개월에 걸음마를 시작하는 데 비해 15개월이 되어서야 첫걸음마를 하는 유아가 있을 수 있다. 즉, 발달이 평균에 비해 약간 빠른 유아도 있고 약간 늦은 유아도 있는데, 평균적인 발달, 약간 빠른 발달, 약간 느린 발달 모두 정상범위에 포함된다는 것이다. 둘째, 관찰자제작 관찰도구로 수집된 자료는 유아의 발달이 정상범위에 있는지에 대한 신속한 정보를 제공하고 조기에 전문적인 평가로 안내하는 역할을 할 수도 있지만 정확한 정보를 제공하지는 못한다는 것이다. 따라서 유아의 발달수준에 대한 정확한 정보가 필요한 경우에는 표준화된 사정도구를 사용해야 한다.

1) 특정 발달영역의 평가

다섯 가지 발달영역은 상호 밀접한 관련이 있는 동시에 발달의 속도는 서로 다를 수 있다. 따라서 특정 발달영역에서 특히 발달이 느린 유아가 있을 수 있는데, 이런 경우 그 발달영역에 국한하여 발달평가를 실시해 볼 수도 있다. 〈그림 5-1〉은 관찰을 통해 신체발달에 대한 발달평가를 실시한 예를 제시하고 있다. 〈그림 5-1〉에서는 관찰의 기록방법 중 검목표기록이 사용되었는데, 관찰지는 [부록]에 제시된 발달이정표와 관련문헌(황해익, 2000)을 참고하여 2세(24~35개월)용으로 개발되었다.

〈그림 5-1〉 특정 발달영역에 대한 발달평가의 예

관찰대상: 성명(이강민) 성별(남) 생년월일(2014년 2월 7일) 현재연령(2년 9개월)
관찰일자: 2016년 11월 7일
관찰장소: ○○어린이집
관찰영역: 신체발달
관 찰 자: 김다인

관찰기록지시: 각 문항별로 관찰행동이 나타나면 +, 나타나지 않으면 −로 기록란에 표시하시오.

	관찰행동	기록
1	앞을 향해서 잘 달린다.	+
2	제자리에서 두 발로 뛴다.	+
3	도움을 받아서 한 발로 선다.	+
4	발뒤꿈치를 들고 걷는다.	−
5	앞을 향해서 공을 찬다.	−
6	5~6개의 블록으로 탑을 쌓는다.	+
7	그림책을 한 장씩 넘긴다.	−
8	방문 손잡이나 꼭지를 돌린다.	−
9	주먹이 아닌 엄지손가락과 다른 손가락들을 이용해서 크레용을 쥔다.	−
10	점토를 굴리고 두드리고, 쥐고 잡아당긴다.	−

요 약:

• (4÷10)×100 = 40%

평 가:

생활연령(2세 9개월)에 비추어 볼 때 강민이의 신체발달, 특히 소근육 운동발달이 다소 늦은 것으로 보인다. 현재까지 나타나지 않은 행동과 관련된 활동을 계획하여 지도하면서 주기적으로 관찰을 실시할 필요가 있다.

2) 전반적 발달영역의 평가

앞서 언급하였듯이, 다섯 가지 발달영역은 상호 밀접한 관련이 있는 동시에 발달의 속도는 서로 다를 수 있다. 이처럼 발달영역에 따라 차이는 있지만 모든 발달영역에서 전반적으로 다소 느린 유아가 있을 수 있는데, 이런 경우에는 모든 발달영역에 걸쳐 발달평가를 실시해 보는 것이 필요할 수도 있다. 〈그림 5-2〉는 관찰을 통해 다섯 가지 발달영역에 대한 발달평가를 실시한 예를 제시하고 있다. 〈그림 5-2〉에서는 관찰의 기록방법 중 검목표기록이 사용되었는데, 관찰지는 [부록]에 제시된 발달이정표와 관련문헌(황해익, 2000)을 참고하여 2세(24~35개월)용으로 개발되었다.

⟨그림 5-2⟩ **전반적 발달영역에 대한 발달평가의 예**

관찰대상: 성명(박찬진) 성별(남) 생년월일(2014년 1월 5일) 현재연령(2년 10개월)
관찰일자: 2016년 11월 7일~2016년 11월 11일
관찰장소: ○○어린이집
관찰영역: 신체발달, 인지발달, 언어발달, 사회·정서발달, 자조기술발달
관 찰 자: 나은선

관찰기록지시: 각 문항별로 관찰행동이 나타나면 +, 나타나지 않으면 −로 기록란에 표시하시오.

발달 영역		관찰행동	기록
신체 발달	1	앞을 향해서 잘 달린다.	+
	2	제자리에서 두 발로 뛴다.	+
	3	도움을 받아서 한 발로 선다.	+
	4	발뒤꿈치를 들고 걷는다.	+
	5	앞을 향해서 공을 찬다.	
	6	5~6개의 블록으로 탑을 쌓는다.	+
	7	그림책을 한 장씩 넘긴다.	+
	8	방문 손잡이나 꼭지를 돌린다.	+
	9	주먹이 아닌 엄지손가락과 다른 손가락들을 이용해서 크레용을 쥔다.	−
	10	점토를 굴리고 두드리고, 쥐고 잡아당긴다.	−
인지 발달	1	그림책을 골라서 보고 그림 속의 사물을 명명한다.	−
	2	관계있는 사물들을 짝지어서 의미 있게 사용한다.	−
	3	동물의 소리와 사물을 소리를 흉내 낼 수 있다.	
	4	소리를 듣고 그 대상이나 물건의 명칭을 안다.	+
	5	상징놀이에서 자신과 사물을 사용한다.	−
	6	하나의 개념을 이해한다.	+
	7	위와 아래의 개념을 이해한다.	+
	8	사물의 크고 작음을 이해하기 시작한다.	+
	9	양이 많고 적음을 이해하기 시작한다.	+
	10	길고 짧음을 이해하기 시작한다.	−
언어 발달	1	이름을 말하면 일상의 물건들을 그림에서 찾는다.	+
	2	쓰임새를 말하면 물건을 식별한다.	−

⟨그림 5-2⟩ **계속됨**

발달 영역		관찰행동	기록
	3	아동에게 말하는 대부분의 것을 이해한다.	−
	4	부정문을 이해한다.	−
	5	의문사들(예: 왜, 누가, 누구의, 얼마나)을 이해한다.	−
	6	알고 있는 단어들을 두 단어 문장으로 만든다.	+
	7	이름과 성을 함께 말한다.	+
	8	부정문을 사용한다.	−
	9	무엇과 어디의 질문을 한다.	−
	10	2~3회의 차례가 지속되는 대화를 한다.	−
사회 · 정서 발달	1	다른 아동들의 놀이에 짧은 시간 동안 참여한다.	−
	2	자신의 소유를 주장한다.	+
	3	성인의 간단한 지시에 따른다.	+
	4	소꿉놀이를 시작한다.	−
	5	간단한 집단활동(예: 노래, 율동)에 참여한다.	−
	6	성별을 구분한다.	+
	7	약 10분 동안 음악이나 이야기를 들을 수 있다.	−
	8	간단한 규칙을 존중하고 따르기 시작한다.	−
	9	애정, 분노, 슬픔, 즐거움 등과 같은 감정을 나타낸다.	−
	10	자연 현상에 대해 불안 및 공포의 감정을 나타낸다.	+
자조 기술 발달	1	약간 흘리면서 숟가락으로 스스로 먹는다.	+
	2	도움 없이 주전자 물을 컵에 따른다.	+
	3	혼자 외투를 벗는다.	+
	4	도와주면 외투를 입는다.	+
	5	도와주면 손을 씻고 수건에 닦는다.	+
	6	혼자서 손이나 얼굴을 씻으려 한다.	−
	7	성인의 행동을 모방하여 이를 닦는다.	−
	8	낮 시간에 도움을 받아 화장실을 이용한다.	−
	9	필요하면 잠자는 시간을 늦춘다.	−
	10	위험(예: 뾰족한 가구 모서리)을 이해하고 피한다.	−

〈그림 5-2〉 **계속됨**

요 약:

- 신체발달: (7÷10)×100 = 70%
- 인지발달: (5÷10)×100 = 50%
- 언어발달: (3÷10)×100 = 30%
- 사회 · 정서발달: (4÷10)×100 = 40%
- 자조기술발달: (5÷10)×100 = 50%

평 가:

생활연령(2세 10개월)에 비추어 볼 때 찬진이는 모든 발달영역에서 전반적으로 다소 늦은 발달을 보인다고 할 수 있다. 발달영역별로 살펴보면, 첫째, 신체발달의 경우 다른 발달영역에 비해 상대적으로 다소 양호한 발달을 보이고 있으나 발뒤꿈치를 들고 걷는 행동이 과도하게 나타나는 경향이 있다. 둘째, 인지발달의 경우 모방이나 상징놀이가 전혀 나타나지 않고 있다. 셋째, 언어발달의 경우 가장 발달이 늦은 영역으로 보이는데, 특히 상대방의 말을 잘 이해하지 못하는 듯 보이고 대화를 잘 지속하지 못한다. 넷째, 사회 · 정서발달의 경우 다른 아동들과 함께 하거나(예: 소꿉놀이, 집단활동) 감정을 나타내는 일이 거의 없다. 다섯째, 자조기술발달의 경우 위험을 이해하고 피하는 모습이 잘 보이지 않는다. 따라서 발달영역 전반에 대한 체계적인 지도가 필요해 보일 뿐만 아니라 표준화된 사정도구를 사용하여 발달에 대한 좀 더 정확한 정보를 확보하는 것도 필요할 것으로 보인다.

2. 행동평가

제2장 1절의 '2) 관찰과 행동평가'에서 언급하였듯이, 행동평가란 문자 그대로 아동의 행동에 대한 평가를 의미하는데 특수교육에서 행동평가는 주로 아동의 문제행동에 대한 평가를 말한다. 장애를 가진 아동들 중에는 문제행동을 보이는 경우가 많은데 그 유형과 수준은 다양하다([보충설명 2-1] 참조). 예를 들어, 한 아동에게 평소에 없던 한 가지 방해행동이나 분산행동이 나타나는 경우, 한 가지 이상의 방해행동이 지속적으로 나타나는 경우, 두 가지 이상의 파괴행동이나 방해행동이 지속적으로 나타나는 경우 등이 있을 수 있다. 이러한 경우에 따라 행동에 대한 평가에도 차이가 있을 수 있는데, 첫 번째 경우에는 교사가 관심을 갖고 간단한 관찰을 통해 평가를 실시해 볼 수 있고, 두 번째 경우에는 교사가 좀 더 많은 관심을 갖고 기능사정을 통해 기능평가를 실시해 볼 수 있을 것으로 보이며, 세 번째 경우에는 교

사가 전문가의 도움을 받아 기능사정을 통해 기능평가를 실시하는 것이 바람직할 수 있다. 관찰은 이 세 가지 경우의 평가 모두에서 사용되는데, 첫 번째 경우의 평가에서는 자료수집방법으로 관찰이 주로 사용되고 두 번째와 세 번째 경우의 기능평가에서는 기능사정을 위해 면접이나 검사, 또는 관찰 등이 사용된다. 다음에서는 첫 번째 경우의 평가와 두 번째 경우의 기능평가에 대한 예를 각각 제시해 보고자 한다. 세 번째 경우의 기능평가는 학교차원의 긍정적 행동지원(schoolwide positive behavior support: SW-PBS)의 3단계[1차 예방(보편적 중재), 2차 예방(집단적 중재), 3차 예방(개별화된 중재)] 중 세 번째 단계에서 실시되는 기능사정 또는 미국의 「장애인교육법(IDEA 1997)」에서 명시한 기능적 행동사정(FBA)과 관련된 것으로 보통 행동전문가(behavioral specialists)가 포함된 팀에 의해 실시된다. 이와 같은 세 번째 경우의 기능평가는 행동수정 관련문헌(예: Alberto & Troutman, 2013; Miltenberger, 2016) 또는 행동지원 관련문헌(예: Bambara & Kern, 2005; Chandler & Dahlquist, 2010; Riffel, 2011)에서 주로 다루고 있으므로 구체적인 내용은 해당 문헌들을 참고하기 바란다.

1) 관찰을 통한 문제행동의 평가

한 아동에게 관심을 둘 만한 행동이 나타날 경우 간단한 관찰을 통해 그 행동에 대한 평가를 실시해 볼 수 있다. 이때 가장 쉽고 간단하게 사용할 수 있는 기록방법으로 일화기록이 있다. 〈그림 5-3〉에는 한 아동이 보이는 문제행동(언어적 공격성)에 대해 일화기록을 사용하여 평가를 실시한 예가 제시되어 있다.

〈그림 5-3〉 일화기록을 사용한 문제행동 평가의 예

관찰대상: 성명(한지유) 성별(여) 생년월일(2012년 5월 3일) 현재연령(4년 1개월)
관찰일자: 2016년 6월 14일
관찰시간: 오전 9:20~9:30
관찰장소: ○○어린이집
관찰장면: 자유선택활동 시간
관 찰 자: 김유채

기 록:

자유선택활동 시간에 역할놀이 영역에 있던 지유가 자기의 이름표를 떼어서 미술영역으로 가져가 붙였다. 그림을 그리고 있던 혜정이와 다연이를 팔짱을 낀 채 서서 쳐다보았다. 지나가던 교사가 혜정이의 그림을 오른손으로 가리키며 "와, 정말 잘 그렸네. 꽃을 참 예쁘게 그렸구나 우리 혜정이가."라고 말했다. 지유는 교사를 한 번 올려다보고 혜정이의 그림을 쳐다보았다. 교사가 쌓기놀이 영역으로 이동하고 지유는 혜정이의 맞은편에 앉았다. 잠시 후 지유는 "엄혜정, 너 그림 안 예뻐!"라고 말했다. 옆에 있던 다연이가 "야! 한지유, 친구에게 그렇게 말하면 안 돼. 그건 나쁜 거야."라고 말했다. 지유가 다연이를 흘겨보며 "네 거도 하나도 안 예뻐. 엄혜정도 엄청 이상해. 바보 같아."라고 말하고는 자기 이름표를 역할놀이 영역에서 떼고 쌓기놀이 영역으로 걸어갔다.

요 약:

• 고의적으로 친구에게 상처를 주는 언어적 공격성을 보인다.
• 자유선택활동 시간에 한 영역에 들어가서 놀이를 하는 것이 아니라, 영역을 돌아다니며 친구들의 활동을 지켜보기만 하는 경향이 있다.
• 교사의 행동과 말에 관심이 많고 자유선택활동 시간에 교사를 따라 다니는 경향이 있다.

평 가:

• 친구에게 상처를 주는 말을 하면 왜 안 되며, 자신의 말로 인해 친구가 어떤 감정을 갖는지 이해할 수 있는 기회를 제공하여 이러한 행동을 고쳐 나갈 수 있도록 지도할 필요가 있다.
• 적절한 지도방안을 마련하기 위해 지유가 왜 그런 행동을 하게 되었는지 원인을 알아볼 필요가 있다. 즉, 지유가 친구들과 어울리고 싶지만 적절한 상호작용 빙법을 모르는 것인지, 아니면 교사에게 관심을 받고 싶어 하는 마음에서 그런 행동을 한 것인지 관찰해 보는 것이 바람직할 것으로 보인다. 또한 지유 부모님의 양육태도는 어떠한지, 집에서도 언어적 공격성이 나타나는지 등에 대해서도 살펴볼 필요가 있을 것이다.

수정발췌: 황해익 외(2014). 아동관찰 및 행동연구. 경기도 고양: 공동체. (p. 66)

2) 기능사정을 통한 문제행동의 기능평가

행동평가와 관련하여 기능평가(functional evaluation)란 수집된 정보에 근거하여 선행요인 및 후속결과와 문제행동의 관계에 대한 의사결정을 내리는 것, 즉 수집된 정보에 근거하여 선행요인 및 후속결과와 문제행동의 관계에 대한 가설을 설정하는 것을 말한다. 기능사정(functional assessment)은 이러한 기능평가에 필요한 자료를 수집하는 과정을 말한다. 기능사정에서는 간접방법, 직접방법, 실험방법(기능분석)의 세 가지 방법이 사용될 수 있는데, 일반적으로 교육현장에서는 간접방법과 직접방법 두 가지만 사용하는 경향이 있다([보충설명 2-2] 참조).

기능평가를 실시하는 방식은 문헌에 따라 다소 차이가 있을 뿐 아니라 아동이나 상황이 갖는 구체적인 필요에 기반을 두어야 하기 때문에 모든 기능평가에 적용되는 획일적인 단계는 없다. 이 책에서는 행동전문가의 도움 없이 교사가 아동들의 문제행동을 지도하기 위해 기능평가를 실시하고자 하는 경우에 참고할 수 있도록 기능평가의 단계를 여섯 단계로 나누어 설명하고 그 예를 제시하기로 한다. [보충설명 2-2]에서 언급하였듯이 기능평가에는 두 가지 방식이 있는데, 하나는 간접방법과 직접방법의 두 가지 기능사정방법을 통해 수집된 자료에 근거하여 선행요인 및 후속결과와 문제행동의 관계에 대한 잠정적 가설을 설정하는 것이고 다른 하나는 실험방법(기능분석)까지 포함한 세 가지 기능사정방법 모두를 통해 수집된 자료에 근거하여 선행요인 및 후속결과와 문제행동의 관계에 대한 확고한 가설을 설정하는 것이다. 다음에 제시되는 단계 중 '단계 4'까지 진행하는 것은 전자의 방식이고 '단계 6'까지 진행하는 것은 후자의 방식이다.

(1) 기능평가의 단계

① 단계 1: 문제행동 선정하기

일반적으로 교사가 어떤 아동에 대해 기능평가를 고려할 때는 그 아동이 한 가지 심각한 문제행동을 보이거나 두 가지 이상의 문제행동을 보이는 경우가 대부분이다. 따라서 기능평가의 첫 번째 단계는 기능평가를 하고자 하는 문제행동을 확인하고 선정하는 것이다. 아동이 두 가지 이상의 문제행동을 보일 경우에는 심각성의 수준에 따라 우선적으로 중재할 행동을 선정해야 한다. 문제행동은 주로 파괴행동,

방해행동, 분산행동의 세 가지 유형으로 분류되는데, 심각성 수준에서는 파괴행동이 가장 높고 그다음은 방해행동, 분산행동의 순이다([보충설명 2-1] 참조). 따라서 파괴행동이 우선적인 중재 대상으로 선정되어야 하는데, 만약 아동이 파괴행동은 보이지 않고 방해행동을 보인다면 방해행동을 우선적인 중재 대상으로 선정할 수 있다. 분산행동은 이후에 방해행동으로 발전될 가능성이 있거나 사회적 수용에 영향을 미치는 경우에 중재를 고려하게 된다. 중재 대상으로 선정된 문제행동은 일반적으로 표적행동(target behavior)이라고 한다.

② 단계 2: 문제행동의 조작적 정의 내리기

어떤 문제행동이 중재 대상, 즉 표적행동으로 선정되고 나면 그 행동에 대한 조작적 정의를 내려야 한다. 조작적 정의(operational definition)란 그 행동을 관찰가능하고 구체적인 형태로 표현해 놓은 것을 말한다([보충설명 1-4] 참조).

③ 단계 3: 기능사정 실시하기: 간접방법 및 직접방법

문제행동(즉, 표적행동)이 선정되고 그에 대한 조작적 정의를 내리고 나면 그 행동과 관련된 선행요인 및 후속결과에 대한 정보를 수집하는 기능사정을 실시해야 한다. 기능사정방법에는 간접방법, 직접방법, 실험방법(기능분석)의 세 가지가 있는데, 일반적으로 간접방법과 직접방법 두 가지만 사용하거나 실험방법(기능분석)을 후속적으로 사용하기도 한다. 우선적으로 사용되는 두 가지 기능사정방법(간접방법과 직접방법)에 대해 간단히 살펴보면 다음과 같다.

먼저, 기능사정에서 사용되는 간접방법(indirect methods)은 아동 자신(단, 일반적으로 유아는 제외)이나 아동을 잘 알고 있는 사람들(예: 부모, 교사 등)을 통해 아동의 문제행동에 대한 정보를 수집하는 것을 말한다. 간접방법에서는 주로 면접이나 검사가 실시되며 관찰은 실시되지 않는다.

다음으로, 기능사정에서 사용되는 직접방법(direct methods)은 일상적 생활장소에서 어떠한 통제도 없이 아동을 직접 보면서 아동의 문제행동에 대한 정보를 수집하는 것을 말한다. 즉, 직접방법에서는 주로 관찰이 실시되는데 이때 일화기록이나 ABC기록과 같은 서술기록이 일반적으로 사용된다.

④ 단계 4: 선행요인 및 후속결과와 문제행동의 관계에 대한 잠정적 가설 설정하기

간접방법 및 직접방법을 통해 문제행동과 관련되어 있는 선행요인 및 후속결과에 대한 정보를 수집하고 나면 그 정보를 근거로 선행요인 및 후속결과와 문제행동의 관계에 대한 잠정적 가설(tentative hypothesis)을 설정해야 한다. 이와 같이 잠정적 가설이라고 하는 이유는 간접방법 및 직접방법을 통해 수집된 정보에 근거하여 설정된 가설은 선행요인 및 후속결과와 문제행동 간의 상관관계만 입증할 뿐 기능적 관계를 입증하지 못하기 때문이다.

참고로, 이 단계에서 기능평가를 종료할 수도 있다. 즉, 잠정적이라는 제한은 있으나 선행요인 및 후속결과와 문제행동의 관계에 대한 가설을 제시하고 그 가설에 근거하여 문제행동을 감소시키기 위한 중재전략을 제안할 수 있다. 하지만 좀 더 확실한 가설을 설정하고자 할 때에는 다음 단계로 이동한다.

⑤ 단계 5: 기능사정 실시하기: 실험방법(기능분석)

선행요인 및 후속결과와 문제행동의 관계에 대한 잠정적 가설이 설정되고 나면 실험방법(experimental methods)을 통해 그 가설을 검증해야 한다. 그 이유는 잠정적 가설은 선행요인 및 후속결과와 문제행동 간의 상관관계만 입증할 뿐 기능적 관계를 입증하지 못하기 때문이다. 실험방법을 흔히 기능분석이라고 하는데, 기능분석(functional analysis)은 잠정적 가설에 제시된 선행요인 및 후속결과를 조작하고 그것이 문제행동에 미치는 영향에 대한 정보를 수집하는 것을 말한다. 기능분석에서도 관찰을 통해 자료수집을 하게 되는데 이때 주로 간격기록이나 사건기록이 사용된다. 기능분석의 결과는 두 가지로 나타날 수 있다. 한 가지는 선행요인 및 후속결과의 조작이 문제행동에 긍정적 변화를 가져오는 것이고, 다른 한 가지는 선행요인 및 후속결과의 조작이 문제행동에 부정적 변화를 가져오거나 별다른 변화를 가져오지 않는 것이다. 전자의 경우는 잠정적 가설이 증명되었다는 것을 의미하므로 다음 단계인 '선행요인 및 후속결과와 문제행동의 관계에 대한 확고한 가설 설정하기'로 이동하고, 후자의 경우에는 '단계 3' 또는 '단계 4'로 돌아가서 잠정적 가설을 다시 설정해야 한다.

참고로, 기능분석은 인과관계를 규명하는 실험연구의 한 유형인 단일대상설계를 통해 실시되기도 한다[저자주: 단일대상설계에 대해서는 제2장 2절의 '2) 실험연구'를 참

고할 것]. 이러한 경우는 보통 아동의 문제행동이 심각하여 행동전문가에 의한 기능
평가가 요구되는 상황일 때가 많다. 물론 교사가 단일대상설계를 사용하여 기능분
석을 실시할 수도 있지만 그 절차가 복잡하기 때문에 대부분은 교사와 행동전문가
가 함께 참여한다(Alberto & Troutman, 2013). 이와 같은 경우의 기능평가에 대한 구
체적인 내용은 이 책의 초점을 벗어나는 것이므로 다루지 않지만 필요하다면 행동
수정 관련문헌(예: Alberto & Troutman, 2013; Miltenberger, 2016) 또는 행동지원 관련
문헌(예: Bambara & Kern, 2005; Chandler & Dahlquist, 2010; Riffel, 2011)을 참고하기
바란다.

⑥ 단계 6: 선행요인 및 후속결과와 문제행동의 관계에 대한 확고한 가설 설정하기

  기능분석의 결과로 잠정적 가설이 증명되고 나면 선행요인 및 후속결과와 문제
행동 간의 기능적 관계에 대한 확고한 가설(firm hypothesis)을 설정해야 한다. 그리
고 이러한 확고한 가설에 근거하여 문제행동을 감소시키기 위한 중재전략을 제안
한다. 즉, 문제행동에 대한 선행요인 및 후속결과를 변경시키는 중재전략을 제안할
수 있다.

  이상과 같이 기능평가에서는 먼저 문제행동을 선정하여 관찰가능한 구체적인
형태로 기술하고, 그 다음에는 문제행동이 발생하거나 발생하지 않는 때를 예측
할 수 있는 선행요인과 문제행동을 유지시키는 후속결과를 기능사정을 통해 파악
한 후, 마지막으로 선행요인 및 후속결과와 문제행동 간의 기능적 관계에 대한 가
설을 설정한다. 이때 선행요인에는 배경사건, 선행사건, 선행자극이 포함되고 후속
결과에는 후속사건과 후속자극이 포함된다([보충설명 3-1] 참조). 이와 같은 기능평
가와 관련하여 한 가지 유념할 사항은 기능평가가 문제행동의 기능(function)에 대
한 평가가 아니라 선행요인 및 후속결과와 문제행동 간의 기능적 관계(functional
relationship)에 대한 평가라는 것이다. 문제행동의 기능에 대한 평가란 문제행동을
유지시키는 후속결과를 파악하는 것으로서 이는 기능사정에 포함되어 있다. [보충
설명 5-1]에는 문제행동을 유지시키는 후속결과를 파악할 때 참고할 수 있는 문제
행동의 기능이 간략하게 소개되어 있다.

[보충설명 5-1] 문제행동의 기능

기능사정의 주요 목적 중 하나는 문제행동을 유지시키는 후속결과를 확인하는 것, 즉 문제행동의 기능을 확인하는 것이다(Miltenberger, 2016). 문제행동의 기능(functions of problem behaviors)을 분류하는 방식은 문헌에 따라 다소 차이는 있으나 크게 유쾌자극 얻기와 불쾌자극 피하기의 두 가지 부류로 구분할 수 있다. 유쾌자극(pleasant stimulus)은 유쾌한 자극 또는 좋아하는 자극, 즉 유쾌성(pleasantness)을 가진 자극을 말한다. 불쾌자극(unpleasant stimulus)은 불쾌한 자극 또는 싫어하는 자극, 즉 불쾌성(unpleasantness)을 가진 자극을 말하는데 강한 불쾌자극은 혐오성(aversiveness)을 가진 자극, 즉 혐오자극(aversive stimulus)이라고 한다. 단, 자극의 유쾌성, 불쾌성, 또는 혐오성 정도는 개인이나 상황에 따라 상대적이다(이승희, 2020). 이 두 가지 부류(유쾌자극 얻기, 불쾌자극 피하기)는 유쾌자극이나 불쾌자극의 형태(관심, 유형물이나 활동, 내·외적 감각자극)에 따라 각각 세 가지 유형으로 나눌 수 있다. 따라서 문제행동의 기능에는 여섯 가지 유형이 있다고 할 수 있는데 이를 정리해 보면 다음과 같다. 참고로, 문제행동의 기능이 유쾌자극 얻기로 분류될 때는 정적 강화(positive reinforcement)에 의해 그 행동이 유지되는 것이고, 불쾌자극 피하기로 분류될 때는 부적 강화(negative reinforcement)에 의해 그 행동이 유지되는 것이다.

※ 문제행동 기능의 분류

문제행동의 기능			비고
유쾌자극 얻기	1	관심의 획득	정적 강화
	2	유형물이나 활동의 획득	
	3	내·외적 감각자극의 획득	
불쾌자극 피하기	4	관심의 도피 또는 회피	부적 강화
	5	유형물이나 활동의 도피 또는 회피	
	6	내·외적 감각자극의 도피 또는 회피	

(2) 기능평가의 실행 예

앞서 살펴본 기능평가의 여섯 단계에 따라 그 예를 제시해 보기로 한다. 먼저 기능평가를 적용할 사례를 소개하면 다음과 같다.

■ 사례

세라는 병설유치원이 있는 초등학교에 재학 중인 4학년 여학생이다. 3학년이 끝나 갈 무렵 세라는 주의력결핍과잉행동장애(ADHD)를 지닌 것으로 진단받았는데 특수교육대상자로는 선정되지 않았다. 세라는 병설유치원에 다닐 때 말을 많이 하고 발음도 분명하였지만 과제에 집중하거나 과제를 완수하는 데 어려움을 보였다. 지능검사에서 세라의 IQ는 평균 이상이었다. 세라의 부모는 소아과 의사에게 상담을 요청하였는데, 세라는 다만 발달이 조금 늦을 뿐이므로 시간이 지나면 괜찮아질 것이라는 답변을 들었다. 세라의 학업문제는 초등학교에 입학한 후에도 지속되었다. 그러나 세라의 강점인 구어기술 덕분에 이를 보상하고 잘 지낼 수 있었다. 하지만 3학년이 되면서 학업과 관련된 세라의 행동문제가 두드러지기 시작하였다. 4학년이 시작된 지금 세라는 수업시간에 과제이탈행동을 자주 보이는데, 수업 중에 책상에 엎드려 있거나 자리를 이탈하곤 한다. 이러한 문제행동을 지도하기 위해 담임교사는 우선 간단한 기능평가를 해 보기로 결정하였다.

[수정발췌: Bambara, L. M. (2005). Overview of the behavior support process. In L. M. Bambara & L. Kern (Eds.), *Individualized supports for students with problem behaviors: Designing positive behavior plans* (pp. 47-70). New York, NY: The Guilford Press. (pp. 68-70)]

① 단계 1: 문제행동 선정하기

교사는 세라가 수업시간에 보이는 과제이탈행동, 즉 '수업 중 책상에 엎드려 있기'와 '수업 중 자리 이탈하기'를 문제행동으로 선정하였다.

② 단계 2: 문제행동의 조작적 정의 내리기

교사는 선정된 문제행동, 즉 표적행동에 대한 조작적 정의를 내렸다. '수업 중 책상에 엎드려 있기'는 '앉은 자리에서 팔을 책상에 올리고 그 위에 옆머리나 얼굴을 대고 있다.'로 정의하고 '수업 중 자리 이탈하기'는 '앉은 자리를 떠나 교실 내 다른 곳으로 이동한다.'로 정의하였다.

③ 단계 3: 기능사정 실시하기: 간접방법 및 직접방법

교사는 표적행동(수업 중 책상에 엎드려 있기, 수업 중 자리 이탈하기)과 관련된 선행요인 및 후속결과에 대한 정보를 수집하기 위하여 우선 간접방법과 직접방법을 사용하기로 하였다. 간접방법으로 세라의 어머니를 면접하였고, 직접방법으로 표적행동이 주로 나타났던 국어시간과 과학시간에 ABC기록으로 관찰을 실시하였다. 〈그림 5-4〉와 〈그림 5-5〉는 작성된 면접지와 관찰지를 각각 제시하고 있다.

〈그림 5-4〉 **부모 면접지(김세라)**

평가대상: 성명(김세라) 성별(여) 생년월일(2006년 2월 18일) 현재연령(10년 1개월)
면접일자: 2016년 3월 18일
피면접자: 세라 어머니
편 집 자: 이서경(담임교사)

> 어머니 면접:
>
> • 세라는 집에서 책읽기는 즐기지만 숙제하기는 거부함.
> • 세라는 소근육 기술에 문제가 있음.
> • 세라는 쓰기를 싫어함.
> • 숙제가 대부분 쓰기과제이므로 쓰기를 싫어하는 세라가 숙제를 거부하는 것으로 보임.

〈그림 5-5〉 ABC기록 관찰지(김세라)

관찰대상: 성명(김세라) 성별(여) 생년월일(2006년 2월 18일) 현재연령(10년 1개월)
관찰일자: 2016년 3월 21일
관찰시간: 오전 11:10~11:30 / 오후 1:10~11:30
관찰장소: 교실
관찰장면: 국어시간, 과학시간
관찰행동: 과제이탈행동
- 수업 중 책상에 엎드려 있기(조작적 정의: 앉은 자리에서 팔을 책상에 올리고 그 위에 옆머리나 얼굴을 대고 있다.)
- 수업 중 자리 이탈하기(조작적 정의: 앉은 자리를 떠나 교실 내 다른 곳으로 이동한다.)

관 찰 자: 이서경(담임교사)

시 간	선행사건(A)	행동(B)	후속사건(C)
(국어시간) 오전 11:10~11:30	교과서 일부를 읽으라고 교사가 지시함.	세라가 해당 부분을 아무 문제 없이 읽음.	특별한 상호작용 없음.
	이야기의 결말을 예상해 써 보라고 교사가 지시함.	세라는 종이에 이름을 쓴 후 더 이상 과제를 하지 않으면서 책상에 엎드려 있기도 함.	교사가 세라에게 과제를 하라는 말을 3회 연속해서 함.
(과학시간) 오후 1:10~1:30	모둠별로 급우와 함께 실험을 하라고 교사가 지시함.	세라가 전체 과정에 잘 참여함.	특별한 상호작용 없음.
	실험결과를 일지에 각자 기록하라고 교사가 지시함.	세라는 일지를 작성하지 않으면서 교실을 돌아다니기도 함.	교사가 세라에게 일지를 작성하라는 말을 2회, 자리에 앉으라는 말을 2회 함.

요 약:
- 세라는 읽기과제는 잘 수행하고 활동중심의 모둠프로젝트에도 잘 참여하는 반면 쓰기과제는 피하는 경향이 있다.
- 세라는 쓰기과제가 제시되면 '수업 중 책상에 엎드려 있기'나 '수업 중 자리 이탈하기'를 보이는 경향이 있다.

※ 제3장 1절 '서술기록'에 나타나 있듯이, 서술기록(일화기록, 표본기록, ABC기록)에서는 관찰자가 들은 대화는 큰따옴표(" ")를 이용하여 직접화법으로 기록하는 것이 일반적이다. 하지만 이 예처럼 기능사정에서 ABC기록으로 관찰할 때는 간접화법을 사용하기도 한다.

④ 단계 4: 선행요인 및 후속결과와 문제행동의 관계에 대한 잠정적 가설 설정하기

교사는 세라 어머니의 면접과 ABC관찰을 통해 수집된 정보에 근거하여 선행요인 및 후속결과와 문제행동의 관계에 대한 잠정적 가설을 설정하였다. 설정된 가설은 '세라는 쓰기과제가 주어지면 이를 피하기 위해 과제이탈행동(수업 중 책상에 엎드려 있기, 수업 중 자리 이탈하기)을 보인다.'였다. 이 가설에서 선행요인은 쓰기과제가 주어지는 것이고, 후속결과(즉, 행동의 기능)는 쓰기과제를 피하는 것이며, 문제행동은 과제이탈행동(수업 중 책상에 엎드려 있기, 수업 중 자리 이탈하기)이다.

⑤ 단계 5: 기능사정 실시하기: 실험방법(기능분석)

교사는 설정된 잠정적 가설을 검증하기로 하고 실험방법인 기능분석을 실시하였다. 한 가지 표적행동인 '수업 중 책상에 엎드려 있기'와 관련해서는 4일간 4회에 걸쳐 국어시간에 쓰기과제의 유무가 그 행동에 미치는 영향을 살펴보았고, 다른 한 가지 표적행동인 '수업 중 자리 이탈하기'와 관련해서는 4일간 4회에 걸쳐 과학시간에 쓰기과제의 유무가 그 행동에 미치는 영향을 살펴보았다. 국어시간에는 이야기의 결말을 예상해 각자 쓰게 하거나(2회) 이야기의 결말을 예상해 학생별로 구두로 대답하게 하였다(2회). 과학시간에는 실험결과를 각자 일지에 쓰게 하거나(2회) 실험결과를 모둠별로 토론하게 하였다(2회). 이때 교사는 10분 동안 순간간격기록으로 표적행동을 관찰하여 기록하였는데, 30초 간격으로 신호를 해 줄 진동타이머를 자신의 주머니에 넣고 소리가 날 때마다 세라가 표적행동을 보이는지의 여부를 기록하였다. 〈그림 5-6〉과 〈그림 5-7〉은 두 가지 표적행동에 대해 각각 작성된 순간간격기록 관찰지를 제시하고 있다.

〈그림 5-6〉 순간간격기록 관찰지(수업 중 책상에 엎드려 있기)

관찰대상: 성명(김세라) 성별(여) 생년월일(2006년 2월 18일) 현재연령(10년 1개월)

관찰일자: 2016년 3월 23일, 2016년 3월 25일, 2016년 3월 28일, 2016년 3월 30일

관찰시간: 오전 11:20~11:30

관찰장소: 교실

관찰장면: 국어시간

관찰행동: 수업 중 책상에 엎드려 있기(조작적 정의: 앉은 자리에서 팔을 책상에 올리고 그 위에 옆머리나 얼굴을 대고 있다.)

관 찰 자: 이서경(담임교사)

관찰기록지시: 각 관찰간격의 마지막 순간에 행동이 발생하면 ○, 행동이 발생하지 않으면 ×로 표시하시오.

관찰시간 (관찰간격: 30초)		관찰일자			
		3/23 (쓰기과제)	3/25 (구두대답)	3/28 (쓰기과제)	3/30 (구두대답)
1분	30초	×	×	×	×
	30초	×	×	×	×
2분	30초	×	×	×	×
	30초	○	○	○	×
3분	30초	○	×	○	○
	30초	×	×	○	×
4분	30초	×	×	×	×
	30초	○	○	×	×
5분	30초	○	×	○	×
	30초	×	×	○	○
6분	30초	○	×	×	×
	30초	○	×	○	×
7분	30초	×	×	○	×
	30초	○	×	○	×
8분	30초	○	×	×	×
	30초	○	○	×	○
9분	30초	×	○	○	○
	30초	○	×	○	×
10분	30초	○	×	○	×
	30초	○	×	○	×

요 약:

• 3월 23일: (12÷20)×100 = 60%

• 3월 25일: (4÷20)×100 = 20%

• 3월 28일: (12÷20)×100 = 60%

• 3월 30일: (4÷20)×100 = 20%

〈그림 5-7〉 순간간격기록 관찰지(수업 중 자리 이탈하기)

관찰대상: 성명(김세라) 성별(여) 생년월일(2006년 2월 18일) 현재연령(10년 1개월)
관찰일자: 2016년 3월 23일, 2016년 3월 25일, 2016년 3월 28일, 2016년 3월 30일
관찰시간: 오후 1:20~1:30
관찰장소: 교실
관찰장면: 과학시간
관찰행동: 수업 중 자리 이탈하기(조작적 정의: 앉은 자리를 떠나 교실 내 다른 곳으로 이동한다.)
관 찰 자: 이서경(담임교사)

관찰기록지시: 각 관찰간격의 마지막 순간에 행동이 발생하면 ○, 행동이 발생하지 않으면 ×로
표시하시오.

관찰시간 (관찰간격: 30초)		관찰일자			
		3/23 (쓰기과제)	3/25 (토론)	3/28 (쓰기과제)	3/30 (토론)
1분	30초	×	×	×	×
	30초	×	×	×	×
2분	30초	○	×	○	×
	30초	○	×	○	×
3분	30초	○	×	×	×
	30초	○	×	○	×
4분	30초	○	○	○	×
	30초	○	○	○	×
5분	30초	○	×	○	×
	30초	×	×	×	×
6분	30초	×	×	×	○
	30초	×	×	×	○
7분	30초	○	×	○	×
	30초	○	×	○	×
8분	30초	○	×	○	×
	30초	○	×	○	×
9분	30초	○	×	○	×
	30초	○	×	○	×
10분	30초	○	×	×	×
	30초	×	×	×	×

요 약:

• 3월 23일: (14÷20)×100 = 70%
• 3월 25일: (2÷20)×100 = 10%
• 3월 28일: (12÷20)×100 = 60%
• 3월 30일: (2÷20)×100 = 10%

⑥ 단계 6: 선행요인 및 후속결과와 문제행동의 관계에 대한 확고한 가설 설정하기

기능분석을 실시한 결과, '수업 중 책상에 엎드려 있기'와 '수업 중 자리 이탈하기'는 쓰기과제를 제시할 경우 60~70% 정도로 나타났지만 구두대답이나 토론을 하게 할 경우 10~20% 정도로 나타났다. 교사는 이러한 결과를 통해 기능분석 이전에 설정된 잠정적 가설인 '세라는 쓰기과제가 주어지면 이를 피하기 위해 과제이탈 행동(수업 중 책상에 엎드려 있기, 수업 중 자리 이탈하기)을 보인다.'가 증명되었다고 보고 이 가설을 확고한 가설로 설정하였다.

기능분석을 통해 설정된 확고한 가설에 근거하여 교사는 세라의 문제행동을 감소시키기 위한 중재전략을 다음과 같이 제안하였다. 첫째, 구두기술은 세라의 강점이므로 이러한 강점이 반영된 쓰기수행의 대체전략(예: 녹음기)을 마련하는 것이 바람직할 것으로 보인다. 둘째, 세라는 소근육 기술에 문제가 있고 이 점도 쓰기문제와 관련이 있을 수도 있으므로 적절한 기자재(예: 경사판)를 사용할 수 있도록 하는 것이 필요해 보인다. 셋째, 쓰기과제가 없는 수업시간이라 할지라도 문제행동이 전혀 나타나지 않는 것은 아니었는데, 이는 문제행동이 세라가 진단받은 ADHD의 특성과 관련이 있기 때문일 수 있으므로 ADHD를 지닌 아동들을 위한 일반적인 중재전략도 병행할 필요가 있어 보인다. 또한 ADHD를 지닌 아동들 중에는 운동협응 능력이 떨어져 쓰기에 문제가 나타나는 경우가 있으므로 세라의 소근육 기술 문제도 ADHD와 관련이 있는지 확인하고 필요한 경우 관련 중재방안을 모색하는 것이 필요할 것으로 보인다.

3. 학습평가

제2장 1절의 '3) 관찰과 학습평가'에서 언급하였듯이, 학습평가란 학업평가를 포함하는 개념으로서 '배우고 익힌 내용의 이해도나 응용력 또는 이를 토대로 한 성과 따위에 관한 평가'를 말한다(국립국어원, 2016). 앞서 살펴본 발달평가나 행동평가에서와 마찬가지로 관찰은 학습평가에서도 자료수집방법으로 사용되는데, 크게 두 가지 방식이 있다. 첫 번째는 학습평가를 위한 자료수집방법으로 관찰이 사용되는 방식이고, 두 번째는 학습평가를 위한 자료수집방법으로 수행사정이나 포트폴리오사정을 사용하되 그 실행과정에서 관찰이 사용되는 방식이다. 다음에서는 이 두 가지 방식의 예를 각각 제시해 보고자 한다.

1) 관찰을 통한 학습평가

학습평가를 위한 자료수집방법으로 관찰이 사용될 경우, 한 가지 또는 그 이상의 기록방법을 활용할 수 있다. 이때 활용되는 기록방법에는 간격기록, 사건기록, 산물기록, 평정기록과 같은 기본유형뿐만 아니라 통제된 제시 기록, 준거도달 시행기록, 간격-빈도기록과 같은 특수유형도 포함된다. 따라서 학습평가를 위해 실시되는 관찰은 관찰자(교사)의 의도에 따라 매우 다양하게 설계될 수 있다. 다음에서는 통제된 제시 기록을 활용한 학습평가의 예를 제시해 보고자 한다. 〈그림 5-8〉은 통제된 제시 기록을 활용하여 한 아동의 한 자리수 뺄셈 수행수준에 대한 평가를 실시한 예다.

〈그림 5-8〉 통제된 제시 기록을 활용한 학습평가의 예

관찰대상: 성명(임현우) 성별(남) 생년월일(2008년 1월 9일) 현재연령(8년 3개월)

관찰일자: 2016년 4월 11일, 2016년 4월 13일, 2016년 4월 15일

관찰시간: 오후 1:10~1:40

관찰장소: 통합학급

관찰장면: 수학시간

반응기회: 교사의 한 자리수 뺄셈에 대한 구두질문(예: "5 빼기 3은?")

관찰행동: ⓐ 교사의 한 자리수 뺄셈에 대한 구두질문에 응답하기

　　　　　ⓑ 교사의 한 자리수 뺄셈에 대한 구두질문에 정답 말하기

관 찰 자: 김보경

관찰기록지시: ⓐ 반응기회(교사의 한 자리수 뺄셈에 대한 구두질문)가 제시되었을 때 응답
　　　　　　　(정답 또는 오답)을 하면 ○, 응답을 하지 않으면 ×로 표시하시오.

　　　　　　ⓑ 반응기회(교사의 한 자리수 뺄셈에 대한 구두질문)가 제시되었을 때 정답을
　　　　　　　말하면 ○, 오답을 말하면 ×로 표시하시오.

관찰 일자	관찰 시간	관찰 행동	반응기회									
			1	2	3	4	5	6	7	8	9	10
4/11	30분	ⓐ 응답	×	×	○	○	×	○	×	○	○	×
		ⓑ 정답	×	×	○	○	×	○	×	○	×	×
4/13	30분	ⓐ 응답	×	○	○	×	○	×	○	○	×	○
		ⓑ 정답	×	○	○	×	○	×	○	×	×	○
4/15	30분	ⓐ 응답	×	○	×	○	○	×	○	○	○	○
		ⓑ 정답	×	○	×	○	○	×	○	○	×	○

요　약:

• 4월 11일: ⓐ (5÷10)×100 = 50%
　　　　　　 ⓑ (4÷10)×100 = 40%

• 4월 13일: ⓐ (6÷10)×100 = 60%
　　　　　　 ⓑ (5÷10)×100 = 50%

• 4월 15일: ⓐ (7÷10)×100 = 70%
　　　　　　 ⓑ (6÷10)×100 = 60%

평　가:

• 현우는 구두질문에 응답할 경우 최소 80% 이상 정답을 말한다. 이는 현우가 한 자리수 뺄
셈은 어느 정도 습득하였으나 응답하고자 하는 동기가 다소 결여된 것으로 해석될 여지가
있다. 따라서 현우의 학습동기를 좀 더 높일 수 있는 방안을 모색하여 지도하면서 관찰해
볼 필요가 있다.

2) 수행사정을 통한 학습평가

수행사정(performance assessment)은 과제를 수행하는 과정이나 결과를 통하여 아동의 지식, 태도, 또는 기능에 대한 자료를 수집하는 방법이라고 할 수 있다(배호순, 2000; 한국교육평가학회, 2004). 즉, 수행사정에서는 아동 스스로가 자신의 지식, 태도, 또는 기능을 나타내기 위해 행동으로 보이거나, 산출물을 만들거나, 답을 작성하는 수행이 요구된다. 따라서 수행사정에서 수행이란 단순히 신체를 움직이는 것만을 의미하는 것이 아니라 자신의 지식, 태도, 또는 기능을 드러내기 위한 말하기, 듣기, 읽기, 쓰기, 그리기, 만들기 등을 포함하는 모든 인간의 활동을 의미한다(한국교육평가학회, 2004).

수행사정에서는 수행의 과정(process) 혹은 결과(product)에 초점을 두거나 또는 과정과 결과 모두에 초점을 둘 수도 있다(Gronlund, 2003; Kubiszyn & Borich, 2003). 과정에 초점을 두는 경우로는 결과가 존재하지 않거나 경비 등의 이유로 결과평가가 실행불가능할 때, 과정이 순서적이고 직접관찰이 가능할 때, 정확한 과정이 추후 성공에 필수적일 때, 과정단계의 분석이 결과를 향상시키는 데에 도움이 될 수 있을 때 등이 있다. 이에 비해 결과가 명확히 확인되고 판단가능한 특성을 가지고 있을 때, 다양한 과정이 동질의 결과를 산출할 수 있을 때, 과정이 관찰불가능할 때, 과정단계가 숙달되었을 때는 결과에 초점을 두어야 한다(Gronlund, 2003). 그러나 많은 경우에 과정과 결과 모두가 수행의 중요한 측면이 될 수 있다.

이와 같은 수행사정은 앞서 언급하였듯이 그 실행과정에서 관찰이 사용된다. 왜냐하면 수행의 과정, 결과, 또는 과정/결과 중 어디에 초점을 두는가에 상관없이 수행사정에서는 채점기준표(rubric)를 만들어 수행성과를 관찰하고 채점하는 것이 필요하기 때문이다. 수행사정에서의 채점방법으로는 검목표방법, 평정척도방법, 총체적 채점방법의 세 가지 유형이 있다. 첫 번째 검목표방법(checklist method)은 검목표(checklist)를 활용하여 채점기준표를 만들어 채점하는 방법이고, 두 번째 평정척도방법(rating scale method)이란 평정척도(rating scale)를 활용하여 채점기준표를 만들어 채점하는 방법이며, 세 번째 총체적 채점방법(holistic scoring method)은 수행의 과정이나 결과를 채점할 때 개별적인 요소를 고려하기보다는 전체적으로 판단하여 단일점수를 부여하는 방법이다. 이러한 채점기준표는 관찰을 통해 작성되기 때문에 수행사정의 신뢰도는 관찰자간 신뢰도(일치율) 추정방법을 통해 검증할 수 있다. 즉, 검목표방법에서는 검목표기록의 관찰자간 신뢰도 추정방법을, 평정척도방법에서는 척도기록의 관찰자간 신뢰도 추정방법을, 그리고 총체적 채점방법에서는 사건기록의 관찰자간 신뢰도 추정방법을 통해 일치율을 산출할 수 있다(〈표 1-9〉 참조). 수행사정에서는 세 가지 채점방법 중 한 가지를 사용하거나 두 가지 이상을 결합하여 사용할 수 있다.

　다음에서는 수행사정을 활용한 학습평가의 예를 제시해 보고자 한다. 〈그림 5-9〉는 수행사정을 활용하여 한 아동의 원넓이를 구하는 능력에 대한 평가를 실시한 예다.

〈그림 5-9〉 **수행사정을 활용한 학습평가의 예**

관찰대상: 성명(최윤제) 성별(남) 생년월일(2004년 1월 12일) 현재연령(12년 3개월)
관찰일자: 2016년 4월 15일
관찰시간: 오후 1:10~1:40
관찰장소: 통합학급
관찰장면: 수학시간
관찰행동: ⓐ 원의 넓이 구하는 방법을 설명하기
         ⓑ 원의 넓이 구하기
관 찰 자: 박가빈

[수행과제]

- 원의 반지름은 5cm입니다.
- 색종이 조각(원)을 이용하여 원의 넓이 구하는 방법을 모둠원들에게 설명하고, 원의 넓이를 구하시오.
- ※ 원의 넓이 구하는 방법을 모르는 친구는 모둠원들이 함께 도와주어 방법을 이해할 수 있도록 하시오.

[채점기준표]

※ 기록지시: 적절한 숫자에 ○를 하여 각 항목을 평정하시오.

ⓐ 원의 넓이 구하는 방법을 설명하기(3점)

    3 – 원의 넓이 구하는 방법을 설명한다.
    2 – 원의 넓이 구하는 방법을 설명하지만 가로의 길이와 원주의 관계, 직사각형의 세로의 길이와 반지름의 관계, 직사각형 넓이를 이용한 원의 넓이 유도의 단계 중 한두 가지를 제시하지 못한다.
    ① – 원의 넓이를 구하는 방법을 설명하지 못한다(단, 모둠원의 도움을 받아 원의 넓이 구하는 방법을 이해한다).

ⓑ 원의 넓이 구하기(2점)

    2 – 원의 넓이를 구한다.
    ① – 원의 넓이를 구하지 못한다(단, 모둠원의 도움을 받아 원의 넓이를 구한다).

〈그림 5-9〉 **계속됨**

[평가기준]

총 5점	원의 넓이를 구하고, 넓이 구하는 방법을 설명한 경우	상
총 3~4점	원의 넓이를 구하였으나, 넓이 구하는 방법을 설명하지 못한 경우	중
총 2점	원의 넓이를 안내한 절차에 따라 구한 경우	하

평 가:

- 평가기준에 비추어 볼 때, 윤제는 총 2점으로 원의 넓이 구하는 방법을 이해하고 원의 넓이를 구하는 능력에서 '하' 수준을 나타내고 있다. 따라서 이와 관련하여 윤제가 가지고 있는 어려움을 구체적으로 파악하고 그에 따른 지도가 있어야 할 것으로 보인다.

수정발췌: 유영식(2017). 과정중심평가. 서울: 테크빌교육. (pp. 175-178)

제6장

특수교육연구에서의 관찰의 적용

앞서 제2장 2절 '관찰과 특수교육연구'에서 관찰이 실험연구와 어떻게 관련되어 있는지 간략하게 살펴보았다. 이 장에서는 이러한 실험연구에서 관찰이 어떻게 사용되는지 살펴보기 위해 관찰을 자료수집방법으로 사용한 실험연구의 예를 집단설계와 단일대상설계로 나누어 제시하고자 한다.

앞서 제5장 서두에 언급하였듯이 발달평가, 행동평가, 학습평가에서는 수집된 자료에 근거하여 판단을 내릴 때 향후 지도 전략이나 방안에 대한 제안도 포함되는 것이 좋다. 이는 발달평가, 행동평가, 또는 학습평가에 이어 적절한 중재가 제공되어야 한다는 것을 의미하는데, 이러한 중재에서는 과학적 연구에 의해 효과가 입증된 중재전략, 즉 증거기반실제(evidence-based practice)를 사용하여야 한다. 어떤 특정 중재전략이 증거기반실제로 간주되기 위한 구체적인 준거는 특수교육분야 내에서도 다양할 수 있지만 일반적으로 관련연구들의 연구설계(research design), 질(quality), 양(quantity)을 포함하는 몇 가지 차원으로 구성된다. 미국 국립자폐스펙트럼장애전문발달센터(NPDC)는 사전에 설정된 '증거기반실제 준거'를 충족시키는 27가지의 중재전략을 자폐스펙트럼장애를 가진 아동들을 위한 증거기반실제로 소개한 바 있다(Wong et al., 2014). [보충설명 2-3]에 이 27가지 증거기반실제와 각 증거기반실제의 효과를 검증한 실험연구의 수가 제시되어 있다. 이 책에서는 [보충설명 2-3]에 제시되어 있는 27가지 증거기반실제 중 하나인 exercise(신체운동) 관련 실험연구(3개의 집단설계, 3개의 단일대상설계) 가운데 관찰이 자료수집방법으로 사용된 집단설계와 단일대상설계 각 1개씩을 예로 선정하였다. 제1장 1절의 '3) 관찰의 목적'과 제2장 2절의 '2) 실험연구'에서 밝혔듯이, 이 책은 전반적으로 평가를 위한 관찰에 초점을 두고 있으므로 집단설계와 단일대상설계별로 1개의 예만 간략하게 소개하기로 한다.

1. 실험연구: 집단설계

1) 집단설계와 관찰

어떤 중재전략의 효과를 검증하고자 하는 실험연구의 집단설계에서는 집단으로 구성된 연구대상에게 어떤 중재전략(즉, 독립변수)를 실행하고 이 중재전략이 영향을 미칠 것이라고 가정하는 연구대상의 어떤 특성(즉, 종속변수)을 측정한다. 즉, 일반적으로 발달이나 행동 또는 학습과 관련된 종속변수에 대한 자료를 수집해야 하는데 이때 사용되는 자료수집방법으로는 검사, 관찰, 면접 등이 있다(〈표 1-3〉 참조).

일반교육에서는 아동들을 대상으로 지도전략(교수방법, 과제유형, 학습자료, 질문유형 등)의 효과를 검증하고자 할 때 집단설계가 주로 사용되며, 종속변수는 검사, 관찰, 면접 등으로 측정된다. 이에 비해 특수교육에서는 장애아동들을 대상으로 중재전략의 효과를 검증하고자 할 때 모집단의 이질성이나 연구대상 확보의 제한성 등의 이유로 집단설계가 자주 사용되지 않는 경향이 있으며, 집단설계가 사용되더라도 종속변수는 주로 관찰을 통해 측정된다.

2) 관찰을 사용한 집단설계의 예

특수교육분야에서 종속변수에 대한 자료수집방법으로 관찰이 사용된 집단설계의 예를 살펴보면 다음과 같다.

■ 집단설계의 예:

Oriel, K. N., George, C. L., Peckus, R., & Semon, A. (2011). The effects of aerobic exercise on academic engagement in young children with autism spectrum disorder. *Pediatric Physical Therapy*, *23*(2), 187-193.

(1) 논문요약

위 연구논문의 목적, 연구방법, 연구결과, 결론을 간략하게 요약하면 다음과 같다. 참고로, 아래 요약에서는 자료수집방법으로서의 관찰이 종속변수 측정에서 어떻게 사용되었는지에 초점을 두었다.

① 목적(purpose)

이 연구는 수업 전 유산소운동(aerobic exercise)이 자폐스펙트럼장애를 가진 유아들의 수업참여(academic engagement)를 향상시키고 상동행동(stereotypic behaviors)을 감소시키는지를 알아보기 위해 수행되었다.

② 연구방법(methods)

연구방법을 연구설계, 연구대상, 독립변수, 종속변수, 연구절차 순으로 간단히 요약하면 다음과 같다. 첫째, 이 연구는 교차설계(crossover design)를 사용하였다. 각 연구대상은 임의로 배정된 순서(random order)에 따라 치치조건(treatment condition)과 통제조건(control condition)에 배치되었다.

둘째, 연구대상은 자폐유아들을 위한 4개의 조기중재교실에 출석하고 있는 24명의 유아 가운데 부모님이 연구참여에 동의하여 선정된 9명의 유아였다. 연구대상의 성별은 남아와 여아 각각 7명과 2명이었고, 나이는 3세에서 6세 사이였다(평균연령: 5.2세).

셋째, 독립변수(즉, 처치조건)는 그룹으로 하는 15분간의 러닝(running)/조깅(jogging)이었다. 15분간의 러닝/조깅이 끝나면 유아들에게 앉아서 가벼운 스트레칭을 하도록 하고 물을 한 컵 마시게 한 뒤 교사와 함께 교실로 돌아가도록 하였다.

넷째, 종속변수는 정확한 학업반응(correct academic responses), 과제집중행동(on-task behavior), 상동행동(stereotypic behaviors)의 3개였다. 먼저, 정확한 학업반

응(조작적 정의: 교사의 지시에 정확하게 반응하기)은 관찰을 통해 빈도기록을 사용하여 측정되었다. 참고로 교사의 지시에 부정확하게 반응하거나 반응을 하지 않는 것을 부정확한 학업반응(incorrect academic response)으로 간주하고 빈도기록을 사용하여 측정하였다. 다음으로, 과제집중행동(조작적 정의: 자리에 앉아 교사의 지시에 일관되게 반응하기)은 관찰을 통해 지속시간기록을 사용하여 측정되었다. 참고로 학업적 반응을 하지 않고 자리를 이탈하거나 물건을 가지고 노는 것을 과제이탈행동(off-task behavior)으로 간주하고, 관찰을 통해 지속시간기록을 사용하여 측정하였다. 마지막으로, 상동행동(조작적 정의: 손과 팔 퍼덕거리기, 몸 흔들기, 발끝으로 걷기 등의 행동)은 관찰을 통해 빈도기록을 사용하여 측정되었다.

다섯째, 이 연구는 다음과 같은 절차에 따라 진행되었다. 먼저, 3주 동안 9명의 연구대상이 출석하고 있는 4개 조기중재교실 중 2개 교실은 처치조건에, 나머지 2개 교실은 통제조건에 임의로 배정하였으며, 뒤이은 3주 동안은 그 반대로 배정하였다. 다음으로, 관찰자는 각 연구대상별로 처치조건에 배정된 기간에는 유산소운동 후 15분 동안 교실에서 그리고 통제조건에 배정된 기간에는 유산소운동 없이 15분 동안 교실에서 3개의 종속변수(정확한 학업반응, 과제집중행동, 상동행동)에 대한 자료를 관찰을 통해 수집하였다. 관찰결과는 정확한 학업반응의 경우 전체 반응수(정확한 학업반응수+부정확한 학업반응수)에 대한 정확한 반응수의 백분율로, 과제집중행동의 경우 총관찰시간(15분)에 대한 총지속시간의 백분율로, 상동행동의 경우 관찰기간(15분) 동안 발생한 횟수로 나타내었다. 관찰자간 신뢰도는 단순적률상관계수를 사용하여 산출하였는데, 정확한 학업반응, 과제집중행동, 상동행동별로 0.97, 0.96, 1.0이었다. 마지막으로, 처치조건과 통제조건에서 수집된 자료 간의 차이를 검증하기 위해 Wilcoxon signed rank test를 실시하였다.

③ 연구결과(results)

Wilcoxon signed rank test를 실시한 결과 과제집중행동과 상동행동에 있어서는 통계적으로 유의미한 차이가 없었으나 정확한 학업반응에서는 유의미한 차이가 나타났다.

④ 결론(conclusions)

수업 전 유산소운동(aerobic exercise)은 자폐스펙트럼장애를 가진 유아들의 수업 중 학업반응을 향상시킨다.

(2) 논문요약에 대한 추가설명

이 연구는 집단설계를 사용한 실험연구로서 특히 교차설계(crossover design)를 사용한 경우다. 교차설계에서는 연구대상이 임의로 배정된 순서에 따라 실험집단도 되고 통제집단도 되기 때문에 집단설계에서 특정 수준의 통계적 검정력을 확보하기 위해 요구되는 연구대상의 수를 줄일 수 있으며 이는 교차설계의 장점으로 간주되기도 한다. 따라서 연구대상 확보에 제한성이 있는 특수교육분야에서는 유용한 설계일 수도 있다. 그러나 교차설계는 이월효과(carryover effect: 선행 실험처치나 연구조건의 영향이 후속 실험처치나 연구조건이 시행되는 동안까지도 남아서 작용하는 현상)(한국교육평가학회, 2004)가 나타날 수 있다는 단점도 있어 학습효과 연구에서는 잘 사용되지 않는 경향이 있으며, 주로 생리학이나 약학, 체육학 등에서 사용된다. 이 연구도 유산소운동의 효과를 다루고 있으므로 체육학과 관련이 있다고 볼 수 있다.

실험연구에서는 연구대상에게 어떤 처치(즉, 독립변수)를 실행하고 이 처치가 연구대상의 어떤 특성(즉, 종속변수)에서 변화를 초래하는지를 밝히는 것이므로 반드시 종속변수에 대한 측정이 필요하다. 이 연구에서는 3개의 종속변수(정확한 학업반응, 과제집중행동, 상동행동)가 관찰을 통해 빈도기록이나 지속시간기록을 사용하여 측정되었다. 또한 종속변수별로 관찰자간 신뢰도가 단순적률상관계수를 사용하여 산출되었는데, 관찰자간 신뢰도 추정방법으로 일치율이 많이 사용되지만 일치계수나 단순적률상관계수가 사용되기도 한다(〈표 1-8〉 참조).

2. 실험연구: 단일대상설계

1) 단일대상설계와 관찰

어떤 중재전략의 효과를 검증하고자 하는 실험연구의 단일대상설계에서는 개별 연구대상에게 중재전략(즉, 독립변수)을 실행하고 이 중재전략이 영향을 미칠 것이라고 가정하는 연구대상의 어떤 특성(즉, 종속변수)을 측정한다. 즉, 일반적으로 발달이나 행동 또는 학습과 관련된 종속변수에 대한 자료를 수집해야 하는데 이때 주로 관찰이 자료수집방법으로 사용된다. 이는 단일대상설계에서 종속변수의 자료수집방법으로 관찰이 유일하다는 것은 아닌데, 실제로 몇몇 연구에서는 자기보고(self-report)나 심리생리적 측정이 적용된 경우도 있다(이소현, 박은혜, 김영태, 2000).

일반교육에서는 아동들을 대상으로 지도전략(교수방법, 과제유형, 학습자료, 질문유형 등)의 효과를 검증하고자 할 때 집단설계가 주로 사용되며 단일대상설계를 사용하는 경우는 드물다. 따라서 교육연구방법 관련문헌 중에서 단일대상설계를 다루지 않는 경우(예: 성태제, 2016)도 있다. 이에 비해 특수교육에서는 장애아동들을 대상으로 중재전략의 효과를 검증하고자 할 때 집단설계보다는 대부분 단일대상설계를 사용하며 종속변수는 주로 관찰을 통해 측정된다.

2) 관찰을 사용한 단일대상설계의 예

특수교육분야에서 종속변수에 대한 자료수집방법으로 관찰이 사용된 단일대상설계의 예를 살펴보면 다음과 같다.

■ 단일대상설계의 예:

Cannella-Malone, H. I., Tullis, C. A., & Kazee, A. R. (2011). Using antecedent exercise to decrease challenging behavior in boys with developmental disabilities and an emotional disorder. *Journal of Positive Behavior Interventions*, *13*(4), 230-239.

(1) 논문요약

위 연구논문의 목적, 연구방법, 연구결과, 결론을 간략하게 요약하면 다음과 같다. 참고로, 아래 요약에서는 자료수집방법으로서의 관찰이 종속변수 측정에서 어떻게 사용되었는지에 초점을 두었다.

① 목적(purpose)

이 연구는 선행운동(antecedent exercise)이 발달장애와 정서행동장애를 가진 아동들의 도전행동(challenging behavior)을 감소시키는지를 알아보기 위해 수행되었다.

② 연구방법(methods)

연구방법을 연구설계, 연구대상, 독립변수, 종속변수, 연구절차 순으로 간단히 요약하면 다음과 같다. 첫째, 이 연구는 3명의 아동을 선정하여 대상자간 중다기초선설계(multiple-baseline across subjects design)를 사용하였다.

둘째, 연구대상은 정서행동장애를 가진 아동들을 위한 공립초등학교의 한 교실에 출석하고 있는 8명의 아동 가운데 부모님이 연구참여에 동의하여 선정된 3명의 아동이었다. 5명 아동의 경우 연구에는 참여하지 않으나(즉, 자료수집 대상은 아니지만) 중재에는 참여한다는 부모님의 동의가 있었다. 연구대상의 성별은 모두 남아였고, 연령은 각각 8세, 11세, 9세였으며, IQ는 각각 63, 57, 47이었다.

셋째, 독립변수(즉, 실험처치)는 등교해 있는 시간 동안(8시에서 16시까지 8시간) 매 1시간마다(8시, 9시, 10시, 11시, 12시, 1시, 2시, 3시) 참여하는 1~20분간의 운동이었다. 운동시간은 8시와 12시에만 20분이었고, 나머지는 1~5분이었으며, 운동종류도 다양하게 설정되어 있었다.

넷째, 종속변수는 8개의 도전행동이었는데, 공격성으로 분류되는 4개 행동(때리기, 차기, 소리 지르기, 침 뱉기), 물품 파손하기로 분류되는 1개 행동(던지기), 기타 부적절한 행동으로 분류되는 3개 행동(부적절한 성적 행동, 배설물 바르기, 바닥에 드러눕기)이었다. 8개 행동에 대해서는 각각 조작적 정의가 제시되었는데, 예를 들어 때리기(hitting)는 '다른 사람을 편 손이나 주먹 쥔 손으로 치기'로 정의하였다. 또한 8개의 도전행동은 등교해 있는 8시간 동안 관찰을 통해 1시간 간격으로 빈도기록을 사용하여 측정되었다.

다섯째, 이 연구는 다음과 같은 절차에 따라 진행되었다. 먼저, 각 연구대상에게 는 다음과 같이 순차적으로 실험처치가 실시되었다. 첫 번째 아동의 기초선단계에 서 도전행동의 발생이 안정세를 보일 때 그 아동에게 실험처치를 실시하고(중재단 계) 나머지 두 아동에 대해서는 기초선 관찰이 계속되었다. 첫 번째 아동의 실험처 치 효과가 안정세를 보일 때 두 번째 아동에게 동일한 과정의 실험처치가 실시되었 으며, 역시 두 번째 아동의 실험처치 효과가 안정세를 보이기 시작할 때 세 번째 아 동에게 실험처치를 실시하였다. 다음으로, 연구대상별로 기초선단계와 중재단계의 각 회기(1일 단위, 등교해 있는 8시간)마다 8개의 도전행동이 발생한 횟수를 1시간 간 격으로 기록하였다. 관찰자간 신뢰도는 각 회기별로 발생횟수가 일치한 간격수를 전체 간격수(8)로 나눈 후 100을 곱한 일치율로 산출하였는데, 20%의 회기에 한하 여 적용한 결과 100%로 나타났다. 마지막으로, 연구대상별 기초선단계의 관찰자료 (회기별 도전행동 발생횟수)와 중재단계의 관찰자료(회기별 도전행동 발생횟수)를 통계 적 방법이 아닌 시각적 방법을 통해 분석하였다.

③ 연구결과(results)

자료분석 결과, 3명의 아동에게서 선행운동이 도전행동을 감소시키는 것으로 나 타났다.

④ 결론(conclusions)

선행운동(antecedent exercise)은 발달장애와 정서행동장애를 가진 아동들의 도전 행동(challenging behavior)을 감소시킨다.

(2) 논문요약에 대한 추가설명

이 연구는 8개의 도전행동을 종속변수로 설정하였는데, 구체적으로 공격성으 로 분류되는 4개 행동(때리기, 차기, 소리 지르기, 침 뱉기), 물품 파손하기로 분류되 는 1개 행동(던지기), 기타 부적절한 행동으로 분류되는 3개 행동(부적절한 성적 행 동, 배설물 바르기, 바닥에 드러눕기)이었다. 이러한 행동들은 자신 또는 타인에게 위 협적인 상황을 만들거나 해를 가하는 행동으로서 일반적으로 문제행동(problem behavior)이라 불리고 있는데, 근래 문제행동을 도전행동(challenging behavior)으로 바꿔 부르는 경향이 있다(Emerson & Einfeld, 2011).

이와 같은 종속변수를 측정하기 위해 이 연구에서는 빈도기록을 사용하고, 관찰자간 신뢰도는 각 회기별로 발생횟수가 일치한 간격수를 전체 간격수(8)로 나눈 후 100을 곱한 일치율로 산출하였다. 하지만 이 책의 내용을 고려할 때 결합유형 중 하나인 간격-빈도기록을 사용하여 종속변수를 측정한 것으로 보는 것도 가능할 수 있다. 즉, 전체관찰시간(8시간)을 일정한 간격(1시간)으로 나눈 후 관찰간격별로 관찰행동인 도전행동이 발생하는 것을 횟수로 기록한 것으로 볼 수 있다는 것이다. 만약 간격-빈도기록을 사용한 것으로 본다면 관찰자간 신뢰도 또한 간격-빈도기록에서 사용하는 관찰자간 신뢰도(일치율) 추정방법에 따라 산출해야 한다. 앞서 〈표 1-9〉와 제4장 2절의 '2) 간격-빈도기록'에서 언급하였듯이, 간격-빈도기록에서 관찰자간 신뢰도(일치율)는 간격별로 작은 수치를 큰 수치로 나눈 후 100을 곱하여 일치율을 구하고 그 일치율을 모두 합한 후 전체 간격수로 나누어 산출한다.

[부록] 유아기 발달영역별 발달이정표

　발달평가를 위한 관찰자제작 관찰도구를 개발할 때 참고할 수 있는 유아기 발달이정표를 발달영역별로 제시하면 다음과 같다. 이소현(2003)이 소개한 발달이정표인데, '발달지표'를 '발달이정표'로 변경하고 '연령(개월)'을 '월령'으로 바꾸는 등 필요한 경우 수정을 하였다.

[부록 1] 발달이정표: 신체발달(또는 신체운동발달)

월령	신체발달	
	대근육 운동	소근육 운동
0~3	• 엎드린 자세에서 머리를 든다. • 어깨를 잡아 주면 고개를 든다. • 두 발을 번갈아 찬다. • 옆으로 누운 자세에서 뒤로 눕는다.	• 양팔을 대칭으로 움직인다. • 시선을 중앙으로 가져온다. • 누워서 양손을 중앙선으로 가져온다. • 장난감이 보이면 팔을 움직인다.
3~6	• 잡아당겨서 앉힐 때 고개를 중앙선에 유지한다. • 엎드려서 양팔에 체중을 싣는다. • 약간의 도움을 주면 앉아 있을 수 있다. • 앉기 자세를 도와주면 고개를 똑바로 유지한다. • 누운 자세에서 옆으로 구른다.	• 고개를 움직이지 않고 시선을 움직인다. • 주로 손바닥을 벌리고 있다. • 손바닥 쥐기로 사물을 잡는다. • 물건을 향해서 손을 뻗치고 잡는다.
6~9	• 신체-똑바로 하기 반응(body-righting reaction)을 보인다. • 방어를 위해서 팔을 뻗는다. • 혼자 앉을 수 있지만 손을 사용해야 한다. • 잡고 일어선다. • 뒤로 간다. • 도움 없이 앉는 자세를 취한다.	• 물건을 한 손에서 다른 손으로 옮긴다. • 손목을 움직이면서 활발하게 장난감을 조작한다. • 팔꿈치를 펴서 물건을 향해 뻗치고 잡는다.
9~12	• 두 손과 무릎으로 긴다. • 앉은 자세에서 엎드린 자세로 바꾼다. • 잠깐 동안 서 있을 수 있다. • 가구를 붙들고 걷는다.	• 통에서 물건을 꺼낸다. • 두 손을 자유롭게 움직인다. • 휘갈기기 모방을 시도한다. • 물건을 통에 넣는다.

[부록 1] 계속됨

월령	신체발달	
	대근육 운동	소근육 운동
		• 손에 쥔 사물을 자발적으로 놓는다. • 두 번째 손가락으로 찌른다. • 집게 쥐기를 잘 한다.
12~18	• 누운 자세에서 일어선다. • 도움 없이 걷는다. • 공을 던진다. • 계단을 기어 올라간다. • 장난감을 끌고 다니면서 걷는다. • 커다란 장난감을 들고 걷는다. • 음악에 맞추어 움직인다.	• 중앙선에서 한 손은 물건을 쥐고 한 손은 조작하면서 두 손을 함께 사용한다. • 자발적으로 휘갈기기를 한다. • 막대(페그)를 구멍에 꽂는다. • 2~3개의 육면체로 탑을 쌓는다.
18~24	• 페달 없는 타는 장난감을 타고 이동한다. • 난간을 잡고 한 계단에서 두 발씩 딛으며 계단을 올라간다. • 넘어지지 않고 바닥에 있는 장난감을 집어 올린다. • 달린다.	• 원형 휘갈기기를 모방한다. • 수평선을 모방한다. • 주먹으로 크레용을 쥔다.
24~36	• 앞을 향해서 잘 달린다. • 제자리에서 두 발로 뛴다. • 도움을 받아서 한 발로 선다. • 발뒤꿈치를 들고 걷는다. • 앞을 향해서 공을 찬다.	• 큰 구슬 4개를 줄에 끼운다. • 페이지를 한 장씩 넘긴다. • 주먹이 아닌 엄지손가락과 다른 손가락들을 이용해서 크레용을 쥔다. • 대부분의 활동에 한 손을 일관성 있게 사용한다. • 점, 선, 원형 모양을 손목을 움직이면서 그린다. • 점토를 굴리고, 두드리고, 쥐고, 잡아당긴다.
36~48	• 장애물을 돌아서 달린다. • 선 위로 걷는다. • 한 발로 5~10초간 서 있다. • 한 발로 뛴다. • 바퀴 달린 장난감을 밀고, 끌고, 돌린다. • 페달을 돌리며 세발자전거를 탄다. • 도움 없이 미끄럼을 탄다. • 15cm 높이에서 뛰어내린다. • 머리 위로 공을 던진다. • 자기에게 튀겨진 공을 잡는다.	• 9개의 작은 육면체로 탑을 쌓는다. • 못과 막대(페그)를 박는다. • 동그라미를 보고 그린다. • 점토를 조작한다(예: 공 굴리기, 뱀, 과자). • 종이를 접는다. • 장난감의 태엽을 감는다. • 선을 따라 자른다.

[부록 1] **계속됨**

월령	신체발달	
	대근육 운동	소근육 운동
48~60	• 뒤로 걷는다. • 넘어지지 않고 연속 10회 앞으로 점프한다. • 도움 없이 양발로 번갈아 계단을 오르내린다. • 재주넘기를 한다.	• 종이를 움직여서 간단한 모양을 자른다. • 십자가를 보고 그린다. • 사각형을 보고 그린다. • 몇 개의 글자를 쓴다. • 3~5조각의 퍼즐을 완성한다. • 두 부분으로 구성된 신체를 그린다.
60~72	• 발의 앞쪽으로 가볍게 달린다. • 평균대 위로 걷는다. • 양발 건너뛰기(skip)를 한다. • 줄넘기를 한다. • 스케이트를 탄다.	• 간단한 모양을 자른다. • 세모를 그린다. • 다이아몬드 모양을 따라 그린다. • 이름을 쓴다. • 1부터 5까지의 숫자를 쓴다. • 선 밖으로 나오지 않게 색칠한다. • 성인처럼 연필을 쥔다. • 양손의 사용에 있어서 우열이 분명해진다. • 적절하게 풀을 칠하고 붙인다. • 교실의 도구들을 적절하게 사용한다.

[부록 2] **발달이정표: 인지발달**

월령	인지발달
0~3	• 주변을 살핀다. • 기대감을 보인다. • 자신의 손을 관찰한다.
3~6	• 딸랑이 놀이를 시작한다. • 친숙한 활동을 반복한다/계속한다. • 사물의 감각적인 탐구를 위해서 손과 입을 사용한다. • 자신의 손, 손가락, 발가락을 가지고 논다.
6~9	• 손에 닿지 않는 원하는 물건을 얻으려고 노력한다. • 감추는 것을 본 물건을 찾는다. • 활동을 다시 시작하기 위해서 성인의 손이나 장난감을 만진다. • 하나의 장난감을 가지고 2~3분간 놀이한다. • 빠르게 움직이는 물건의 궤도를 따른다. • 사물의 소리에 관심을 보인다.
9~12	• 사물을 갖기 위해서 장애물을 극복한다. • 다른 재료를 이용해서 사물을 수선한다. • 몸짓을 모방한다. • 장난감 포장을 뜯는다. • 책 보기를 즐긴다.
12~18	• 성인이 가리키는 것을 이해한다. • 장난감을 성인에게 건네준다. • 사물을 짝짓는다. • 도형 맞추기에서 동그라미와 정사각형을 맞춘다. • 2~3개의 깡통을 쌓는다. • 거울 속의 자신을 인지한다.
18~24	• 감추어지는 것을 보지 못한 물건을 찾는다. • 움직이는 장난감을 작동한다. • 사물과 그림을 짝짓는다. • 사물을 분류한다. • 벽장과 서랍을 뒤진다. • 사물이 어디에 속하는지를 기억한다. • 사진에서 자신을 알아본다. • 동물과 소리를 짝짓는다.
24~36	• 그림책을 골라서 보고, 그림 속의 사물을 명명하며, 한 그림 안의 몇 가지 사물을 식별한다. • 관계있는 사물들은 짝지어서 의미 있게 사용한다(예: 컵과 컵 받침 및 구슬을 주면 컵을 컵 받침 위에 올려놓는다).

[부록 2] **계속됨**

월령	인지발달
	• 링을 크기 순서대로 쌓는다. • 상징놀이에서 자신과 사물을 사용한다. • 하나의 개념을 이해한다. • 길고 짧음을 이해하기 시작한다. • 모양과 색깔을 짝짓는다.
36~48	• 여섯 가지 색깔을 인식하고 짝짓는다. • 의도를 가지고 링과 블록을 크기 순서대로 쌓는다. • 자신에게 의미 있는 알아볼 수 있는 그림을 그린다. 성인에게 의미가 없는 경우에는 그림을 간단하게 설명해 준다. • 정보를 요구하는 질문을 한다. 간단한 대답을 요구하는 '왜'와 '어떻게'의 질문을 한다. • 자기 나이를 안다. • 자신의 성을 안다. • 셋까지 셀 수 있다. • 크기에 따라 분류한다. • 동그라미를 모방해서 그린다.
48~60	• 4~6개의 색깔을 가리키고 이름을 말한다. • 친숙한 사물들의 그림을 짝짓는다(예: 신발, 양말, 발, 사과, 귤, 바나나). • 머리, 팔, 다리 등 2~6개의 알아볼 수 있는 신체 부위를 포함한 사람을 그리고 자신의 신체와 짝지을 수 있다. • 방해받지 않고 10분간 과제를 수행한다. • 동전을 구분한다. • 3개의 간단한 그림을 순서대로 나열한다. • 평행선 사이에 선을 긋는다.
60~72	• 몇 개의 글자와 숫자의 이름을 말한다. • 10까지 셀 수 있다. • 단순한 특성에 따라 사물을 분류한다(예: 색깔, 모양, 크기 등의 특성이 분명하게 구분될 때). • 내일과 어제의 시간 개념을 정확하게 사용하기 시작한다. • 3~6개의 부위로 구성된 신체를 그린다. • 과제가 완성된 것을 안다. • 동전을 구분한다. • 3까지 읽고 쓴다. • 글자와 숫자를 보고 쓴다. • 간단한 글자를 그림과 짝짓는다. • 시계 위의 숫자를 읽는다.

[부록 3] 발달이정표: 언어발달(또는 의사소통발달)

월령	언어발달	
	수용언어	표현언어
0~3	• 사람 목소리에 조용해진다. • 말하는 사람의 눈과 입을 본다. • 소리 나는 곳을 눈으로 찾는다.	• 배가 고프거나 불편할 때 운다. • 편안할 때 목구멍 소리, 목구멍을 꾸르르 울리는 소리를 낸다.
3~6	• 엄마 목소리에 조용해진다. • 친절한 목소리와 화난 목소리를 구분한다. • 자신의 이름에 반응한다. • 구어/말을 경청한다.	• 다양한 모음 소리를 낸다. • 소리 내어 웃는다. • 주고받기 차례를 지킨다. • 다른 사람의 말에 목소리로 반응한다. • 싫음과 흥분을 표현한다.
6~9	• 사진을 잠깐 동안 쳐다본다. • 가족이나 애완동물의 이름을 부르면 이름 불린 사람/동물을 찾는다. • 몸짓으로 간단한 요구에 반응한다. • 일상용품 단어들을 인식한다. • 말을 하면 가만히 듣는다.	• 사람에게 옹알이를 한다. • 옹알이 중에 다양한 자음 소리를 낸다. • 성인의 억양으로 옹알이를 한다. • '마마' '바바' 등의 음절을 반복해서 따라하며 옹알이한다. • 주의를 끌기 위해서 울음보다는 구어 소리를 사용한다.
9~12	• '아니' '안 돼'를 이해한다. • 친숙한 단어들을 선별적으로 듣는다. • 책 보기를 좋아한다. • 간단한 지시를 이해한다.	• '바'와 같은 단일 자음 음절을 옹알이 한다. • 특정 언어(예: 바이바이 해 봐)에 적절한 몸짓으로 반응한다. • 욕구를 표현하기 위해서 행동과 음성을 사용한다.
12~18	• 간단한 언어 요구에 반응한다. • 하나의 신체 부위를 식별한다. • 많은 명사를 이해한다. • 요구하면 다른 방에 있는 물건을 가지고 온다.	• 성인과 유사한 억양 패턴을 사용한다. • 다양한 의사소통 기능을 위해서 몸짓과 음성을 함께 사용한다. • '마마' '빠빠' 등의 음절을 목적을 가지고 사용한다. • 단단어를 사용한다. • 반향어와 자곤(jargon, 성인의 말과 유사하지만 의미 없이 횡설수설하는 소리)을 사용하기도 한다. • 감탄사를 사용한다. • '아니'를 의미 있게 사용한다. • 3~10개 이상의 표현어휘를 습득한다. • 두 낱말 구를 사용한다.

[부록 3] **계속됨**

월령	언어발달	
	수용언어	표현언어
18~24	• 3~6개의 신체 부위를 식별한다. • 소리와 동물을 짝짓는다. • 인칭 대명사와 행위 동사 및 몇 개의 형용사를 이해한다. • 동요를 즐긴다. • 이야기 듣는 것을 즐긴다. • 2단계 지시를 수행할 수 있다. • 300개 이상의 수용어휘를 습득한다.	• 낯선 사람에게 약 25~50%의 구어 명료도를 보인다. • 자곤과 말을 사용해서 경험을 이야기한다. • 자곤보다는 낱말을 더 자주 사용한다. • 두 단어 문장을 말한다. • 가사로 노래 부르기를 시도한다. • 3~4단어 문장을 모방한다. • 50~100개 이상의 표현어휘를 습득한다.
24~36	• 이름을 말하면 일상의 물건들을 그림에서 찾는다. • 쓰임새를 말하면 물건을 식별한다. • 아동에게 말하는 대부분의 것을 이해한다. • 부정문을 이해한다. • 의문사들(예: 왜, 누가, 누구의, 얼마나)을 이해한다 • 간단한 이야기책 듣기를 좋아하고 반복해서 읽을 것을 요구한다. • 500~900개 이상의 수용어휘를 습득한다.	• 50~75%의 구어 명료도를 보인다. • 알고 있는 단어들을 두 단어 문장으로 만든다. • 이름을 성과 함께 말한다. • 무엇과 어디의 질문을 한다. • 부정문을 사용한다. • 자신을 이해하지 못하면 좌절감을 보인다. • 2~3회의 차례가 지속되는 대화를 한다. • 50~250개 이상의 표현어휘를 습득한다. • 3~4낱말 구를 사용한다.
36~48	• 시간 개념이 포함된 문장(예: 내일 동물원에 갈 거야)을 이해하기 시작한다. • 크다, 더 크다 등의 크기 비교를 이해한다. • 만일에, 왜냐하면 등의 표현에 의한 관계를 이해한다. • 일련의 2~3단계의 지시를 수행한다. • "… 척하자."라고 말하면 이해한다. • 1,200~2,400개 이상의 수용어휘를 습득한다. • 물건의 기능을 이해한다. • 상대적인 의미(예: 큰-작은)를 이해한다.	• 주어-행위-목적(예: 엄마가 책을 보았어요)이나 주어-행위-장소(예: 아빠가 의자에 앉았어요)의 형태로 세 단어 이상의 문장을 말한다. • 과거의 경험을 말한다. • 복수 명사를 사용한다. • 과거와 미래를 인식한다. • 한 가지 이상의 동요를 반복하고 노래 부를 수 있다. • 낯선 사람에게 알아들을 수 있는 말을 하되 아직 발음상의 실수가 보인다. • 800~1,500개 이상의 표현어휘를 습득한다. • 4~5단어 문장을 사용한다.

[부록 3] 계속됨

월령	언어발달	
	수용언어	표현언어
48~60	• 3개의 관련된 지시를 적절한 순서로 수행한다. • 예쁘다, 더 예쁘다, 제일 예쁘다 등의 비교를 이해한다. • 긴 이야기를 듣는다. 그러나 아직 잘못 이해하기도 한다. • 말로 지시하면 놀이 활동에 적용한다. • 이야기해 준 사건들의 순서(예: 먼저 가게에 갔다 와서 케이크를 만들고 내일 먹을 거야)를 이해한다. • 2,800개 이상의 수용어휘를 습득한다.	• 언제, 어떻게, 왜 질문을 한다. • 문장을 함께 사용한다(예: 가게에 갔어요. 그리고 과자를 샀어요). • 왜냐하면, 그래서 등을 사용해서 원인에 대한 이야기를 한다. • 이야기의 내용을 이야기한다. 그러나 아직 내용을 혼동한다. • 900~2,000개 이상의 표현어휘를 습득한다.
60~72	• 전학문적 기술을 보인다. • 추상적인 개념을 이해하기 시작한다.	• 성인의 문법과 유사한 문법을 사용한다. • 대화 중 적절한 차례를 유지한다. • 정보를 주고받는다. • 가족, 친구, 또는 낯선 사람들과 의사소통을 잘한다. • 그림책의 이야기를 정확하게 다시 이야기한다. • 과거와 현재의 사건들을 논리적인 순서로 설명한다.

[부록 4] 발달이정표: 사회 · 정서발달

월령	사회 · 정서발달
0~3	• 사람의 얼굴에 관심을 보인다. • 신체적인 접촉을 즐긴다. 안아 주면 몸의 긴장을 풀고 적응한다. • 시선을 맞춘다. • 피로를 표현한다.
3~6	• 사회적인 미소를 짓는다. • 낯선 사람을 구별한다. • 관심을 요구한다. • 기쁨이나 기쁘지 않음을 목소리로 표현한다. • 사회적 놀이를 즐긴다. • 엄마에게 팔을 뻗는다.
6~9	• 엄마를 알아본다(4~8개월). • 낯선 사람에게 불안감을 보인다. • 거울 속의 자신을 보고 미소 짓는다. • 엄마로부터 분리된 것에 대한 불안감을 보인다.
9~12	• 차례 지키기 게임을 즐긴다. • 누워 있기를 거부한다. • 특정 사람, 사물, 상황에 대하여 좋아함과 좋아하지 않음을 표현한다. • 다른 사람들에게 장난감을 보여 준다. 그러나 주지는 않는다. • 새로운 행동이나 장난을 치면서 식사시간이나 잠자는 시간에 부모의 반응을 시험한다.
12~18	• 독립적인 행동을 보이며, 훈육이 어려워질 수도 있다. • 성질부리기 행동이 나타날 수도 있다. • 유머 감각을 보인다. • 쉽게 방해를 받으며 오래 앉아 있기가 힘들다. • 규칙적인 일과를 필요로 하고 기대한다. • 관심의 중심이 되기를 원하고 즐긴다. • 부모에게 안기고 뽀뽀한다.
18 24	• 애정을 표현한다. • 시기, 두려움, 분노, 동정, 수치, 불안, 기쁨 등의 다양한 감정을 표현한다. • 다른 사람들을 조절하려고 시도한다. 조절 받기를 거부한다. 또래 상호작용이 약간 공격적으로 변한다. • 평행놀이에 참여한다. • 독립놀이를 즐긴다.
24~36	• 다른 아동들을 쳐다본다. 다른 아동들의 놀이에 짧은 시간 동안 참여한다. • 자신의 소유를 주장한다. • 소꿉놀이를 시작한다.

[부록 4] **계속됨**

월령	사회 · 정서발달
	• 간단한 집단활동(예: 노래, 율동)에 참여한다. • 성별을 구분한다. • 간단한 규칙을 존중하고 따르기 시작한다.
36~48	• 다른 아동들과 놀이에 참여한다. 상호작용을 시작한다. • 장난감을 나누어 쓴다. 도와주면 차례를 지킨다. • 장면의 전체를 연기하면서 극놀이(예: 여행하기, 동물원 놀이하기, 엄마아빠 놀이하기)를 시작한다. • 또래가 기분이 상했을 때 위로한다. • 다른 사람과 게임을 한다. • 집단활동에 참여한다. • 인사를 한다.
48~60	• 다른 아동들과 놀이하고 상호작용을 한다. • 치장하기(dress-up) 놀이를 한다. • 성별의 차이를 아는 것에 대하여 관심을 보인다. • 자원한다. • 다른 사람의 바람에 따라 행동한다. • 집단의 결정을 따른다. • 신체적인 공격 이전에 말로 감정을 말한다.
60~72	• 친구(들)를 선택한다. • 간단한 테이블 게임을 한다. • 경쟁 게임을 한다. • 다른 아동들과 규칙을 정하고 역할을 맡아서 협동놀이를 한다. • 변화나 실망 후에 다시 시도한다. • 나중의 보상을 위하여 즉각적인 보상을 희생한다. • 재미로 놀리는 것을 수용한다. • 다른 아동과 동물을 보호한다. • 다른 사람에게 자발적으로 도움을 제공한다.

[부록 5] 발달이정표: 자조기술발달(또는 적응행동발달)

월령	자조기술발달
0~3	• 음식물로 자극하면 입을 벌린다. • 빨기, 삼키기, 숨쉬기를 협응할 수 있다.
3~6	• 장난감이나 사물을 손에 쥐고 입으로 가져간다. • 거르거나 으깬 음식을 삼킨다. • 루팅반사를 억제한다.
6~9	• 혀를 움직여 입안의 음식물을 움직인다(4~8개월). • 우유병을 잡고 먹는다. • 고체 음식을 입과 잇몸으로 씹는다. • 자발적으로 깨문다. 물기반사를 억제한다. • 과자를 혼자 먹는다.
9~12	• 다양한 음식을 손으로 먹는다. • 숟가락을 쥔다. • 팔이나 다리를 뻗쳐서 옷을 입을 수 있도록 돕는다. • 우적우적 깨물어 씹는다.
12~18	• 음식물을 거부할 수도 있다. 식욕이 감퇴한다. • 숟가락을 입으로 가져간다. • 컵으로 약간 흘리면서 마신다. • 기저귀가 젖으면 불편함을 표현한다. • 양말을 벗는다. • 리본과 똑딱단추를 푼다. • 옷 입기에 협조한다. • 씻고 닦기에 협조한다.
18~24	• 숟가락으로 음식을 떠서 먹는다. • 턱을 돌려 씹는다. • 음식으로 장난을 한다. • 음식물 선호도가 뚜렷해진다. • 끈이 풀어져 있는 신발을 벗는다. • 큰 지퍼를 올리고 내린다. • 배뇨/배변의 필요를 인지하고 표현한다. • 아기 변기에 앉는다.
24~36	• 손잡이를 돌려 문을 연다. • 코트를 벗는다. • 도와주면 코트를 입는다. • 도와주면 손을 씻고 수건에 닦는다. • 필요하면 잠자는 시간을 늦춘다. • 위험을 이해하고 피한다. • 낮 시간에 도움을 받아 화장실을 이용한다.

[부록 5] **계속됨**

월령	자조기술발달
36~48	• 작은 주전자로 물을 따른다. • 버터 칼로 빵에 버터를 바른다. • 큰 단추를 잠그고 푼다. • 도움 없이 손을 씻는다. • 시키면 코를 푼다. • 독립적으로 화장실을 사용한다. • 지시에 따라 옷을 입는다. • 숟가락과 포크를 잘 사용한다. • 묻지 않고 규칙적으로 화장실을 사용한다. • 양발에 맞는 신발을 신는다. • 앞과 뒤를 구분한다.
48~60	• 식사 칼로 작은 음식물을 쉽게 자른다. • 운동화 끈을 맨다. • 앞이 열린 옷의 지퍼를 올린다. • 말하지 않아도 기능적으로 옷을 입고 벗는다. • 뚜껑이 없는 컵에 담긴 물을 흘리지 않고 운반한다. • 용변 후 혼자 닦는다. • 머리를 빗는다.
60~72	• 혼자 옷을 잘 입는다. • 리본을 맨다. • 도움 없이 이를 닦는다. • 안전하게 길을 건넌다. • 화장실 사용 후 혼자 손을 씻고 닦는다. • 혼자 목욕이나 샤워를 한다. • 머리를 감는다. • 뒤집어진 옷을 바로 한다.

용어해설

다음에 소개되는 용어들은 이 책의 내용에 의거하여 정의되었다. 따라서 다른 분야나 문헌에서는 다소 다르게 정의되는 경우도 있을 것이다.

간격기록(interval recording)
관찰행동을 관찰기간 동안 일정한 간격으로 여러 회에 걸쳐 관찰하여 그 행동의 발생여부를 기록하는 방법. 시간표집(time sampling) 또는 시간기반기록(time-based recording)이라고도 함.

간격 내 빈도 기록(frequency-within-interval recording)
간격-빈도기록(interval-frequency recording)을 참조할 것.

간격-빈도기록(interval-frequency recording)
전체관찰시간을 일정한 간격으로 나눈 후 관찰간격별로 관찰행동이 발생하는 횟수를 기록하는 것. 간격 내 빈도 기록(frequency-within-interval recording)이라고도 함.

간접적 관찰(indirect observation)
관찰자가 매개물을 통해 관찰대상의 행동을 관찰하는 것.

강도기록(intensity recording)
관찰기간 동안 행동이 발생할 때마다 행동의 강도를 기록하는 것.

검목표기록(checklist recording)
일련의 행동이나 특성들의 목록, 즉 검목표(checklist)에 해당 행동이나 특성의 유무를 기록하는 것.

검사(test)
사전에 결정된 반응유형을 요구하는 일련의 질문이나 과제를 통하여 점수 또는 다른 형태의 수량적 자료를 수집하는 방법.

결과물 기록(outcome recording)
산물기록(product recording)을 참조할 것.

공식적 관찰(formal observation)
　　표준화된 관찰도구를 사용하는 관찰.

관용의 오류(error of leniency)
　　관찰자와 관련된 평정자 오류 중 하나로서, 평정자가 친분이 있는 피관찰자들을 실제
　　보다 더 높게 평정하거나 또는 오류의 가능성을 보상하기 위해 그들은 실제보다 더 낮
　　게 평정하는 경향.

관찰(observation)
　　한 가지 이상의 신체적 감각을 통해 관찰한 바를 기록하여 자료를 수집하는 방법.

관찰자 기대(observer expectancy)
　　관찰자와 관련된 오류 중 하나로서, 관찰자가 피관찰자의 행동을 사실적으로 기록하는
　　것이 아니라 일어나기를 기대하는 방향으로 기록하는 것.

관찰자 표류(observer drift)
　　관찰자와 관련된 오류 중 하나로서, 시간이 흐르면서 관찰자가 관찰준거를 바꾸는 것.

관찰자료(observational data)
　　관찰을 통해 수집된 자료.

관찰자간 신뢰도(inter-observer reliability)
　　관찰자료가 관찰자들 사이에서 얼마나 유사한가를 나타내며, 2명의 관찰자가 독립
　　적으로 동일한 피관찰자를 관찰한 자료로 추정됨. 관찰자간 일치도(inter-observer
　　agreement)라고도 함.

관찰자간 일치도(inter-observer agreement)
　　관찰자간 신뢰도(inter-observer reliability)를 참조할 것.

관찰자내 신뢰도(intra-observer reliability)
　　1명의 관찰자가 많은 피관찰자를 얼마나 일관성 있게 관찰하는가를 나타내며, 통계적인
　　방법으로 검증하기보다는 관찰자 훈련을 통하여 확보해야 함.

교육과정중심사정(curriculum-based assessment: CBA)
　　아동에게 가르치는 교육과정과 관련하여 아동의 수행에 대한 자료를 수집하는 방법.

구조적 관찰(structured observation)
　　관찰내용과 관찰도구가 사전에 결정되어 있는 관찰.

근접성의 오류(error of proximity)
관찰자와 관련된 평정자 오류 중 하나로서, 평정자가 멀리 떨어져 있는 문항들보다 시간적 또는 공간적으로 가까이 있는 문항들을 더 유사하게 평정하는 경향.

기계적 관찰(mechanical observation)
관찰자료를 기록할 때 기계에 의존하는 관찰.

기능분석(functional analysis)
(잠정적 가설에 제시된) 선행요인 및 후속결과를 조작하고 그것이 문제행동에 미치는 영향에 대한 정보를 수집하는 것.

기능사정(functional assessment)
기능평가를 위해 문제행동과 관련되어 있는 선행요인과 후속결과에 대한 정보를 수집하는 과정. 미국의 「장애인교육법(IDEA)」에서는 기능적 행동사정(functional behavioral assessment: FBA)이라고 함.

기능적 행동사정(functional behavioral assessment: FBA)
기능사정(functional assessment)을 참조할 것.

기능평가(functional evaluation)
수집된 정보에 근거하여 선행요인 및 후속결과와 문제행동의 관계에 대한 의사결정을 내리는 것(즉, 수집된 정보에 근거하여 선행요인 및 후속결과와 문제행동의 관계에 대한 가설을 설정하는 것).

논리성의 오류(error of logic)
관찰자와 관련된 평정자 오류 중 하나로서, 평정자가 논리적으로 관련된 것처럼 보이는 2개의 문항에 대해 유사하게 평정하는 경향.

누락오류(errors of omission)
관찰자와 관련된 오류 중 하나로서, 피관찰자의 행동을 이해하는 데 도움이 되거나 필요한 정보를 빠뜨리는 것.

대비의 오류(error of contrast)
관찰자와 관련된 평정자 오류 중 하나로서, 평정자가 피관찰자를 어떻게 지각하고 평정할 특성을 어떻게(또는 얼마나 가치 있게) 보느냐에 따라 자신과 정반대로 평정하거나 유사하게 평정하는 경향.

대안적 사정(alternative assessment)
표준화검사 혹은 선다형중심의 지필검사를 통하여 아동의 성취수준, 능력, 잠재력 등에 대한 자료를 수집하는 전통적 사정(traditional assessment)을 지양하는 일련의 사정방법.

대체사정(alternate assessment)
조정(accommodation)에도 불구하고 정규사정(regular assessment)에 참여할 수 없는 소수의 장애학생(즉, 학령기 장애아동)을 위해 고안된 사정.

면접(interview)
면접자와 피면접자 간의 면대면 대화를 통해 일련의 질문에 대한 반응을 기록함으로써 자료를 수집하는 방법.

발달이정표(developmental milestone: 발달지표)
유아들이 성장하면서 어떤 기술을 습득해야 하는 평균연령을 기초로 하여 유아들이 성취해야 하는 기술들을 연령별로 제시해 놓은 것.

범주기록(category recording)
연속적으로 기술된 몇 개의 질적 차이가 있는 범주 중 관찰행동을 가장 잘 나타내는 범주를 선택하여 기록하는 것.

부분간격기록(partial interval recording)
전체관찰시간을 일정한 간격으로 나눈 후 행동이 간격의 어느 한 순간에 한 번이라도 나타났을 때 해당 간격에 행동이 발생했다고 기록하는 것.

비공식적 관찰(informal observation)
관찰자제작 관찰도구를 사용하는 관찰.

비구조적 관찰(unstructured observation)
관찰내용과 관찰도구가 사전에 결정되어 있지 않은 관찰.

비참여적 관찰(non-participant observation)
관찰자가 관찰대상 집단의 생활에 참여하지 않으면서 관찰하는 것.

비체계적 관찰(unsystematic observation)
관찰행동, 관찰시간, 관찰장소, 기록방법 등에 대한 구체적인 계획이 없는 관찰.

비통제적 관찰(uncontrolled observation)
관찰조건의 조작이나 특별한 자극 없이 일상적으로 발생하는 행동을 관찰하는 것.

비학업산물기록(nonacademic product recording)
비학업적 행동을 관찰행동으로 하는 산물기록.

빈도기록(frequency recording)
관찰기간 동안 행동이 발생한 횟수를 기록하는 것.

사건기록(event recording)
    관찰기간 동안 지속적으로 관찰하여 관찰행동이 발생할 때마다 그 행동의 어떤 차원을 기록하는 방법. 사건표집(event sampling) 또는 사건기반기록(event-based recording)이라고도 함.

사건기반기록(event-based recording)
    사건기록(event recording)을 참조할 것.

사건표집(event sampling)
    사건기록(event recording)을 참조할 것.

사정(assessment)
    평가와 관련하여 자료를 수집하는 과정.

사정방법(assessment method)
    평가와 관련하여 자료를 수집하기 위해 사용되는 방법.

산물기록(product recording)
    행동이 낳은 산물(産物)의 개수(number)를 세어 행동발생의 추정치를 기록하는 방법. 영구적 산물 기록(permanent product recording) 또는 결과물 기록(outcome recording)이라고도 함.

서술기록(narrative recording)
    특정 사건이나 행동의 전모를 이야기하듯 있는 그대로 사실적으로 묘사하는 방법.

수행사정(performance assessment)
    과제를 수행하는 과정이나 결과를 통하여 아동의 지식, 태도, 또는 기능에 대한 자료를 수집하는 방법.

순간간격기록(momentary interval recording)
    선체관잘시간을 일정한 간격으로 나눈 후 행동이 간격의 한 순간(예: 마지막 순간)에 나타났을 때 해당 간격에 행동이 발생했다고 기록하는 것.

시간기반기록(time-based recording)
    간격기록(interval recording)을 참조할 것.

시간표집(time sampling)
    간격기록(interval recording)을 참조할 것.

실험적 관찰(experimental observation)
   통제적 관찰(controlled observation)을 참조할 것.

양적 관찰(quantitative observation)
   관찰을 통해서 수집된 원자료 그리고/또는 요약된 자료가 양적 자료인 관찰.

양적 연구(quantitative research)
   검사, 관찰, 면접, 질문지법 등의 자료수집방법을 통해 수집된 양적 자료에 근거하여
   결론을 도출하는 연구.

양적 자료(quantitative data)
   수량적 형태로 제시되거나 요약된 자료.

영구적 산물 기록(permanent product recording)
   산물기록(product recording)을 참조할 것.

원자료(raw data)
   수집한 원래의 자료로서 새로운 형태로 전환되기 전의 최초의 형태를 지닌 자료.

인위적 관찰(contrived observation)
   관찰대상이 일상적으로 생활하는 장소가 아닌 다른 장소에서 관찰하는 것.

인적 관찰(personal observation)
   관찰자료를 관찰자가 종이와 연필을 사용하여 손으로 기록하는 관찰.

일화기록(anecdotal recording)
   특정한 시간이나 장소에 제한 없이 관찰자가 기록할 만한 가치가 있다고 느꼈던 어떤
   짧은 내용의 사건, 즉 일화(逸話)에 대해 간략하게 서술하는 기록.

자연적 관찰(naturalistic observation)
   관찰대상이 일상적으로 생활하는 장소에서 관찰하는 것.

전달오류(errors of transmission)
   관찰자와 관련된 오류 중 하나로서, 관찰한 행동을 부적절한 순서로 기록하는 것.

전체간격기록(whole interval recording)
   전체관찰시간을 일정한 간격으로 나눈 후 행동이 간격의 처음부터 끝까지 나타났을 때
   해당 간격에 행동이 발생했다고 기록하는 것.

정보(information)
    관찰이나 측정을 통하여 수집한 자료를 실제 문제에 도움이 될 수 있도록 정리한 자료.

조작적 정의(operational definition)
    행동을 관찰가능하고 구체적인 형태로 표현해 놓은 것.

준거도달 시행 기록(trials to criterion recording)
    사전에 설정된 준거에 도달할 때까지 행동의 기회를 제공하면서 행동의 발생여부를 기록하는 것.

중심경향성의 오류(error of central tendency)
    관찰자와 관련된 평정자 오류 중 하나로서, 평정자가 극단적으로 높거나 낮게 평정하는 것을 피하고 중간 수준으로 평정하는 경향.

증거기반실제(evidence-based practices)
    과학적인 연구를 통하여 일정한 준거를 충족시킴으로써 그 효과가 입증된 중재전략.

지속시간기록(duration recording)
    관찰기간 동안 행동이 발생할 때마다 행동의 지속시간을 기록하는 것.

지연시간기록(latency recording)
    관찰기간 동안 행동이 발생할 때마다 행동의 지연시간을 기록하는 것.

직접적 관찰(direct observation)
    관찰자가 중간의 매개물 없이 관찰대상의 행동을 직접 관찰하는 것.

진행기록(running recording)
    표본기록(specimen recording)을 참조할 것.

질문지법(questionnaire method)
    일정한 양식에 따라 질문과 반응을 할 수 있도록 작성된 질문지를 통해 자료를 수집하는 방법.

질적 관찰(qualitative observation)
    관찰을 통해서 수집된 원자료 그리고/또는 요약된 자료가 질적 자료인 관찰.

질적 연구(qualitative research)
    관찰이나 면접 등의 자료수집방법을 통해 수집된 질적 자료에 근거하여 결론을 도출하는 연구.

질적 자료(qualitative data)
서술적 형태로 제시되거나 요약된 자료.

참여적 관찰(participant observation)
관찰자가 관찰대상 집단의 생활에 참여하면서 관찰하는 것.

채점기준표(rubric: 루브릭)
수행사정과 포트폴리오사정에서 사용되는 채점지침으로서 준거항목과 다양한 성취수준을 도표화한 것.

척도기록(scale recording)
행동의 정도를 몇 개의 숫자로 표시해 놓은 척도, 즉 숫자척도(numerical scale)에 관찰행동을 가장 잘 나타내는 숫자를 선택하여 기록하는 것.

첨가오류(errors of commission)
관찰자와 관련된 오류 중 하나로서, 실제로 일어난 것보다 더 많은 정보를 포함시키는 것.

체계적 관찰(systematic observation)
관찰행동, 관찰시간, 관찰장소, 기록방법 등이 전반적으로 계획되어 있는 관찰.

통제된 제시 기록(controlled presentation recording)
사전에 일정 수(number)로 설정된 행동의 기회를 제시하면서 행동의 발생여부를 기록하는 것.

통제적 관찰(controlled observation)
관찰조건을 의도적으로 조작하고 그 조작으로 유발된 관찰대상의 행동을 관찰하는 것. 실험적 관찰(experimental observation)이라고도 함.

평가(evaluation)
수집된 자료에 근거하여 가치판단을 통해 의사결정을 내리는 과정.

평정기록(rating recording)
관찰행동을 관찰한 후 사전에 준비된 평정수단(범주, 척도, 또는 검목표)을 사용하여 행동의 양상, 정도, 또는 유무를 판단해 기록하는 방법.

평정자 오류(rater errors)
평정기록(특히 척도기록)을 사용할 때 발생하는 관찰자 오류.

포트폴리오사정(portfolio assessment)

　　아동의 성취를 평가하기 위하여 아동 그리고/또는 교사가 선택한 아동의 작업이나 작품의 수집에 의존하는 자료수집방법.

표본기록(specimen recording)

　　일정한 시간 또는 미리 정해진 활동이 끝날 때까지 사건이 발생한 순서대로 상세하게 이야기식으로 서술하는 기록. 진행기록(running recording)이라고도 함.

학업산물기록(academic product recording)

　　학업적 행동을 관찰행동으로 하는 산물기록.

후광효과(halo effect)

　　관찰자와 관련된 평정자 오류 중 하나로서, 평정자가 피관찰자에 관한 다른 정보의 영향을 받고 평정하는 경향.

ABC-검목표기록(ABC-checklist recording)

　　선행요인(A), 행동(B), 후속결과(C)별로 작성된 검목표에 행동이 발생할 때마다 그 행동의 선행요인, 해당 행동, 그 행동의 후속결과를 '✓'로 표시하여 기록하는 것.

ABC기록(ABC recording)

　　관심을 두는 행동(예: 공격적 행동, 친사회적 행동 등)이 잘 발생할 만한 상황에서 일정한 시간 동안 관찰하면서 해당 행동이 발생할 때마다 그 행동(B: behavior)을 중심으로 행동이 발생하기 직전 사건인 선행사건(A: antecedent)과 행동이 발생한 직후의 사건인 후속사건(C: consequence)을 시간의 흐름에 따라 사실적으로 서술하는 기록.

참고문헌

국립국어원(1999). 표준국어대사전. 서울: 저자.

국립국어원(2016). 우리말샘. 서울: 저자.

김기원(2016). 사회복지조사론. 경기도 파주: 교육과학사.

김미선, 송준만(2004). 장애 학생을 위한 학교차원에서의 긍정적 행동 지원 고찰. 특수교육,
　　　3(1), 31-56.

김송이, 정지나, 최혜영, 민성혜(2009). 영유아 관찰 및 실습. 경기도 파주: 양서원.

김아영(2000). 관찰연구법. 경기도 파주: 교육과학사.

김영종(2007). 사회복지조사론: 이해와 활용. 서울: 학지사.

김장권(2014). 사회복지조사론. 경기도 고양: 공동체.

대한소아과학회(2017). 한국 영유아 발달선별검사-개정판(K-DST). 충북 청주: 질병관리본부.

박용순, 배극수, 강창교, 권영길, 길옥연, 박준섭, . . . 조영순(2012). 사회복지조사론. 서울: 퍼
　　　시픽북스.

박창제, 황선영, 임병우, 김준환(2014). 사회복지조사론(증보판). 서울: 창지사.

방희정, 남민, 이순행(2019). 한국형 베일리 영유아 발달검사(K-Bayley-III). 서울: (주)인싸이트.

배호순(2000). 수행평가의 이론적 기초. 서울: 학지사.

서경희, 윤점룡, 윤치연, 이상복, 이상훈, 이효신(2003). 발달장애의 진단과 평가(제2판). 경북
　　　경산: 대구대학교출판부.

성미영, 전가일, 정현심, 김유미, 정하나(2017). 아동관찰 및 행동연구. 서울: 학지사.

성태제(2016). 교육연구방법의 이해(제4판). 서울: 학지사.

송준만, 강경숙, 김미선, 김은주, 김정효, 김현진, . . . 정귀순(2016). 지적장애아교육(제2판). 서울: 학지사.

양명희(2016). 행동수정이론에 기초한 행동지원(제2판). 서울: 학지사.

양명희, 임유경(2014). 유아 행동 관찰 및 평가. 서울: 학지사.

양옥승(1997). 유아교육 연구방법. 경기도 파주: 양서원.

유영식(2017). 과정중심평가. 서울: 테크빌교육.

유희정, 봉귀영, 곽영숙, 이미선, 조숙환, 김붕년, . . . 김소윤(2017). 자폐증 진단 관찰 스케줄-2(ADOS-2). 서울: (주)인싸이트.

이소현(2003). 유아특수교육. 서울: 학지사.

이소현, 박은혜(2011). 특수아동교육(제3판). 서울: 학지사.

이소현, 박은혜, 김영태(2000). 단일대상연구. 서울: 학지사.

이승희(2010). 국가수준학업성취도평가를 위한 장애학생의 대체사정에 대한 고찰: 미국의 관련 연방법을 중심으로. 특수교육학연구, 45(3), 189-210.

이승희(2019). 특수교육평가(제3판). 서울: 학지사.

이승희(2020). 응용행동분석에서의 배경사건과 동기조작 개념에 대한 비교 고찰. 정서 · 행동장애연구, 36(2), 23-41.

이은해(1995). 아동연구방법. 서울: 교문사.

장휘숙(1998). 아동연구방법. 서울: 창지사.

전남련, 김인자, 백향기, 황연옥(2016). 아동관찰 및 행동연구(개정판). 경기도 파주: 양서원.

전병운, 조광순, 이기현, 이은상, 임재택(2004). 한국판 DIAL-3. 서울: 도서출판 특수교육.

철학대사전 편찬위원회(2017). 철학대사전(5차 개정판). 서울: 도서출판 靑史.

최세영, 김준환, 모선희, 문현주, 박주현, 임수정(2017). 사회복지조사론. 경기도 고양: 어가.

한국교육평가학회(2004). 교육평가 용어사전. 서울: 학지사.

황해익(2000). 유아교육평가. 경기도 파주: 양서원.

황해익, 최혜진, 정혜영, 권유선(2014). 아동관찰 및 행동연구. 경기도 고양: 공동체.

Alberto, P. A., & Troutman, A. C. (2013). *Applied behavior analysis for teachers* (9th ed.). Upper Saddle Rover, NJ: Pearson Education, Inc.

Alessi, G. (1988). Direct observation methods for emotional/behavior problems. In E. S. Shapiro & T. R. Kratochwill (Eds.), *Behavioral assessment in schools: Conceptual foundations and practical applications* (pp. 14-75). New York, NY: Guilford Press.

Bailey, J. S. (1977). *Handbook of research methods in applied behavior analysis.* Tallahassee, FL: Copy Grafix.

Bambara, L. M. (2005). Overview of the behavior support process. In L. M. Bambara & L. Kern (Eds.), *Individualized supports for students with problem behaviors: Designing positive behavior plans* (pp. 47-70). New York, NY: The Guilford

Press.

Bambara, L. M., & Kern, L. (Eds.). (2005). *Individualized supports for students with problem behaviors: Designing positive behavior plans*. New York, NY: The Guilford Press.

Bentzen, W. P. (2009). *Seeing young children: A guide to observing and recording behavior* (6th ed.). Belmont, CA: Delmar.

Boehm, A. E., & Weinberg, R. A. (1997). *The classroom observer: Developing observation skills in early childhood settings* (3rd ed.). New York, NY: Teachers College Press.

Cannella-Malone, H. I., Tullis, C. A., & Kazee, A. R. (2011). Using antecedent exercise to decrease challenging behavior in boys with developmental disabilities and an emotional disorder. *Journal of Positive Behavior Interventions, 13*(4), 230-239.

Chandler, L. K., & Dahlquist, C. M. (2010). *Functional assessment: Strategies to prevent and remediate challenging behaviors in school settings* (3rd ed.). Upper Saddle River, NJ: Pearson Education.

Cohen, L. G., & Spenciner, L. J. (2007). *Assessment of children and youth with special needs* (3rd ed.). Boston, MA: Allyn and Bacon.

Cook, B. G., & Cook, S. C. (2011). Unraveling evidence-based practices in special education. *The Journal of Special Education, 47*(2), 71-82.

Cook, G. B., & Odom, S. L. (2013). Evidence-based practices and implementation science in special education. *Exceptional Children, 79*(2), 135-144.

Cooper, J. O., Heron, T. E., & Heward, W. L. (2007). *Applied behavior analysis* (2nd ed.). Upper Saddle River, NJ: Pearson Education.

Cortiella, C. (2006). *NCLB and IDEA: What parents of students with disabilities need to know and do*. Minneapolis, MN: University of Minnesota, National Center on Educational Outcomes.

Durand, V. M., & Crimmins, B. (1988). Identifying the variables maintaining self-injurious behavior. *Journal of Autism and Developmental Disorders, 18*(1), 99-117.

Emerson, E., & Einfeld, S. L. (2011). *Challenging behaviour* (3rd ed.). Cambridge, England: Cambridge University Press.

Erickson, R., Ysseldyke, J. E., Thurlow, M., & Elliott, J. (1998). Inclusive assessments and accountability systems. *Teaching Exceptional Children, 31*(2), 4-9.

Fraenkel, J. R., & Wallen, N. E. (1996). *How to design and evaluate research in education* (3rd ed.). New York, NY: McGraw-Hill, Inc.

Gold, R. L. (1969). Roles in sociological field observation. In G. J. McCall & J. L. Simmons (Eds.), *Issues in participant observation: A text and reader* (pp. 30-39). Reading, MA: Addison-Wesley Publishing Company, Inc.

Gronlund, N. E. (2003). *Assessment of student achievement* (7th ed.). Boston, MA: Allyn and Bacon.

Gronlund, N. E., & Linn, R. L. (1990). *Measurement and evaluation in teaching* (6th ed.). New York, NY: Macmillan.

Hartmann, D. P. (1982). Assessing the dependability of the observational data. In D. P. Hartmann (Ed.), *Using observers to study behavior* (pp. 51-65). San Francisco, CA: Jossey-Bass.

Heflin, L. J., & Alaimo, D. F. (2007). *Students with autism spectrum disorders: Effective instructional practices.* Upper Saddle River, NJ: Pearson Education.

Hoge, R. D. (1985). The validity of direct observation measures of pupil classroom behavior. *Review of Educational Research, 55*(4), 469-483.

Irwin, D. M., & Bushnell, M. M. (1980). *Observational strategies for child study.* New York, NY: Holt, Rinehart, & Winston.

Kubiszyn, T., & Borich, G. (2003). *Educational testing and measurement: Classroom application and practice* (7th ed.). Hoboken, NJ: John Wiley & Sons, Inc.

March, R. E., Horner, R. H., Lewis-Palmer, T., Brown, D., Crone, D. A., Todd, A. W., & Carr, E. G. (2000). *Functional Assessment Checklist for Teachers and Staff (FACTS).* Eugene, OR: University of Oregon.

Martin, G., & Pear, J. (2003). *Behavior modification: What it is and how to do it* (7th ed.). Upper Saddle River, NJ: Prentice-Hall.

McLean, M., Wolery, M., & Bailey, D. B. (2004). *Assessing infants and preschoolers with special needs* (3rd ed.). Upper Saddle River, NJ: Prentice-Hall.

McLoughlin, J. A., & Lewis, R. B. (2008). *Assessing students with special needs* (7th ed.). Upper Saddle River, NJ: Prentice-Hall.

Miltenberger, R. G. (2005). Strategies for measuring behavior change. In L. M. Bambara & L. Kern (Eds.), *Individualized supports for students with problem behaviors: Designing positive behavior plans* (pp. 107-128). New York, NY: The Guilford Press.

Miltenberger, R. G. (2016). *Behavior modification: Principles and procedures* (6th ed.). Boston, MA: Cengage Learning.

Odom, S. L., Brantlinger, E., Gersten, R., Horner, R. H., Thompson, B., & Harris, K. R. (2005). Research in special education: Scientific methods and evidence-based practices. *Exceptional Children, 71*(2), 137-148.

Oriel, K. N., George, C. L., Peckus, R., & Semon, A. (2011). The effects of aerobic exercise on academic engagement in young children with autism spectrum disorder. *Pediatric Physical Therapy, 23*(2), 187-193.

Riffel, L. A. (2011). *Positive behavior support at the tertiary level: Red zone strategies.*

Thousand Oaks, CA: Corwin.

Sackett, D. L., Rosenberg, W. M., Gray, J. A., Haynes, R. B., & Richardson, W. S. (1996). Evidence based medicine: What it is and what it isn't. *British Medical Journal*, *312*, 71-72.

Salvia, J., & Ysseldyke, J. E. (2007). *Assessment in special and inclusive education* (10th ed.). Boston, MA: Houghton Mifflin.

Sattler, J. M. (2001). *Assessment of children: Cognitive applications* (4th ed.). La Mesa, CA: Jerome M. Sattler, Publisher, Inc.

Sattler, J. M. (2002). *Assessment of children: Behavioral and clinical applications* (4th ed.). La Mesa, CA: Jerome M. Sattler, Publisher, Inc.

Sugai, G. R., & Tindal, G. A. (1993). *Effective school consultation: An interactive approach*. Pacific Grove, CA: Brooks/Cole Publishing Company.

Thorndike, E. L. (1920). A constant error in psychological ratings. *Journal of Applied Psychology*, *4*(1), 25-29.

U.S. Department of Education. (2007). 34 CFR Parts 200 and 300: Title I-Improving the Academic Achievement of the Disadvantaged; Individuals with Disabilities Education Act; Final Regulations. *Federal Resister*, *72*(67), 17748-17781.

Venn, J. J. (2004). *Assessing students with special needs* (3rd ed.). Upper Saddle River, NJ: Prentice-Hall.

Wikipedia. (2020. 9. 13). Evidence-based practice. Retrieved from https://en.wikipedia.org/wiki/Evidence-based_practice

Wong, C., Odom, S. L., Hume, K. A., Cox, A. W., Fettig, A., Kucharczyk, S., . . . Schultz, T. R. (2014). *Evidence-based practices for children, youth, and young adults with autism spectrum disorder*. Chapel Hill, NC: The University of North Carolina, Frank Porter Graham Child Development Institute, Autism Evidence-Based Practice Review Group.

찾아보기

[인명]

[사정도구]

저자 소개

이승희(李承禧; Lee, Seunghee)

• 약력

고려대학교 학사(교육학)

미국 California State University, Sacramento 석사(유아교육학)

미국 University of Illinois at Chicago 박사(특수교육학)

미국 Early Childhood Research and Intervention Program 선임연구원

미국 University of Illinois at Chicago 연구조교수

고려대학교 교육문제연구소 연구조교수

미국 University of Illinois at Chicago 방문교수

현재: 조선대학교 특수교육과 교수

• 저서

특수교육평가(제1판)(학지사, 2006)

자폐스펙트럼장애의 이해(제1판)(학지사, 2009)

특수교육평가(제2판)(학지사, 2010)

자폐스펙트럼장애의 이해(제2판)(학지사, 2015)

정서행동장애개론(학지사, 2017)

특수교육평가(제3판)(학지사, 2019)

• 역서

정서 · 행동장애의 이해: 사례중심적 접근(제2판)(박학사, 2003)

정서 · 행동장애의 이해: 사례중심적 접근(제3판)(박학사, 2007)

• 대표논문

응용행동분석, 특수교육, 정서 · 행동장애에 대한 긍정적 행동지원의 관계 고찰(2011)

정서행동장애 정의와 출현율의 개념 및 관계에 대한 체계적 고찰(2012)

정서행동장애의 인지적 모델에 관한 10문 10답(2013)

DSM-5의 자폐스펙트럼장애에 관한 10문 10답(2014)

한국어판 ADHD 평정척도-IV(K-ARS-IV)의 현황과 개선방안(2015)

DSM-5 ASD 진단준거의 B4(비정상적 감각반응)에 대한 쟁점과 과제(2017)

부적강화와 도피-회피조건형성의 비교 고찰(2018)

자폐스펙트럼장애의 단일중재전략과 종합중재모델에 대한 고찰(2018)

응용행동분석에서의 촉구와 용암법의 유형에 대한 고찰(2019)

응용행동분석에서의 배경사건과 동기조작 개념에 대한 비교 고찰(2020) 外 다수

장애아동관찰
Observation of Children with Disabilities

2021년 5월 10일 1판 1쇄 인쇄
2021년 5월 17일 1판 1쇄 발행

지은이 • 이승희
펴낸이 • 김진환
펴낸곳 • ㈜ **학지사**
　　　　　04031 서울특별시 마포구 양화로 15길 20 마인드월드빌딩
대표전화 • 02)330-5114　　　팩스 02)324-2345
등록번호 • 제313-2006-000265호

홈페이지 • http://www.hakjisa.co.kr
페이스북 • https://www.facebook.com/hakjisa

ISBN 978-89-997-2411-4 93370

정가 15,000원

출판 · 교육 · 미디어기업 **학지사**

간호보건의학출판 **학지사메디컬** www.hakjisamd.co.kr
심리검사연구소 **인싸이트** www.inpsyt.co.kr
학술논문서비스 **뉴논문** www.newnonmun.com
원격교육연수원 **카운피아** www.counpia.com